萧华荣

（1941—2021）

男,生于山东掖县,长于青岛。1978 年考上山东大学中文系古典文学专业硕士研究生，师从萧涤非、董治安先生。曾留校任教。后为华东师范大学教授。代表作有《中国诗学思想史》《华丽家族》《簪缨世家》等。

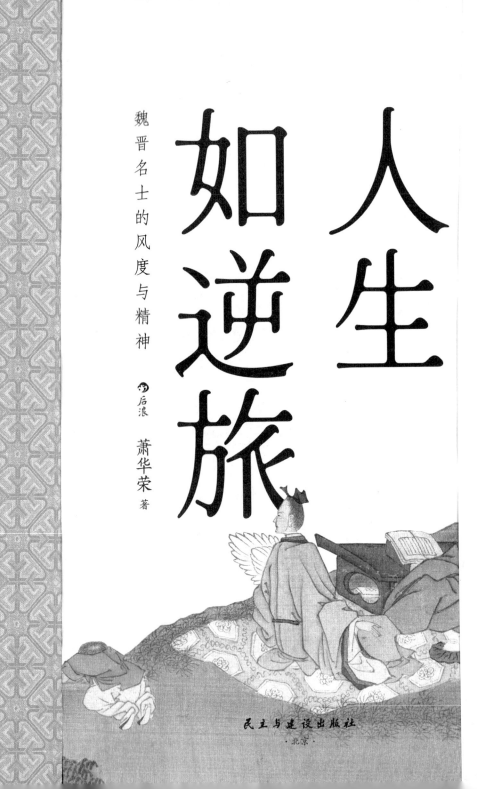

人生如逆旅

魏晋名士的风度与精神

后浪

萧华荣 著

民主与建设出版社
·北京·

人法地，地法天，天法道，道法自然。

——《老子》第二十五章

北冥有鱼，其名为鲲。鲲之大，不知其几千里也。化而为鸟，其名为鹏。鹏之背，不知其几千里也。怒而飞，其翼若垂天之云。是鸟也，海运则将徙于南冥。南冥者，天池也。

——《庄子·逍遥游》

第二章　竹林名士　71

第三章　中朝名士　155

第五章　江左名士　293

楔子 关于他们

关于他们我早就想写点什么，写出真实的魏晋名士，每个故事每番言论都有来历出处，并尽量写得雅俗共赏些，既饶有趣味，又不落浅俚，但这一切谈何容易！于是就年复一年拖下来了，拖到冷雨敲窗，霜叶委地，洛阳年少成为江东翁妪。

五代名士

《世说新语·文学》篇讲了一个故事，说是东晋时袁宏写了本《名士传》，拿给谢安看。谢安把书漫不经心翻了翻，笑着对满座的高朋说："我曾对人讲起江北的事情，说着玩儿罢了，他竟拿来著书立说！"

此事的真假不得而知，《名士传》也没保存下来，从曾经见过此书的刘孝标的注中可知，袁宏把他之前的名士分为三代：

正始名士：夏侯玄、何晏、王弼。

竹林名士：阮籍、嵇康、山涛、向秀、刘伶、阮咸、王戎。

中朝名士：裴楷、乐广、王衍、庾敳、王承、阮瞻、卫玠、谢鲲。

"正始"是三国曹魏的一个年号。竹林名士的主要活动时间紧随其后，也属曹魏。"中朝"指西晋，与曹魏均建都中原地区的洛阳，故生长在南方的谢安称之为"江北事"。这大概就是后世所说的"魏晋名士"的最初来源，但还缺少东晋。有人将东晋的名士称为"江左名士"，或径称"东晋名士"，本书则在两晋之际另分出一代，称为"渡江名士"，也称"中兴名士"。他们在"中朝"便已"成名"，永嘉之乱渡江南下，参与了东晋政权的创建，即所谓"中兴"。这里需要说明，袁宏《名士传》的"中朝名士"中后来渡江的，如王承、卫玠、谢鲲，本书则划归"渡江名士"。

渡江名士之后，东晋（317—420年）大约还有八十年，但本书只写到谢安走出东山、走上仕途的那一天（360年），称这一代为"江左名士"。他们有的随父兄渡江时尚为幼童，有的干脆就生在江南，如谢安、袁宏。

这样，正始名士、竹林名士、中朝名士、渡江名士、江左名士，就是本书要写的五代名士。到此，本书的主题——"走向自然"，已经得到充分的展示，再写，就是多余。

倘问魏晋名士有什么特点，请让我举例说明。

《晋书·王湛传》说西晋王湛平时少言寡语，家人都说他痴。他有个侄儿王济是位名士，也不把他放在眼里。有一天王济见他床头放着一部《周易》，问他有何用场，他说身体不适时随便翻翻。王济请他谈谈体会，他便"剖析玄理，微妙有奇趣"，都是王济闻所未闻的，不觉肃然起敬，叹道："家有名士，三十年而不知，济之罪也。"

可见在当时，能谈《周易》便可称名士。原来，从正始起，玄学流行，一直笼罩了整个魏晋。玄学推崇老庄道家思想，重视《老子》《庄子》《周易》，后世合称"三玄"，因为它们的哲理"玄之又玄"。魏晋人谈论"三玄"，史称"清谈"。总之，魏晋名士的一个特点，便是善于清谈玄学。这是思想方面。

又，《世说新语》记载，有位名士曾经宣称：名士不必须奇才，但使常得无事，痛饮酒，熟读《离骚》，便可称名士。

他的条件更低了。"常得无事"，远离尘务，闲逸散淡，得老庄清静无为之趣；"痛饮酒"，可以放任自然，形超神越。至于"熟读《离骚》"呢？可能因《离骚》是屈原发愤抒情之所作，既有激扬的感情，又有清越的楚音，还有美人香草的比况和上天入地的想象，读起来有一种雅人深致和名士斯文。这三个方面总而言之，就是任诞。《世说新语》所记的这段话，正是在《任诞》篇中。这是行为方面。

魏晋名士的前两代，正始名士偏重清谈，竹林名士偏重任诞。此后的两晋名士，也是或偏重清谈，或偏重任诞。当然，"偏重"而已，并不排除兼而有之。

清谈、任诞，熔铸而为"魏晋风流"。是真名士自风流。什么是"风流"？我也说不清。我只能将春风的婉转引荐给你，将流水的潺湲引荐给你，请你自己去领略，然后，然后我们心照不宣。

不能小看了魏晋名士。他们之中，出了中国古代一流的政治家，一流的哲学家，一流的文学家，一流的书法家，一流的绘画家，一流的音乐家。除了极个别者，他们皆是有善可陈的。你问我对他们的总体看法吗？容我想一想。容我想一想后小心翼翼地回答：他们是——

翩翩浊世之佳公子。

他们生活在那样的时代

他们正是生活在"浊世"，不过也不尽同，要分开说。

正始名士、竹林名士生活的曹魏后期，是司马氏阴谋篡权而且阴谋得逞的时期。司马懿原是曹操的僚属，已经崭露头角。曹操是权臣，他异常珍视自己的权势，对此敏感而多疑。有一次他做了个不祥的梦，梦见"三马食一槽"。"槽"，他觉得是暗示"曹"，那么"三马"呢？他历数朝中姓马的官员，也没漏掉司马懿。多年以后，到了曹操的后代，这梦真的应验在司马氏身上，"三马"就是司马懿和他的儿子司马师、司马昭。

至于"三马"是怎样啃食"一槽"的，且让我们来看另一个故事。又过了许多年，到了东晋，太子司马绍有一次与"名臣"王导、温峤聊天，他请温峤讲讲他的祖上当初是怎样得到这份江山的。

温峤大概有点为难，迟疑了一下，王导说："温峤年轻，知道的不多，还是我来讲吧。"于是一五一十详细讲述了这一父二子将近三十年间是如何绞尽脑汁，费尽心计，不择手段，不顾廉耻，惨淡经营，前死后继，终于如愿使第三代司马炎黄袍加身，登上金銮宝殿。

他讲得绘声绘色，年轻的司马绍听得毛骨悚然，不觉双手捂着脸，伏在床上，说："照这样说，晋室的国运，怎么能长久啊！"

这个故事可以充分激发人们的想象：连承受恩泽的后代都感到惨不忍闻，那么"三马"当时的恶行，这里就不劳词费了；当年在他们淫威下生活的名士们的处境与心境，也就不难想象了。

"三马"骇人听闻的恶行是会遭到报应的，近在自身，远在儿孙。果然，司马炎篡位建立起来的西晋除开始较为平静外，其他的漫长日子可用一个字概括："乱"——贾后乱政，八王之乱，永嘉之乱，五胡乱华。中朝名士就在那种混乱中生活，也在那种混乱中被杀。

渡江名士渡江以后以及江左名士所生活的东晋前、中期，则是另一番景象，这是一种前所未有也是后所罕见的独特景象，用当时流行的话来说，是"王与马，共天下"；用历史学的术语来说，是"士族门阀社会"。其间，又有庾氏、桓氏、谢氏相继兴盛，轮番执政，可称"庾与马，共天下""桓与马，共天下""谢与马，共天下"。

这种"共天下"的局面是皇家（"马"）不能容忍的，他们曾试图加以扭转，却激起王敦之乱，小朝廷险些覆灭，只得作罢。

这种"共天下"的局面却是名士们的黄金时代。"共天下"削弱了皇权，限制了专制独断，适合名士自由不羁的个性。与司马家"共天下"的士族门阀与名士们属于同一阶级，他们的头面人物本身便多为名士，正可"沆瀣一气"。

这便是魏晋五代名士所生活的时代，主要是政治方面的情况。本书对各代的叙述，都紧贴当时的政治斗争展开。

走向自然

这五代名士，犹如奥林匹克旗上的五环，环环相扣，一个挽着另一个的臂膀，鱼贯而来，在时间上相"链接"。

说这是一条"链"，更因为在五代名士之间，有一条共同的线索贯穿着。笼罩整个魏晋的思潮是玄学，玄学的精髓是老庄道家思想，而老庄道家思想的精髓则可以说是"自然"。质言之，"自然"便是将魏晋济济多士贯穿成"链"的一条红线。

"自然"，我以为是魏晋士风绕以演化的轴心，是本书最关键的关键词语。魏晋名士的所得所失，其功其过，或妍或媸，都缘于对"自然"的理解和践行，因此，"自然"也是本书绕以展开的轴心。要之，"自然"对魏晋名士和魏晋士风的意义，我以为怎么估计都不算过分。

"自然"一词，在现代汉语中有两种基本含义。一是用作虚词，即自己如此，本来如此，平常说的"任其自然""自然而然"，便用此义。二是用作实词，指主体以外的客体世界，如山川原野、草木鸟兽，所谓"大自然""自然界"。"自然"的这层意思是近代以来才有的，老庄和魏晋名士所说的"自然"，皆属前者。

老子是这种"自然"思想的开创者，在他的学说中，自然是与儒家的仁义礼法相对立的。仁义礼法是一种人为的约束和规范，后来发展为系统的"名教"。魏晋名士都不同程度地疏离名教，追求自然，名教与自然的关系成为魏晋玄学的主题。魏晋名士们在行为上任诞、放达甚至纵恣，他们觉得就是在追求自然。可以说，自然，就是自由。当代学者叶秀山《漫谈庄子的自由观》说得好：在老、庄思想中，"自然"就是"自由"，"自由"也就是"自然"。"自然"，就是"自如"，即"自己如此"，亦即"自由"。"自由"和"自然"本是统一的，同一的。

所以，本书的主题"走向自然"，说白了，就是"走向自由"。

另一方面，既然"自然"是自己如此，是非人为，那么还有什么比客观外界的山川原野、草木鸟兽更天然，更天工，更天籁，更未经人化呢？所以，在长久的运用中，"自然"一词也不知不觉带有了前面所说的第二种意味，比如竹林名士阮籍在《达庄论》中说："天地生于自然，万物生于天地。"当代学者张岱年《中国古典哲学概念范畴要论》认为，这话"可以说赋予'自然'以新的含义。近代汉语中所谓'自然'表示广大的客体世界，'自然'的此一意义可谓开始于阮籍"。

再举个人们耳熟能详的实例：东晋大诗人陶渊明《归园田居》（一）末尾说："久在樊笼里，复得返自然。"其中的"自然"既可理解为"自由"（与"樊笼"相对），又可理解为"大自然"（与开头"少无适俗韵，性本爱丘山"的"丘山"相应）。你说是吧？

在实际生活中，到了江左名士，这些追求"自然"（自由）的人们，把目光投向了实体自然，投向江南的明山秀水，憧憬隐逸、纵情山水蔚成风气，王羲之宣称自己终当在山水中快乐而死，谢安在东山盘桓了二十多年，直到四十多岁才不得已而出仕，似乎在"大自然"中才最有他们要的"自然"——自由。也就是说，魏晋名士的走向自然，包括精神上的（自由），也包括实体上的（大自然）。两种意义的"自然"到此融合了，本书也理应到此结束。

不过现在才刚刚起头，让我们话归正传，从"正始"始。

第一章　正始名士

主要人物

何晏（字平叔，190—249 年）

王弼（字辅嗣，226—249 年）

夏侯玄（字太初，209—254 年）

主要活动时间

魏明帝　曹叡　景初三年（239 年）

魏齐王　曹芳　正始十年（249 年）

阿公阿公驾马车

　　尖厉的朔风裹着雪花，呼啸着，撕扯着猎猎的军旗，为本就迅疾的"追锋车"更助一臂之力，风驰电掣般驶向京都洛阳，一点儿也没有凯旋归来、班师回朝的从容。是的，司马懿无法从容，皇上曹叡前后不一的两封诏书使他大惑不解，心急如焚。长话短说。去年，辽东太守公孙渊反，自称燕王，投靠孙吴，朝廷派兵前往平定未果，益发助长了他的气焰。今年正月，曹叡从西线召回年已花甲的老臣司马懿，说是只得有劳他了。司马懿当然不能推辞。曹叡问他需多少时间，他说去一百天，战一百天，回一百天，中间休整六十天，估计正好一年。现在已是年底，大军已回到洛阳东北方向的汲县，再有几天行程便可抵京，和预想的时间差不多。

　　据说当时社会上流传着一首童谣：阿公阿公驾马车，不意阿公东渡河，阿公东还当奈何！

　　"阿公"，据说是指司马懿，他早已登上三公之位，那么不用说，"马车"即追锋车。这歌谣是顺着司马懿的政敌的心理唱的，他们本以为他会去西守长安，谁知他竟渡过黄河，回到洛阳！古人认为童谣常常逗漏出某种神秘的天机，那么这无忌的童言，也许真的成为政敌们的恶谶？

见到曹叡已进入新的一年，景初三年（**239** 年）。他果然病入膏肓。看到司马懿他非常激动，泪流满面。司马懿也很伤感，毕竟是十多年的君臣，何况他还只有三十六岁！

他说："我之所以忍着不死，就是为了等待你啊。现在看到你，我放心了。"说着叫过一个孩子，那是齐王曹芳，又向站在旁边的大将军曹爽点点头："这孩子，就托付给你们二位了。唉，他才八岁呀！……"说着，泣不成声，又叫曹芳抱着司马懿的脖子乱啃，弄得司马懿也心中酸楚，老泪纵横，说："陛下放心。陛下尚记得先帝当年把陛下托付给老臣几个吗？老臣必当尽心尽意，一如既往！"

从曹叡的话里，他已听出是让他与曹爽辅佐曹芳。假如将来有政敌，他隐约觉得就是曹爽了。因此他讲这话的时候，瞥了曹爽一眼。这一眼是大有深意的。

原来司马懿的特点是：老。他年龄老，资格老，由此也带来了老练，老到，老辣，老于世故，老谋深算，当然也老奸巨猾。过了新年，他已六十一岁，那个时代活到这个年龄的不很多，何况他还会活下去。前面说过，在曹操时代他已崭露头角，对"三马食一槽"之梦曹操始终未能释怀，一再叮嘱太子曹丕要提防他。幸亏他极力巴结曹丕，成为曹丕的心腹"四友"之一。后来曹丕篡汉做了皇帝，即魏文帝，他也受到重用，成为朝廷重臣。

曹丕去世时只有四十岁，把自己的儿子——就是眼前这位也已气息奄奄的曹叡，托付给了曹真、曹休、陈群、司马懿。现在这些顾命大臣，只剩下司马懿一个了。其中的曹真，便是曹爽的父亲。

司马懿所以意味深长地看他，大概是在提醒他：不要忘记，我是你的父辈。

司马懿能够位极人臣，主要并不是因为他的资历，而是因为他的能力，他的深谋远虑，雄才大略。他为曹家做了许多事情，立了许多功劳，其中荦荦大者有三：一是擒杀了由蜀投魏，极受曹丕赏识，后又图谋叛魏归蜀的大将孟达；二是成功抵挡了诸葛亮的六次北伐，使之"出师未捷身先死"，抱恨病逝在五丈原；第三就是这次平定公孙渊之叛。可以说，司马懿辅佐了曹氏三代，现在轮到第四代了，所以《三国演义》称他是"三国英雄士，四朝经济臣"。

白居易有诗云："向使当初身便死，一生真伪复谁知？"其中说到西汉王莽，他平时极其谦恭，后来却篡夺了皇位，真是人心难测！我们也可以说，假使司马懿此时就死去，安知他在历史上不是诸葛亮那样的忠相，受人景仰？看来寿命长短，有时也是焉知祸福的。

他没有死，死的是魏明帝曹叡，登基的是年幼的齐王曹芳。于是司马懿一伙与曹爽一伙，一边是功臣，一边是宗室，便拉开了争斗的序幕。

"热如汤"与"冷如浆"

争斗是悄然进行的，不到最后摊牌的对决时刻，看不见刀光剑影。这是因为争斗的双方采取了不同的策略，其中一方是隐忍，有如当时两句韵语所说：曹爽之势热如汤，太傅父子冷如浆。

　　"汤"是开水，它滚烫、沸扬，正可比拟曹爽一伙急急切切、炙手可热的情景。

　　曹爽是宗室，他与皇家的关系非同一般。当年天下大乱，群雄竞起，曹操也趁势起兵，他的祖父募众响应，成为曹操的亲信，并为保护曹操而被杀害。曹操收养了他的儿子，即曹爽的父亲曹真，让他与曹丕等人同起同坐，行若兄弟。曹丕即位后，他屡立战功，官至大将军。

　　这样，曹爽与曹叡便属同辈人，在曹叡尚为太子时，两人就很亲密。所以尽管司马懿与曹爽同受顾命，尽管曹爽以大将军、司马懿以太尉同录尚书事，尽管司马懿是劳苦功高的元老重臣，但在历来的官场上，"功"总是拼不过"亲"，因而曹爽在朝廷上的位次排在司马懿前面，大权也主要掌握在他手里。曹芳刚一即位，他就安排了二弟曹羲为中领军，三弟曹训为武卫将军，把机要军权进一步抓在手中。其他三个弟弟也都位居要津。

　　对此，司马懿保持沉默。

　　更有甚者，曹叡是在正月去世的，二月，曹爽就迫不及待起用了一批亲信，如何晏、邓飏、丁谧、李胜、毕轨、夏侯玄、李丰、毌丘俭等。这些人曾经受到曹叡的贬抑，说他们"浮华"，搞"浮华交会"，常常凑在一起夸夸其谈，互相标榜。

　　这里有深刻的政治思想背景。原来，曹叡觉得随着时势推移，祖父曹操实行的偏重法家的政治路线应当有所改变，需要吸取儒家的东西。他在太和四年（230 年）二月的一篇反"浮华"的诏书中说，战乱以来，"经学废绝"，现在应予振兴和鼓励，那些"浮华不务道本者，皆罢退之"。被罢退者就是上面一些人。这里所谓"道本"，显然指儒家思想。曹爽起用的何晏那批人，都是本章要写的正始清谈名士，那么他们的所谓"浮华交会"，很可能就是早期的清谈玄学。他们的政治思想既不同于儒家，也不同于法家，而是主张用老庄道家的清静无为之术。何晏则是他们的组织者和领袖。曹爽本就与这些人气味相投，喜好玄学，在后来的正始清谈中，他与弟弟曹羲也常附庸风雅。现在一旦权在手，便立刻把他们安排在重要职位，掌管朝廷的要害部门。这样一来，这些名士一开始就绑在了权力斗争的战车上。

司马懿还是隐忍不发。他有心机，"性深阻有如城府"，像猜不破的谜，测不透的海。他却把对手看得很透：哼，一帮书生而已！

司马懿年高德劭，曹爽表面上对他很尊重，极尽晚辈之礼，暗地里却想削弱他的权力。根据曹叡的遗嘱，他俩共同录尚书事，这是一个很重要的职务，因为朝廷的大政方针和文件诏令多从尚书台出。曹爽采纳了尚书丁谧的计策，上书说自己资历短浅，却"位冠朝首"，排在朝廷百官的最前头，实在非常愧怍，也难免使朝廷蒙受用人唯亲之嫌。这个位次应当归于司马懿，才算名正言顺。

小皇帝曹芳原就控制在曹爽等人手中，自然言听计从，下诏表彰司马懿的丰功伟业，将他的职位由太尉升为太傅，不再过问尚书台的事情。太傅是国师，名义上位居朝端，却没有实权，其实是明升暗降，名崇实贬。

司马懿当然明白，但他还是隐忍了，于是就有了"太傅父子冷如浆"之说。"浆"，据说是淡酒，这里比喻司马懿的淡定、冷静。他深知，决定最后胜负的不在于地位的高低，以及与皇家关系的远近，而在于实力。这实力包括个人的决策能力、手段和经验，更包括真正拥有的人脉，如门生故吏人数的多寡，朝廷重臣心思的向背，以及社会上大族巨室态度的好恶。在这些方面，他是完全自信的。

但他也并不大意，而是"密为之备"。既"密"，当然不会透露给我们。我们只知道他的长子司马师暗中养活着三千"死士"，即敢死队员，散布民间，一旦急需，召之即来。我们还知道，当时许多人都看出了一个公开的秘密，说司马懿不过是"兽睡"罢了。"兽睡"，说得真形象！其实何曾睡呢？你在电视上看过《动物世界》里的猎豹吗？它隐在灌木丛里，眯着眼睛，屏息窥伺，等到最佳时机，便会朝斑马或羚羊箭一般猛扑过去。

名士班头

说何晏是正始清谈的领袖，名士的班头，《世说新语·文学》篇注引的话可以为证："晏能清言，而当时权势，天下谈士，多宗尚之。"因为善于清谈，便赢得了莫大的荣誉，赢得了士人甚至王公大人的崇奉，这是魏晋特有的风气。

命运对何晏有青睐，也有白眼；何晏的遭遇有幸，也有不幸。何晏的姑奶奶是汉灵帝的皇后，他的祖父何进因而做到大将军，后来谋诛宦官，反被宦官所害，这是细心的读者在《三国演义》开头曾经读到的。何晏的父亲不久也病死了，只剩下一位非常漂亮的母亲。说她非常漂亮，证据是后来曹操娶了她为妾——难道曹操会娶一个不漂亮的女人吗？何况他当时已经位至司空，控制了朝廷大权。曹操同时也收养了何晏，他年方七岁。

何晏也非常漂亮，而且非常聪明，可谓慧中而秀外。据说曹操阅读兵书，遇到疑难问题，常问在一边玩耍的何晏，何晏便帮他分析疏通，说得头头是道，使曹操的疑问涣然冰释。不过这也未免夸张过分。曹操善于用兵，有丰富的作战经验，又是一位军事理论家，曾经注释过《孙子兵法》。一个也许刚刚不穿开裆裤的七八岁的幼童居然能为他释疑解惑，说得也太玄乎了。

不过何晏毕竟是聪明的，曹操也真心喜爱他，很想收他当儿子。小小的何晏看透了他的心思，便在和他的孩子们做游戏的时候，在地上画了一个像房子一样的方框，自己站在里面，说这是我们何氏之家。此事传到曹操耳中，曹操知道他的用意，便打消了原先的念头。何晏珍视何氏的血统，他觉得那要比曹家高贵多了。

他仍然与曹操的儿子们生活在一起。其中有曹丕，比他大两三岁；有曹植，比他小两三岁。二人都擅长写诗，曹植写得尤好。可能是近朱者赤吧，何晏也会写诗，后面我们还有机会欣赏。当然他的诗远不如曹氏兄弟，但要知道，他们的玄学也远不如他呀！

还有一件事值得注意。前面说过，曹爽的父亲曹真当年也曾被曹操收养，并与曹丕等人生活在一起。这么说来，何晏也是曹爽的父辈。另外，他后来娶了金乡公主。这一切，都使他在司马懿父子眼中成为曹爽的死党。当然事实也确实如此。

与曹真当年不同的是，何晏与曹丕的关系并不好。曹丕后来成为太子，高自标置，讲究衣饰容止，而何晏恰恰也是个顾影自怜的人，衣服比曹丕毫不逊色，这就引起曹丕的嫉恨，常常称他是"假子"。——哼，一个"干儿子"，居然这么神气！

与此相关，还有个"傅粉何郎"的故事。其实何晏何曾敷粉呢，他的面孔天生白皙，像他母亲。但有人怀疑他搽粉，想捉弄他，出他的丑，便在一个酷热的夏日请他喝面片，弄得他大汗淋漓，频频用大红衣袖擦脸，脸色更显白皙，甚至皎洁生辉了，衣袖却没沾上一粒白粉。人常说"脸红非关酒，自有桃花容"，何晏可谓"脸白非关粉，自有雪花容"。

可以想见，在曹丕当皇帝的那将近六年里，何晏是不会受重用的，他几乎无所事事。像古代每个读书人一样，他也是想有番作为的。为了排遣苦闷，他常常服用一种叫"五石散"的膏方，据说这是汉代名医张仲景研制的，由钟乳、石硫黄、紫石英、白石英、赤石脂五种石药组成，故名。又因服食后精神兴奋，身体燥热，须冷食、走路来散发，故又称"寒食散""行散"。何晏服用后，觉得果有奇效，称赞说："服五石散，不光可以治病，也觉神明开朗。"在他的带动下，服用五石散蔚为风气，与清谈、饮酒一样成为名士的标志。直到东晋，王羲之还在一封信中说："服足下五色石膏散，身轻，行动如飞也。"鲁迅有篇杂文，题为《魏晋风度及文章与药及酒之关系》，其中的"药"，就指五石散。

但此事非关大局，说到此为止。以后虽有服者，也不再提。

魏明帝曹叡即位后，何晏因为"浮华""浮华交会"受到排斥。即使任用，也不过是闲散官职，或者是毫无权势的文学侍从之臣。太和六年（232年），曹叡东巡。九月，在许昌建成一座景福殿，令几个文官各写一篇《景福殿赋》，也包括何晏。何晏除了根据赋体的特点，铺张扬厉描绘了景福殿的宏伟壮丽，歌颂了大魏的丰功伟业外，还含蓄表达了他的政治主张，如下面几句：除无用之官，省生事之故，绝流遁之繁礼，返民情于太素。意思是说，要去掉那些可有可无的官职，省却那些给百姓添乱的举措，根除那些源源滋生的繁文缛礼，使民心返回太古朴素的风气。显然，其中暗含老庄之旨：清静无为。

现在终于说到眼下，就是曹爽一伙"热如汤"的时候了。何晏被任命了一个非常重要的官职——吏部尚书，负责官员的选拔和任用。他已经五十岁。书生老去，机会方来。他想好好干一番。他干得如何呢？我想引用《晋书·傅咸传》西晋傅咸上疏中的话来作证：正始中，任何晏以选举，内外之众职各得其才，粲然之美，于斯可观。不用说，评价极高。必须说的是，傅咸的伯父、父亲在正始中与何晏是针锋相对、水火不容的政敌。明乎此，何晏的知人善任和正派无私，傅咸评人的公道无私，都不言而喻了。

曹芳上台的第二年（240年），改元"正始"，于是正式拉开了正始清谈玄学的帷幕。

后生可畏

进入正始以后，曹爽一伙和司马懿一伙，一个"热"，一个"冷"，一个炙手可热，一个冷眼旁观，倒也暂时相安无事。于是岁月就像平地上的河水，静静流着，流着，没有惊涛，也没有喧嚣。

过去曹叡时代被压抑的清谈玄学却像冬后的春草，滋生蔓延开来。名士们凑到一起，便会热衷于探讨与论辩"三玄"及相关的理论问题，有时彼此会心而笑，有时争得面红耳赤。这种小型的学术讨论司空见惯，不足为奇，我们现在能够知道确切时间的最早的一次正始清谈，是在何晏和王弼之间进行的。

那是一个春天的上午，何晏在家里与几位谈客已经清谈很长时间了。探讨的题目现在不得而知，只知道已探讨得十分深入，几乎无法再深。正在这时，王弼前来拜访。

读者大概还记得，在本书开头所引的袁宏《名士传》中，王弼被列为正始名士的第三名即最后一名，这也许因为他太年轻或政治地位低下的缘故。其实论清谈玄学自身，论他的玄学水平和在玄学史上的贡献，他都应排在第一位，不仅在夏侯玄之上，也在何晏之上。不过他确实太年轻，何晏是最近才听到他的大名的，说是京城洛阳的两个名门望族，一下子各自出了一位聪明绝伦的天才少年，一个是钟会，另一个就是他。二人齐名，却又各有所长。在多才多艺和精明能干方面他虽不及钟会，玄学思想的渊博深湛却要高出一头，这是钟会本人也承认和佩服的。也许是职务使然，何晏爱才，早就想见识一下这个后生，现在他来了，真是喜出望外，立即"倒履出户迎之"。"倒履"者，把鞋子都穿倒了，这当然是夸张，形容何晏那热切的心情。

对此事的时间，《世说新语·文学》篇记得很明确，说当时"王弼未弱冠"。"弱冠"指二十岁，"未弱冠"就是十九岁。那么推算起来，这一年是正始五年（244 年），何晏已经五十五岁，也许比王弼父亲年龄还大。一位五十多岁的老人，"倒履"迎接一位大孩子；一位身为吏部尚书的朝廷高官，"倒履"迎接一位"白丁"，这只能说明他礼贤下士，尊重学术。

何晏迎来的是春天，是青春的气息。王弼那年青的脸，像窗外庭院里刚刚绽发的柳芽，流溢着鲜嫩与稚气。但他那炯炯有神的眼睛，却又充满自信与智慧。他说不上怎么标致，却显得很有灵气。待他坐定，何晏便向他复述了刚才所论辩的问题（当时称为"理"）和论辩的深度，然后问："这个理，我以为已经探讨到底了，你还能提出什么诘难吗？"

原来清谈常常分为主客双方，先由"主"陈述问题或原理，叫作"叙理"，然后由"客"进行诘难，再由主答辩，叫作"一番"。每经这么"一番"，便把问题向纵深推进了一步，所以能够发难，提出问题，是清谈走向深入的关键，需要水平。

王弼听罢，略一沉思，便"作难"了，从一个新角度，提出了一个新问题。何晏等人不禁心头一动，眼前一亮，有一种更上层楼之感，这是他们没有想到，也无法回答的。于是王弼便"自为客主数番"，即自问自答，并且搞了好几个来回，把这个"理"推深了好几层。谈客们都心服口服，何晏更是感慨道："这孩子果然名不虚传！孔子说后生可畏，我今天才懂得了这句话！"

于是这一老一小，从此结为忘年之交，常在一起清谈。既然二人在当时都是大师级人物，所以也往往难分伯仲。一般说来，何晏口才好，辞藻丰赡，语调浏亮，更以辞胜；王弼逻辑性强，论据充分，朴实自然，更以理胜。如果说何晏更能屈人之口，则王弼更能服人之心，因而人们认为他略胜一筹。

何晏还在任吏部尚书。他觉得王弼是个人才，人才难得，很想把他提拔到适当的职位，但又苦于找不到一个合适的机会，再说他年龄尚轻，来日方长，另寻时机吧。

圣人体无

《世说新语·文学》篇紧接着还有一条记载："王辅嗣弱冠诣裴徽……"王辅嗣即王弼，"弱冠"比"未弱冠"大一岁，二十岁，那是正始六年（**245** 年），地点是裴徽家。

关于王弼拜访何晏和裴徽的时间，史料有不同记载，这里采用了《世说新语》的说法。之所以采用这种说法，一是因为它比较合理，二是因为它同时也合于本书叙述的逻辑与顺序。以后对于有争议的时间和事件的去取，率皆根据这两个原则。

裴徽也属于王弼的父辈，时任吏部郎，王弼的父亲王业任尚书郎，彼此熟悉。同时，裴徽又是清谈的耆宿，早在正始之前就已经出名。他学问渊博，通晓"三玄"。王弼此次与他的一番对话，记载虽然简单，在魏晋玄学史上却有重大意义。

是裴徽先发问的，他提出一个自己长久困惑的问题："你与何晏都主张'以无为本'，我同意你们的看法，'无'确实是万物存在的根本，顶顶重要。但既然如此，为什么圣人对'无'避而不谈，而老子却一再申述呢？难道圣人错了吗？"

这是一个两难的问题。原来，儒家有儒家的圣人，道家有道家的圣人，圣人是各家心目中的理想人格。汉代独尊儒术，儒家的圣人胜利了。东汉班固《汉书》有一篇《古今人表》，把古今的名人分为上上、上中、上下、中上、中中、中下直至下下，一共九品。列为上上的是圣人，其中有周公、孔子等，而老子仅被列为中上，比孔子低了三等。从此以后的整个中国古代社会，孔子的圣人地位始终没大动摇，即使在魏晋儒学中衰的时代也是如此，即使尊崇老庄者一般也不敢菲薄孔子。裴徽这里所说的"圣人"，指的就是孔子。我们后面还会讲到，"以无为本"是正始时期最重要的玄学命题，认为"无"是世界的本体，是由何晏、王弼提出和论证的。裴徽的意思是说，"无"既然如此重要，孔圣人为什么不说呢？这不是贬低孔圣人、抬高老子吗？这个问题，既确是他大惑不解的，也想用来考验一下王弼的智慧：看你小子怎么回答！看你怎么对待孔圣人！

王弼正是一个有智慧的人，他回答得很巧妙：圣人体无，无又不可以训，故言必及有；老、庄未免于有，恒训其所不足。

　　"圣人体无"，这个"圣人"也指孔子。王弼的意思是说，孔圣人是真正以"无"为本体的，或者说，他是真正体认了"无"的，但他又感到"无"太抽象，太恍惚，很难直接解释（"训"即解释），所以只得借助于"有"，借助于具体，即借助于仁义、礼乐等。总之是言必称"有"，而旨归于"无"。

　　这真是从何说起！孔子怎么会"体无"！"无"是道家的专利和标签啊！这样，王弼表面上尊孔子为圣人，至高无上，实际上却让他体现和宣扬道家思想。也就是说，这位"圣人"的衣服是儒家的，灵魂却是道家的。真会移花接木、偷梁换柱！他给足了孔圣人面子，却偷换了孔圣人的里子。

　　这虽是对儒家圣人的曲解和亵渎，却是对魏晋玄学的一大贡献。这样一来，名儒实道了，儒、道会通了，自然与名教调和了，而主导的却是道家。既然儒家的圣人可以有一颗道家的内心，体现道家的思想，那么儒家的经书当然也可以用道家思想来解释，也让它们"体无"，这就有了王弼的以道家思想解儒家的经典《周易》，以道家思想解孔子的《论语》。前者，我们后头还要专门谈及；后者，王弼写过一本《论语释疑》（已佚），他在解释《述而》篇"（孔）子曰'志于道'"时，便说："道者，无之称也……寂然无体，不可为象。"这哪里是孔子所志的"道"，这分明是老子"惟恍惟惚"的"道""无"呀！孔子的"道"，我们知道，是仁义之类。

　　至于老、庄呢，王弼只好让他们先委屈一下了，说他们不能像孔子那样完全地体认形上的"无"，而难免于形下的"有"，所以便喜欢喋喋不休地谈论他们所缺乏的"无"。也许王弼还会打这样的比方：有如一个人，哪里有病，就最喜欢谈哪里。其实老庄的灵魂，已经占领着孔圣人的皮囊，主宰着孔圣人的头脑，哪有什么委屈可言！

王弼真不愧是年青的玄学大师，从他那巧妙的回答中，不知裴徽会得到怎样的启示。

《老子》旁观

显然，正始名士虽承认孔子是"圣人"，其实老子才是他们真正的偶像，《老子》才是他们真正的"圣经"。可以说，不知《老子》，无以知正始名士，无以知正始玄学。关于《老子》本应早点介绍，但作品一旦开了头，便要顽强地按照自身的逻辑发展，由不得我了。

《老子》是部奇书。我们现在能读到这本书，真得感谢一位名叫尹喜的人。据说他是函谷关的关令，也有说是大散关的，这无关宏旨，可以不去管它。这天早晨，尹喜远远看到东方天空飘来一团紫气，知道有位奇人要来。果然，老子骑着一匹青牛不紧不慢来了。

原来老子是周朝管理藏书的史官，他见国家衰败，知道已无可救药，决定出关隐居。尹喜早就听说他是当今最有智慧的人，便请他把自己的见解写下来。老子曾说"知者不言，言者不知"，他哪里肯违心去"言"呢？但是不写，尹喜这一关看来是不好过的，无奈之下只得写下五千余言，题名《道德经》。"道德"一词的含义在先秦与现在不同，"道"是抽象的道理，"德"是这道理的落实与结果。这部书后来称为《老子》。老子留下《老子》，就飘然远引了，不知所终。

《老子》虽然只有五千多字，但言约意丰，可谓"说不尽的《老子》"。想要介绍，真是老虎吃天，不知从哪里下口。本想把这一节叫作"《老子》之我观"，但我可以这样观也可以那样观，与人家正始名士何干？于是就想到现在这个标题。所谓"旁观"，就是站在正始名士的身旁观看，用他们的眼光看，在他们的视野里看，看他们所感兴趣的，看他们是怎么看的，但又是"我"在旁观。我不知我所旁观的，合正始名士的意否？

站在正始名士身旁看《老子》，首先要看出《老子》是一部政治著作，即"帝王南面之术"，当然也包含了其哲学基础。其实先秦诸子著作，都是面对春秋战国的衰乱之世，意欲提供自己的救世良方，一个也不例外。《老子》八十一章，有二十五六章直接讲到"圣人"如何如何，其他各章也暗含着"圣人"——当然是道家的圣人。"圣人"可以译为"伟大领袖"，与之对应的是"民""百姓"，如"圣人无常心，以百姓心为心"，等等。

要之，用老子自己的话说，他的书是讲"爱民治国"的。

站在正始名士身旁看《老子》，还要大致看懂"道""无""自然"这几个概念，这便是老子政治思想的哲学基础。其实这三者在老子那里是一致的，只是在不同场合和语境中有所差异而已。

"道"是老子思想的核心，也是道家之所以称为"道家"的原由。《老子》八十一章，有"道"字的大约正好一半。"道"是一个中性的词语，诸子百家都有自家的"道"，他们的著作都各道其"道"。

老子的"道"的独特内涵，要做具体分析。《老子》第二十五章说：人法地，地法天，天法道，道法自然。"法"即效法，但"道法自然"之"法"与前三个不太一样，有"依照……"之意。"自然"也不是一种实体，而是一种状态，即自然而然、自己如此。"道"是按照自然而然的状态存在着，遇到方便是方的，遇到圆便是圆的。这样说来，老子之"道"其实就是自然，如何晏《无名论》所说："自然者，道也。"

既然道是自然的，那么治国临民，无疑也应当顺其自然，不要管得太多太死。这样，"自然"便成为道家之"道"的具体运用，而与其他各家特别是儒家的"道"相扞格。老子重"自然"，孔子重"正名"，即"君君，臣臣，父父，子子"，君要按照君的名分做，臣要按照臣的名分做，父要按照父的名分做，子要按照子的名分做。名分就是礼法，就是规矩，有规矩就不自然，不自由。到汉代独尊儒术，正式确立了"以名为教"即名教，提出"三纲五常"，成为中国古代正统的社会道德伦理规范，有人称之为精神枷锁。

用顺其自然的方式管理国家，叫作无为而治。用《老子》的话来说，这就是"我无为而民自化，我好静而民自正""道常无为而无不为。侯王若能守之，万物将自化"。看，无为有多么神奇的力量！

　　要言之，"自然"是老、庄道家思想的核心，在老子这里它偏重政治，是一种治国方略：清静无为（在庄子那里不太一样，见后）。

　　"无为"是动词，把它抽象化，就成了名词的"无"。一切都无所作为了，静谧了，不就像是虚无了吗？王弼就说过："道者，无之称也。""道""无""自然"，是同一层次的概念。《老子》说："天下万物生于有，有生于无。"何晏、王弼将其发展为"以无为本"的本体论——就是刚才裴徽所问和王弼所答的那个问题。"无"是万有存在的依据，它并非真的没有，而是隐藏在"有"的后面，只是无法感觉、无以捕捉罢了。如同老子自己所说的，道虽"惟恍惟惚"，但却"其中有象""其中有物"。打个未必贴切的比方吧，就像大树的根子，埋在地下，谁也看不见，是"无"，但却生出大树的一切。

　　好了，站在魏晋名士身旁看《老子》，看到这些，对本书来说，也就够了。

王弼注《老》

　　王弼只活了二十四岁，却成就了两件传世的大业：注释《老子》和注释《周易》。不难想见，这应是在他与裴徽谈话后的两三年内完成的。他既以《老》解《易》——用老子思想解释儒家经典《周易》，也就不难想见，注释《老子》应当在前。限于本书的体例，这里介绍王弼注《老》，以及后面介绍向秀注《庄》、郭象注

《庄》，都无法面面俱到，而只能根据本书的主题和当时的时代精神，抓住一二要害点到为止，这是要"丑话说在前头"的。

讲王弼注《老》有个很大的便利，就是有何晏注《老》作为参照。何晏的注本没留下来，《世说新语·文学》篇却留下两则与此相关的生动形象的小故事，从侧面烘托出王弼学术水平的高超，也正面体现出何晏人品的高洁。顺着这两个小故事展开，可以使我避免正面介绍的呆板和枯燥。

何晏与王弼一样，大概也觉得没有一个令人满意的《老子》注本，就自己动手注释起来，已经注了好几年了。《世说新语》的一则小故事说，在他"注《老子》未毕"之时，去参加一场清谈，适逢王弼也在座。何晏善辞令，喜欢夸夸其谈，就大谈特谈自己的"注《老子》旨"——注释《老子》的原则。得知王弼也在注，就请他谈谈对此的看法。

事有凑巧，王弼正好写了篇挺长的《老子指略》，作为注释《老子》的总纲和指导思想。他为人天真单纯，直率地谈了自己的不同意见，说是："《老子》五千余言，几乎可以用一言蔽之，哦，'崇本息末'而已。我觉得抓住这一点，才算是抓住了《老子》的要旨。"

何晏问他什么是"本"，什么是"末"，他说："你不是说'以无为本'吗？我同意你的看法。本就是'无'，是'道'，是'自然'，末就是老子一再抨击的什么'圣智''仁义''巧利'，总之就是名教。老子推崇自然，弃绝名教，所以说他'崇本息末'。"

　　据那则小故事说，何晏听了王弼的这番话后，觉得自己"意多所短，不复得作声，但应诺诺"，真是无言以对，只是连称"是、是"而已。他甚至对自己的注释也发生了怀疑，对是否继续注下去产生了动摇。但他又舍不得丢弃，那毕竟花了他三四年光阴，费了他三四年心血，还是先注完，看情况再说吧。于是《世说新语》又有了下面的一则故事：何平叔（晏）注《老子》始成，诣王辅嗣，见王注精奇，乃神伏曰："若斯人，可与论天人之际矣！"因以所注为《道》《德》二论。

　　这大概是几个月以后的事情了。原先是"未毕"，现在是"始成"；原先是在某个谈席上，现在是亲自到王弼家拜访；原先谈的是注释的宗旨，现在要谈具体的注释，看看自己的书到底有没有存在的价值。于是也不客气，开门见山，径将王弼的注本要来，当场翻看起来。随手翻到第三十七章，原文是"道常无为"，注释是"顺自然也"。他注得多么准确，多么简洁，多么"精奇"呀！

　　接下来的一章"上德不德，是以有德"云云，原文较长，注释更长，简直就是一篇小论文了。他顾不上细看，只是掠了一眼，突然发现末尾有这样的话："守母以存其子，崇本以举其末……"他眼睛一亮，这下可抓住破绽了！于是抬起头问："你上次不是说'崇本息末'吗？这里怎么又成了'崇本举末'？"

　　王弼笑了："前者是老子本人的看法，是《老子》一书的要旨，后者是我的看法，是我注释《老子》的要旨呀！你想，'圣智'呀，'仁义'呀，'巧利'呀，毕竟也有好的方面，不宜一概否定，只是不能当作'本'罢了。自然虽然是'本',可也不能完全舍弃名教这个'末'啊!应当用自然来统领名教,你说是吧?"

好了,何晏觉得不必再说,也不必再看了,这小子讲得是多么精彩,多么圆满自足呀!确实,"本"与"末","自然"与"名教",虽要有所偏重,但不能偏废呀!一切都清楚了。他深深叹了口气,放下稿本,站起来,深情看了这年青人一眼,说:"只有像你这样好学深思的人,才可以一起探讨天人之间的隐秘啊!"于是回到家,一把火,把自己几年来辛苦写就的《老子》注本烧掉了,只是将自认为最有独到体会的精华写成两篇论文,一篇叫《道论》,一篇叫《德论》。

"眼前有景道不得,崔颢题诗在上头。"据说天才绝伦的大诗人李白有一天登上黄鹤楼,看到一片动人的景致,诗兴大发,想要题写一首,猛抬头读到崔颢题在壁上的诗篇,自愧弗及,把笔掷进滔滔大江,并发出这样的感慨。何晏也是如此。王弼有注在案头。应将最好的东西留给人世,而不能鱼目混珠,更不能以权压人,以权巧取豪夺。果然,王弼的《老子注》流传下来了,一直流传到我们的时代。现在最常用的一些《老子》版本,如《四库全书》本、《四部备要》本、《诸子集成》本等,都采用了王弼的注释。

不用说,在学术上,王弼是杰出的,而何晏则是高尚的。

辅嗣《易》行无汉学

讲了王弼注《老》,接着就该讲他以《老》解《易》——用老子思想解释发挥儒家经典《周易》。

还得从两句古诗说起，那是宋人赵师秀《秋夜偶成》中的句子："辅嗣《易》行无汉学，玄晖诗变有唐风。"齐梁时期谢朓（字玄晖）的诗风发生了新变，已经有了唐诗的风韵，这与本书无关。与我们有关的是前一句：王弼的《周易注》流行以后，汉代的《周易》学就吃不开了。这是怎么回事呢？

原来，汉代《周易》学的主流是象数派。众所周知，《周易》原是算卦的书，当然其中也包含着深邃的哲理。在《周易》中，用两条断线（-- 阴爻）或连线（— 阳爻）上下轮换叠合，可以得出八种不同的组合，叫作八卦（经卦）。每两卦再上下轮换叠合，又可以得出八八六十四种组合，叫作六十四卦（别卦）。每卦六爻，六十四卦共有三百八十四爻。这些卦、爻的图形，叫作卦象、爻象，它们对客观世界有某种象征意义。在每一卦、爻象下面，都有相关的说明，叫作卦辞、爻辞，可借以发挥占卜的结果。另外在推演的过程中，要用到一些具体的数字。汉儒就是利用这些象、数，来附会天地的阴阳灾变，国家的兴衰治乱，人事的吉凶祸福，故称之为象数派。它越来越走向烦琐芜杂，支离破碎。

王弼扭转了这种状况，把《周易》研究的方向，从占卜引向哲理，从象数派走向了义理派。

王弼用了什么方式，达到这种效果的呢？拿他自己的话一言以蔽之，叫作"得意忘象"。原来早在先秦时期，对于"言""意"之间的关系，"言"是否能够充分达"意"，就存在着不同的意见和争议。《周易·系辞上》认为，"言"虽然不能尽意，但可以"立象以尽意"，即通过卦爻象来暗示、象征和表达意思。王弼注释《周易》，曾经写过一本《周易略例》，专门阐述对《周易》的总体把握，其中《明象》篇先是接过"立象尽意"的话头，然后对言、象、意的关系做了进一步的引申：故言者所以明象，得象而忘言；象者所以存意，得意而忘象。犹蹄者所以在兔，得兔而忘蹄；筌者所以在鱼，得鱼而忘筌也。这就是理解《周易》的方法："得意忘象""得象忘言"。这里的"象"指卦爻象，"言"指卦爻辞。

这种思想来自《庄子·外物》篇，连比喻都是那里的：兔网（蹄）是用来捉兔的，捉到兔就可以忘掉兔网；渔具（筌）是用来捕鱼的，捕到鱼就可以忘掉渔具。同理，语言是用来说明形象的，掌握了形象，就可以忘掉语言；形象是用来宣示意蕴的，明白了意蕴，就可以忘掉形象。

王弼还进一步发挥说，如果拘泥于言，而不是忘掉它，就不能得到象；如果拘泥于象，而不是忘掉它，就不能得到意。象数派就是如此，他们也只能走到这一步，因为他们是用《周易》来卜筮的，靠的就是卦爻辞、卦爻象，怎么能"忘"呢！也就是说，他们可以接受"立象以尽意"，却难以接受"得意而忘象"。

《四库全书总目提要》说："王弼尽黜象数，说以老庄。"是的，王弼注释《周易》，"忘象"之后所得的"意"，很多都属于老庄道家之意，如注《损卦》的"损益"二字说：自然之质，各定其分，短者不为不足，长者不为有余，损益何所加焉？意思是说，事物的自然本质，是天生就定下来的，短的算不上不足，长的算不上有余，人为的增减又有什么用呢?

这种思想来自《庄子·骈拇》篇，庄子在那里还打了一个巧妙的比方："凫胫虽短，续之则忧；鹤胫虽长，断之则悲。"野鸭的腿虽然短，你想给它接上一段，它就要害怕了；野鹤的腿虽然长，你想给它截掉一段，它就要悲伤了。这就是顺任自然的道家思想，认为任何人为的造作都是有害的，无论增减，无论用心好坏，都违背了事物的本性，都不合自然。

王弼对《周易》这种解释方式，就是所谓以《老》解《易》，即用老庄思想来解释《周易》。

就这样，王弼"忘象""扫象"以后，创立了魏晋的玄学义理派，即不用卦象来占卜而用来发挥哲理。经过与象数派的长期论争，到隋朝完全占据了主导地位。王弼的《周易注》，成为唐宋科举取士的依据。《周易》本是儒家经典，唐代以后最权威的官方经书注本，却采用了玄学家王弼的《周易注》。不用说，是因为他注得好。又因为它是注释儒家经典的，所以影响比《老子注》大。

还要特别指出，说王弼的《周易注》流行后"无汉学"，不过是诗人的夸张，《周易》汉学什么时候也没有绝迹，直到今天。你看到街上拿《周易》算卦的吗？那就属于"汉学"的范围。当然他是不是摆着本《周易》唬人、蒙人，那就另当别论了。

历史也没有冷落何晏，他的《论语集解》可以与《周易注》并肩比美，也被收入古代最权威的儒家经书注本，流传至今。不管别人说什么，他们的成就，终难泯灭。

玄思与深情

王弼开创《周易》玄学义理派，是从言意关系入手的。由此我们连而及之说到另一个人，另一个风流青年，他的时代比王弼略早，他的思想比王弼激进，有人认为他是王弼的先驱，那就是荀粲。

荀粲的父亲荀彧是曹操的主要谋士，在《三国演义》里也挺活跃，被曹操称为"吾之子房"，比拟为刘邦的张良。他的哥哥们都是儒生，只有他崇尚道家。他的思想特点是"玄远"——玄虚而深远。

他认为言不能尽意，这是老庄的观点，他却用儒家的事例来论证。他说：《论语·公冶长》记载，孔子的弟子子贡有一次说："老师讲的一般的道理，我们都听到过；老师讲人性与天道的深远道理，我们没听到过啊！"这不是说明，那种抽象、玄远、微妙的道理，是语言所不能表达，孔子因而也没有讲的吗？由此，他得出一个大胆的结论："六籍虽存，固圣人之糠秕。"

这个结论的逻辑是：圣人们写作了《易》《诗》《书》《礼》《乐》《春秋》六经，但由于言不尽意，思想的精华其实并没有传达出来，保存下来的只不过是圣人的思想糟粕。他并没有否定儒家的圣人，否定的只是儒家的经书。即使这样，在当时也是石破天惊之论。

这种思想也来自庄子。《庄子·天道》篇讲了一个"轮扁斫轮"的寓言故事，说是有位名叫"轮扁"的制造车轮的匠人，有一天看到齐桓公在堂上读书，便问所读何书，桓公回答是"圣人之言"。轮扁于是谈了自己制造车轮的体会，说他那高超精妙的斫轮技巧得之于心，应之于手，却不能言之于口，没法传给儿子，儿子也没法学到，七十多岁了，只能烂在肚子里。圣人的思想精华也是如此。所以他的结论是："君之所读者，古人之糟粕已夫！"庄子讲的就是言不尽意，只不过他说的圣人是广义的，所读的书也不专指儒家的经书。

荀粲的一位哥哥用《周易》中"圣人立象以尽意"来反驳他。他并不否定这句话，但却认为其所尽的只不过是象内的、粗浅的意，而象外的、玄远的、深邃的意却是宣示不出来的。他的话很雄辩，当时没有人能驳倒他。

荀粲有着叛逆的性格，独立的思想。他公然说自己的父亲过分循规蹈矩，不及堂兄那样自然随便。他是儒家的一位浪子。

他对爱情也有迥异世俗的独特看法，并极其重情、深情、痴情，甚至殉情。他公然说自己好色。他所说的色是美色，是美，是美丽，而不是色情。他甘向美折腰。他说女人有没有才智并不要紧，要紧的是美丽。他听说骠骑将军曹洪的女儿非常漂亮，便千方百计娶了过来，果然名不虚传，很得他的爱怜。

他真是一位情种。有一年冬天爱妻发高烧，他只穿内衣到户外把自己冻成冰棍，然后回来抱着她，为她降温。

没过几年，爱妻不幸去世了。他非常悲痛，茶饭不进，很快就消瘦不堪。过了一年多一点，也终因悲伤而死，年方二十九岁，没

有活到正始年间。他在当时是一个另类，一种异数，以别样的光彩
流星般倏然划过历史的夜空，只留下一番惊世骇俗的言论，和一个
哀感顽艳的故事。

有情？无情？

顺着"情"——不管是爱情还是别的情，我们再回到何晏、王
弼。大约在正始七年（**246**年），二人之间有一场关于圣人是否有
情的论争。这里说的"圣人"也是广义的，指超凡绝俗的理想人格，
并不拘于哪一家。

论争是由何晏发端的，他认为圣人没有喜怒哀乐之情。据说，
"其论甚精，钟会等述之"。他的论述到底有多精彩，可惜没有传
下来，我们无从领教；他的论述的发挥者钟会，可要顺便多说几句，
因为后面还要多次碰到他。

钟会是个复杂的人物。他绝顶聪明，绝不亚于王弼。他比王弼
大一岁，二人齐名并相友善，都是当时出类拔萃的青年才俊。他也
是贵公子孙，从小受到良好的教育。父亲钟繇官至太傅，又是位大
书法家，在书法史上与王羲之齐名，合称"钟王"。母亲知书识礼，
对他要求十分严格，四岁教他读《孝经》，七岁读《论语》，八岁
读《诗经》，十岁读《尚书》，十一岁读《周易》……这些都是儒
家经典，他却爱好道家，喜欢清谈，可见时代精神是怎样强有力地
裹挟着青年，家教又是如何苍白无力！

他也颇有文学素养，现在还保存着《菊花赋》《蒲萄赋》《孔

雀赋》等作品。他在《遗荣赋》里说自己要遗落荣华，"散发抽簪，永纵一壑"，放浪形骸，远离尘俗，纵情于山林丘壑之间。其实他不过说说而已，哪能做得到呢？他哪能看破那点儿功名荣利？他与王弼不同，事功也是他的所长，政治上他会勾心斗角，军事上他会用兵布阵。他是司马氏的"智囊"。他逐步拥有高位重权，曾被封为万户侯，但他还不满足，最终为攫取更高权力而谋反，而被杀，在他四十岁的盛年。他太聪明，太机关算尽，到头来反被聪明所误。他有高超的智慧，又有卑劣的欲念；他不乏向善的意愿，又不乏为恶的冲动。

还是先把他留着备用吧，我们现在回到王弼。他不同意何晏的圣人无情论，而认为圣人也是人，也有喜、怒、哀、乐、怨等"五情"，他们与众不同的是有高超的理性。正因为有高超的理性，他们才能达到冲淡虚旷的境界；又因为有与人相通的感情，他们才能应接世俗。总而言之，圣人是"应物而无累于物"——能够应接世俗而又不被世俗所牵累。

为了论证自己的圣人有情论，王弼引用了孔子的故事，说是孔圣人对自己的大弟子颜回"遇之不能无乐，丧之不能无哀"。前一句的故事见于《论语·雍也》篇。孔子看到颜回安贫乐道，别人不堪忍受的穷苦生活，他却甘之如饴，便连连称赞"贤哉，回也！贤哉，回也！"，欣喜之情，溢于言表。后一句的故事见于《论语·先进》篇。颜回不幸短命而死，孔子悲痛地哀号："啊！这是老天丧我呀！这是老天丧我呀！"所以他的结论是：孔圣人虽然能够见微知著，钩深致远，却不能摆脱这"自然之性"——情。圣人无疑是有情的！

情既是自然的，这就引申出自然与名教的关系问题。在《论语释疑·泰伯》篇中，王弼发表了对此的看法：夫喜、惧、哀、乐，民之自然。应感而动，则发乎声歌。所以陈诗采谣，以知民志风。既见其风，则损益基焉。故因俗立制，以达其礼也。

意思是说，民众常常通过歌唱，来抒发自己喜怒哀乐的自然感情，所以圣君贤臣便留意收集这些歌谣，以了解民众的意愿和社会风气，从而修正自己的政策，建立相应的礼制——礼制就是名教。逻辑很清楚：自然是名教的源头，名教出于自然，它是为适应民众的喜怒哀乐的自然感情而产生的。自然是母，名教是子；自然是本，名教是末；要守母以存子，崇本以举末。这种看法，既重视了道家的自然，也没有完全否定儒家的名教，体现了当时的时代精神，得到人们的认同。这种看法，与前述他注释《老子》的主旨是一致的，他真是一位思虑周严的青年学人！

在圣人有情抑或无情的论争中，显而易见，少不更事的王弼又胜利了，他说得在理。年长的、从善如流的何晏大概又一次向真理低下了他高傲的头，又一次心悦诚服赞叹"后生可畏"。真奇怪，不谙人情世故的书呆子在哲学上却心明眼亮，是否上苍有意把天机漏泄给愚蒙者，一如借那稚童的口说破皇帝新衣的真相的故事？

"美人如花隔云端"。圣人也隔云端，高不可及。讨论圣人是否有情，其实还是为凡人应否有情寻找依据。在儒、道两家的思想体系中，一般说来，情都不被看重。儒家认为性阳而情阴，性静而情动，性善而情恶，情联结着欲，所以要以礼节情，以礼制欲。道家主张淡泊，主张恬静，主张喜怒哀乐不入于胸次，所以也贬抑情。王弼的圣人有情论为人们提供了重情的口实，后来名士们的任诞、放达、纵情悖礼，都可以在这里找到发展的端倪。说到这里你大概也会发现，魏晋玄学与原始道家不尽相同，它是"新道家"。

《晋书·王衍传》记载了一个故事，说是当时的名士王衍的小儿子死了，朋友去吊唁，看到他悲不自胜，安慰他说，不过是怀抱中的小孩子罢了，何必如此？他回答：圣人忘情，最下不及于情。然则情之所钟，正在我辈。

"圣人忘情"并非无情，而是超越，是名士们达不到的，他们似乎也并不希慕；"不及于情"的是草木，而人非草木。"情之所钟，正在我辈"，名士们可以理直气壮地这样宣布，并且以此为荣，以此自豪。这正是王弼圣人有情论的最终落脚点。

天才与世俗

以上顺流一气直下，现在才有机会来细说王弼。

王弼无疑是个天才，但王弼也像一切天才一样，除了天生聪明一点外，也总能找到后天的因素。

王弼出生在一个世家大族，世代有大官，有大名，有大学问。

他的祖父王凯在汉末动乱中，与族弟王粲一道从长安流亡荆州，投靠他们的世交刘表。刘表是荆州的长官，也是当时的群雄之一。在他的治理下，荆州社会比较安定，经济比较繁荣，生活比较富庶，人才因而也比较集中。他又是一位名士和学者，重视文化，组织文士整理儒家的五经，并亲自写了一本《周易章句》，很有独到见解，据说对王弼的《周易》研究颇有影响。他有一个女儿，本想嫁给才华出众的王粲，但因王粲外貌不扬，行为随便，便嫁给了相貌堂堂的王凯，这样王弼便属刘表的曾外孙。

再说王粲聪明好学，很受前辈们的赏识，大学者蔡邕晚年将自己的一万多卷藏书赠送给他。他又是有名的文学家，后来归依曹操，受到曹氏父子的器重，成为文坛上的"建安七子"之一。他去世后，他的两个儿子因为参与谋反，都被处死。为了延续他的香火，王凯便将自己的小儿子，即王弼的父亲王业过继在他名下，于是王弼又成了王粲的嗣孙。蔡邕赠送的那些书，当然落到了王业、王弼手中，加上他们自己原有的，书籍之多，是可以想见的。也可以想见，王弼从小就沐浴在学问的海洋里。

所以，王弼的才华不只是天纵的，也扎根在人间的土壤上。

但从另一方面说，正因为王弼是"天才"，在人间的阅历毕竟太浅，世故太少，书生习气太重，所以他适应不了世俗，在世俗面前一再败北。天才姓"天"，世俗姓"世"，二者通行的规则不同。

根据当时有人写的王弼的小传记载，他有三个弱点和毛病。

一是"事功雅非所长"。用现在的话说，他不擅长搞政治。岂止不擅长，简直就是不开窍！此前，黄门郎之职出缺，何晏向曹爽推荐了王弼。就在同时，丁谧推荐了王黎。丁谧比何晏更得曹爽的信任，更有面子，于是曹爽用了王黎，而让王弼做了尚书郎，地位比黄门郎低。在当时，黄门郎属五品，尚书郎是六品。

不过王弼还是挺感恩的，而且他也不乏干进之心，一上任便请求觐见曹爽。见面之后，王弼暗示要单独谈话，曹爽心领神会，立即屏除了左右。王弼知道他也喜欢清谈，想讨好他，也炫耀自己，便向他大谈特谈那玄而又玄的老庄玄理，神采飞扬，天花乱坠，新见层出，都是独得之秘。曹爽毕竟是搞政治的，原以为他要报告什么机密，或者出谋划策，没想到竟大发这些无用的空论，很觉失望，心中骂了句"书呆子"，就找个借口把他打发走了。王弼真是弄巧成拙，曹爽从此把他看扁了。不久王黎病死，曹爽用了另一个人，王弼始终与黄门郎无缘，何晏很为他遗憾。

再一个是"颇以所长笑人，故时为士君子所疾"。这就犯了与敏感自尊的"士君子"相处的大忌。这些"士君子"，你只要触动了他的所短，哪怕不经意的，他也会不依不饶，何况当面嘲笑人家呢！他有个朋友名叫荀融，也喜欢谈论《周易》，有一次与他商榷其中的一个问题。王弼觉得他水平太低，不足与语，把人家挖苦了一顿。他这样"以所长笑人"，怎么能不得罪人呢？

第三个是"为人浅而不识物情"。王弼其实也不完全是书呆子。像许多贵族子弟一样，他也喜欢游玩宴饮，通音律，善于上流社会流行的"投壶"游戏。但可能是过分沉溺于哲学思辨，对人情世故这本大书没大读懂，不善处理人际关系。他与王黎原是好朋友，王黎当上黄门郎，他没当上，本来就很嫉恨，王黎却又"轩轩然，煦煦然"，趾高气扬，咋咋呼呼，一副小人得志的样子，王弼就与他闹翻了。其实让人家得意就是，何必翻脸呢？

所以王弼终于升不上去。因为他没有实际功业，正史《三国志》便没给他立传。他那些著作虽为后世所重，当时的史家却还认识不到它们的价值。

王弼不乏才华。才华似乎是一种"情商"，缺少世故而一味任才就是任性、任情，在处世上就难免碰钉子。才高八斗的曹植终于败给了比他世故些的哥哥，原因大概就在于此。

深、几、神

本章的故事已经过半，但有位重要人物还迟迟没有出场，在袁宏的《名士传》中，他被列为正始名士之首，他便是夏侯玄。在当时，他与何晏、司马师齐名，据《三国志·曹爽传》注引《魏氏春秋》记载，何晏曾经评论说：唯深也，故能通天下之志，夏侯太初是也；唯几也，故能成天下之务，司马子元是也；唯神也，不疾而速，不行而至，吾闻其语，未见其人。

我们先从后头的说起。显然，"唯神"要比"唯深""唯几"高明，能够不发力而迅速，不行动而到达。何晏说只听到这样的话，没见过这样的人，其实他暗示这是他自己。魏晋名士喜欢自我标榜，也喜欢嘲调和戏谑，是不必当真的。

"唯几"的司马子元，就是司马师，司马懿的大儿子。他所占得的这个"几"字是很微妙、很难解释的，现代汉语中很难找到一个与之对应的词语。"几"的本义是隐微，多指细微得不易觉察的迹象、先兆、苗头。在这里用作动词，指能够见微知著，看出先兆。司马师确有这种本事，他阴养"死士"三千多人，不就是早就有某种预感、暗藏预策了吗？

夏侯玄领教过他的这种本事，他的妻子就是夏侯玄的妹妹夏侯徽。妹妹漂亮、聪明，帮丈夫做了许多事情，但也逐渐看出司马氏父子绝不是魏的纯臣。司马师也同样看出，妻子毕竟是曹家的亲眷，难免养虎贻患，于是就在青龙二年（234 年）将她用药酒毒死了，当时她只有二十四岁。看，他不是很敏感，能不择手段地防患于未然吗？

司马师因为能够"唯几"，所以也确能"成天下之务"——成就经天纬地的大事业，后来从司马懿那里接过篡权长跑的第二棒，并成功传递下去。那是后话。

说到这里要顺便指出，我看正始清谈玄学与曹、马的政治斗争并没有直接关系。在正始的谈客中，既有属于曹氏一方的曹爽、曹羲，以及何晏、夏侯玄等所谓"浮华"之徒，也有属于司马氏一方的司马师、裴徽、钟会，以及许多没点出名字的，人数并不比对方少。可见当时的斗争并不以清谈玄学划线。老庄玄学虽然深含自然无为的政治旨趣和治国方略，但这是双方当时都能接受的，也不影响谁的利益，何况当时还只是一种理论上的探讨。不错，不少清谈名士后来被司马氏杀害了，但这并不因为他们是名士，也不因为他们清谈，而是因为他们投靠了曹氏集团。总之，是因为政治斗争。

交代过其他两个，现在可以专谈夏侯玄了。"太初"是他的字。"夏侯、曹氏，世为婚姻"，这两个家族有很深的渊源关系。原来曹操的父亲曹嵩本姓夏侯，后来过继给宦官曹腾作养子，便改姓了曹，所以他的后代论血统与夏侯氏应是一家。夏侯玄的父亲夏侯尚年轻时与曹丕为布衣之交，后来官至征南大将军；母亲为德阳公主，是曹爽的姑姑。这样华贵的家世，难免不养成他的自尊。

何况他又有那么气宇轩昂的仪表！时人评他为"风格高朗"，说他"朗朗如日月之入怀"，仿佛他的胸次被日月光华所照亮，表里俱澄澈。应当说，高朗、自尊，便是他的人格特征。

凭着他的"外美"与"内美"、主观与客观，仕途当然一帆风顺。不到二十岁，就做了散骑黄门侍郎，一个接近皇帝的显要官职。有一次他跟着魏明帝曹叡一行去扫墓，大家站立在松柏下面，忽然下起暴雨，雷电交加，击中身边的一棵树木，他的衣服也被烧焦了。旁边的人见状都很惊慌，伏下身子，他却泰然自若，颜色不变。这个故事，《世说新语》放在《雅量》篇中。我看这与其说是他的雅量，他的镇定，不如说是他的自尊，因为任何狼狈，都只能有损人的尊严。

还有件事情更能直接显示他的自尊，这自尊甚至有些过分。有一次，曹叡令他与毛皇后的弟弟毛曾并排而坐。毛曾出身低微，语言粗俗，行为猥琐，他感到很丢面子，鄙夷之情，形之于色。此事被士林知道了，说是什么"蒹葭倚玉树"——一枝微贱的芦苇，竟倚傍在一株挺拔的光灿灿的玉树旁。哼！竟敢嘲笑皇上的小舅子！曹叡很生气，立刻贬了夏侯玄的官。不久反"浮华交会"，夏侯玄也在其中，又一起受到罢黜。

不过没过几年曹叡就死了，曹爽掌握了实权，凭着姑表兄弟这层关系，夏侯玄被起用为散骑常侍、中护军等要职，成为曹氏集团的重要一员。

大概因为有儿女婚姻的"通家之好"吧，夏侯玄与司马懿的关系还算不错。司马懿曾经征询他对时政的看法，他讲了三点，一是要搞好选官用人；二是要去除重复的官职；三是改变车舆服饰的华丽之风，提倡朴素。司马懿称赞三者"皆大善"，但一时还不能实行。何晏说夏侯玄"深"，能够"通天下之志"，未知这是否可算一例？

又据《晋书·刑法志》记载，"正始之间，天下无事"，夏侯玄、李胜、曹羲、丁谧这些曹氏集团的人物，"又追议肉刑，卒不能决"。"肉刑"是对犯人的肉体刑罚，包括黥（刺面）、劓（割鼻）、刖（斩足）、宫（阉割）等，汉文帝时加以废除，后来曾长期争论应否恢复。夏侯玄是反对恢复的，写了《肉刑论》。李胜的看法与他相反，至今还保留着二人争议的文章。值得注意的是，他们都以"自然"的思想作为理论根据，如夏侯玄说："杀人以除暴，自然理也；断截之政，末俗之所云耳。"犯了大罪，杀是应该的，肉刑就不合于自然了。李胜反驳说："刑之与杀，俱非自然，而刑轻于杀，何云残酷哉？"说是二者其实都不合于自然，论起来肉刑比杀头还轻一点儿，为什么不可以恢复呢？他说得很雄辩，只是主张恢复肉刑，恐怕很难为人接受。

倒是夏侯玄提出一个很好的见解，他在《肉刑论》中说，重要的是让人们富裕起来并进行教育，让他们不要贪婪，就不会有偷窃抢劫，用不着"断截"之类的肉刑了。这当然是最理想的治本之策，但谈何容易！未知这是否也是他"深"的一个表现？

夏侯玄在玄学方面倒确是挺深的，何晏曾在《无名论》中引用过他的名言："天地以自然运，圣人以自然用。"前一句讲的是宇宙论，说万物是以自然而然的方式运行的；后一句讲的是社会论，说圣人是以自然无为的方式治理国家的。真是言简意赅，一下子抓住了老庄思想的精髓。他还著有一部《本玄论》，也有人说应叫《本无论》，看书名就可想见应有高深的思想，可惜没能流传下来。

夏侯玄后来虽然也被杀，却要比何晏他们晚得多，所以那真是后话了。

旧戏新唱

补述了夏侯玄的一些事情，让我们再回到现实。在一"冷"一"热"的相安无事中，在表面的风平浪静里，岁月的长河流到正始八年（**247** 年），小皇帝曹芳已经十六岁，依然贪玩，不理朝政，经常在后园与人宴饮作乐。

前面提到的曹叡的那位毛皇后，后来因事被曹叡赐死，另立了一位郭皇后，曹芳即位后成为郭太后。她虽然并不多么能干，但由于皇帝年少，很多事情都要打着她的幌子，借助她的名义，走走过场。也许是终究嫌她碍手碍脚，这年三月，曹爽采纳了何晏等人的提议，把她软禁在永宁宫，从此独揽朝政，遇事不再同司马懿商量。

司马懿现在还不想与曹爽闹翻，他需要暂时避其锋芒。到了这年五月，他便采取了更加隐忍的办法："称疾"，就是装病，宣称自己旧病复发——又痛风了，不再上朝。

其实他是旧戏新唱。

原来早在四十六年前，汉建安六年（201 年），郡里推举他到朝廷汇报情况。当时他只有二十三岁，却已名声在外，被誉为"非常之器"。曹操时为司空，爱才，聘他为掾属。司马氏是当时的儒学大族，曹操不过是"赘阉遗丑"，再说天下大势尚未可知呢! 司马懿不愿应命，便推说自己突然复发了"风痹"——大致就是痛风之类。曹操生疑，派人半夜到宾馆刺探，司马懿坚卧不动，蒙混过去。

回家后却差点儿露馅。有一天在庭院晒书，没承想突然变天，下起大雨，情急之下他连忙跑出去收拾，忘了正在"生病"。这时他发现一个烧饭的丫鬟惊讶地看着他，才想到自己的失态。他的妻子名叫张春华，是一位很有决断的女人，立刻走上前去，突然手起刀落，把这个丫鬟杀了，灭了口，并亲自烧火做饭，使司马懿十分感念。张春华的母亲姓山，是后面要讲到的竹林七贤之一的山涛的堂姑奶奶。这层曲里拐弯的亲戚关系，后来在山涛的仕途上还发挥过作用呢。

但司马懿的那点儿感念之情，远远敌不过"色"的诱惑。后来当张春华人老珠黄，他迷上了美丽的柏夫人，真可以说是"春从春游夜专夜"，张氏像块破抹布似的被扔到一边了。有一次他真的病了，张氏前来探望，他厌恶地说："老物，用得上你来显摆！""老物"，拿现在的话说就是"老东西"。张氏又羞又恼，不肯吃饭，想要自杀。她的两个儿子很有孝心，也陪着母亲绝食。这两个儿子就是司马师和司马昭，都已经十多岁了，长得浓眉大眼，虎头虎脑，是司马懿的希望之所系。于是他连忙向张氏赔礼道歉，张氏这才顺过气来。事后他对人说："老物不足惜，我是心疼我的两个儿子啊！"

不用说，司马懿后来还是做了曹操的官，否则也不会"三马食一槽"了。

现在旧戏新唱，"老物"却在上个月去世了，司马懿有些伤感，想到她生前的好处。他毕竟也老了，六十九岁了。"空床卧听南窗雨，谁复挑灯夜补衣？"司马懿身为宰辅，当然不至于那么凄凉，他也没有那么细腻的感情，没有那种书生气的无用的伤感，但物是人非，有谁再来帮他保守秘密，帮他把这台戏唱好？

他这一"病"，虽然一切看起来还是悄然无事，但两个集团的矛盾无疑暗暗加深了，在走向大结局的路上跨进了一步。

不祥的沉寂

司马懿"称疾"，在深深的府邸静静将养着他的"陈疴"，外人一点儿也摸不透他的动静。政局中笼罩着一种令人窒息的沉寂，人们在这沉寂中嗅到了不祥的气息。

竹林七贤的核心人物山涛、阮籍、嵇康都嗅出了这种气息。"七贤"属于下一代竹林名士，但这并不妨碍他们在正始年间已开始活动——虽然还没在竹林中活动。我们现在写到他们，既是为下一章埋下伏笔，也可看出五代名士链条的相互交叉勾连。单纯从年龄上说，他们中有的比许多正始名士还大。

七贤中最年长的是山涛，他四十岁才出仕，现在河南郡做官。河南郡是首都所在地，郡府就在洛阳。他为人干练，头脑明晰，处事通达，在七贤中最少书生气、名士气和狂士气。《晋书》本传说他：性好庄、老，每隐身自晦。与嵇康、吕安善，后遇阮籍，便为竹林之交。吕安不属竹林名士。阮籍、嵇康是他最好的朋友，是他平生所心折的。与嵇康认识，可能由于向秀的关系，因为他与向秀都是河内怀县（在今河南武陟）人。向秀少时初露头角，曾经得到他的赏识。至于与阮籍是怎么认识的，那就很难考证了。

"乐莫乐兮新相知"，山涛完全被这两位朋友所倾倒，以至于他的妻子韩氏觉得不可思议，因为丈夫从来是不轻许人的。于是她向丈夫提出一个非分的要求，说是要见识见识这两位人物。山涛居然同意了，但又不能无视男女之大防，便在墙壁上凿了一个小洞，以便偷窥。

好在这二位现在都在洛阳，便把他们请到家里，准备了好酒佳肴，以做长夜之饮，长夜之谈。山涛又吩咐，把他们房间的灯光搞得明亮些。于是韩氏与他们一在明处，一在暗处，透过小洞，像聚光灯似的，把他们看得一清二楚。只见其中一位挺拔、英俊，虽然穿着随随便便，不加修饰，却难掩一股高华之气，犹如龙章凤姿，天质自然。韩氏知道，这必是嵇康了。丈夫曾经说过，平时，他魁伟犹似一棵岁寒中傲然挺立的青松；醉了，则恍如一座将要倒下的玉山。确实如此！

另一位也目光炯炯，神采奕奕，有一种飘然的秀气、灵气和傲气；嘴角似带嘲讽，又似乎有点儿抑郁。坐在一旁的丈夫，是她平时引以为傲的，但在这两人面前，她不能不承认他相形见绌。他们正兴高采烈地谈论着，她虽然不能全懂，但也听出了谈吐的高雅。

她想，怪不得丈夫对他们这么心仪，假如自己是个男人，也一定要交这样的朋友。

此后不久，山涛就听说了司马懿称病不朝的事情，而且很快就琢磨出其中的隐情，也预感到可能的险恶。有一天晚上，他与一位名叫石鉴的同事值夜共宿。夜半时分，他蹬醒石鉴，说："石生，都什么时候了，你还睡得着！你知道太傅不上朝是何意？"

石鉴迷迷糊糊说："宰相三天不朝，让他卷铺盖回家就是，你操的哪门子心！"又翻过身呼呼大睡。

山涛也不再说什么。匆匆穿好衣服，连夜回到家，又连夜与妻子收拾好行囊，第二天早晨不辞而别，回到老家怀县，过起了隐居的日子。

阮籍离开得晚一些。阮籍的一生是矛盾痛苦的一生。他本有济世的壮志，但看到天下多故，又想苟全性命于乱世，不求闻达。然而他有才，在乱世有才也是一种累赘。先是太尉蒋济征聘他，他写信婉拒，蒋济大怒，别人也来劝说，他只得应付了一阵子，寻机托病辞职了。后来又做过几天尚书郎，也是托病离开的。

现在正是他无官一身轻的空白期，与一位天才少年王戎打得火热。王戎后来也是竹林名士之一。据说在他七岁的时候，有次与小伙伴们一起玩耍，看到路边有棵李树，大家都争相去摘李子，他却不为所动，说是李子结在路边而无人摘取，必是苦李。小朋友一尝，果然如此。

这样敏捷的逻辑推理，真难为了一个幼童。

王戎比阮籍至少小二十岁，犹如何晏与王弼，完全属于忘年之交。王戎的才华和学术远不如王弼，处事却远比王弼灵活、圆滑，仕途也远比王弼顺畅。他是个精明的小滑头——当然后来是老滑头。

阮籍是先认识他的父亲王浑，最近才认识了他的，时年他大约十四五岁。自从认识了他，王浑就被浑然忘到脑后了，说是"与你清谈，还不如与阿戎谈呢"。据说王戎"善发谈端"——善于打开清谈的话匣子。

以后的事情，《晋书·阮籍传》是这样说的：及曹爽辅政，召为参军，籍因以疾辞，屏于田里，岁余而……"曹爽辅政"，这里显然是指司马懿装病后他独揽大权，这时阮籍又托病辞掉了他的征聘，远离是非之地和是非之人，隐居到老家陈留尉氏（在今河南省）的田园。果然，岁余而……过了一年多，而发生了那桩决定性的血腥的事件（现在先不说出）。据此推算，阮籍离开洛阳的时间必在这年五月之后，即在那不祥的沉寂开始之后。干脆打开天窗说吧，在他也悟破了司马懿装病以后。

嵇康的情况又有所不同。他的祖上本姓奚，原籍会稽（今浙江绍兴）。后因避仇，迁徙到谯国（今安徽亳州），改姓"嵇"——大概是为了不忘会稽这片故土，但也有人说是因为住在嵇山下。嵇康的父亲在曹操当政时，曾出任督察军粮的官职。嵇康本人大约在不久以前，娶了曹操的曾孙女长乐亭主。可能就因这层关系，他当上了既没有什么具体事务、俸禄又不薄的闲散官职中散大夫，使他既可以住在洛阳，又可以常常到山阳田庄度过清静的日子。在那里，他种了一片繁茂的修竹。

在这个时期，他有两位过从甚密的朋友：向秀、吕安。他们三人的性格各异。嵇康"傲世不羁"，颇有点像夏侯玄，都标致、挺拔。如果说夏侯玄是高朗、自尊，他则是峻切、自尊。"峻切"是对他的人品和文风的常见评价。向秀"雅好读书"，曾注释《庄子》。吕安则"放逸迈俗"，有些狂气，后来吃了这狂气的大亏。他与嵇康的交情非常深厚，这交情后来影响到嵇康的命运。

嵇康有个奇特的嗜好：锻铁。在他洛阳家中的庭院里有几棵茂盛的柳树，柳树四周有他引来的汩汩水流环绕着，到了炎热的夏季，他便在婆娑的树荫下，在清凉的水流边，扬锤打铁。这时候，向秀便是他最好的助手：为他拉风箱。《世说新语·言语》篇注引《向秀别传》说，向秀"常与嵇康偶锻于洛邑，与吕安灌园于山阳"，看来吕安在山阳也应有田园，他与嵇康大概就是在那里相识的。

京师的气氛越发沉寂了，这沉寂中凝聚着越发浓重的不祥的预感，仿佛天际隐隐有惊雷。于是继山涛、阮籍之后，嵇康也走了，走向山阳，走向那片青翠的修竹。

一个更远的伏笔

如果说以上是下一章竹林名士的伏笔，那么下面写的，则是一个更远的伏笔，是再下一章中朝名士的伏笔。所谓伏笔，并不是作者故弄玄虚的技巧，草蛇灰线的章法，而是历史演变的实况，今日的芽中潜伏着来日的花，明天金榜题名的背后隐含着今天的泪水与汗水。

还要从夏侯玄说起。夏侯玄因为没有重要的著作传世，没有系统的言论保留下来，他的一件天大的事情很久以后才发生，所以前面对他讲得不多。其实如前所说，他在正始名士中的地位是很高的。由于他与曹爽是姑表兄弟，故其政治地位也很高，大约正始五年（244 年）出任征西将军，直到正始十年（249 年）。在此期间，他手下有位参谋名叫乐方。正始九年的一个秋高气爽的日子，微微的西风中还隐隐飘散着菊花的淡淡清香。夏侯玄闲来无事，随兴到外面走走，看到一个非常俊爽的孩子在路边玩耍。夏侯玄认得他是乐方的儿子，便把他叫住，问他多大年龄了，他回答说八岁，并用手指比画了一个"八"字。

夏侯玄当时正好四十岁，两人一大一小，交谈起来。他发现这小家伙不仅口齿清楚，声音清亮，而且头脑清晰，知道的事情也挺多，说话却又简要、准确。一简要，在夏侯玄听来就仿佛带点儿玄味了。特别是他那神情，那是小孩子不常见的飘逸和灵秀，夏侯玄概括为四个字：神姿朗彻。

回府以后，夏侯玄立即把乐方请来，高兴地说："刚才我看到令郎了。令郎神姿朗彻，将来必为名士。你要让他专心学习，他一定会振兴你乐家的门户！"

后来果然如此。

记住：这个孩子名叫乐广。

还要记住一个名字：卫瓘。这也是位很有才干的人。曹芳上台的时候，他刚二十岁，任尚书郎，现在已做到散骑常侍，还不到三十岁。后来他还做过许多大事，并且是古代的大书法家。但对于本书来说，这些都不重要，重要的是：他曾与何晏、邓飏清谈过。在魏晋，能够亲承何晏这样的大名士的謦欬，以及像乐广那样亲得夏侯玄的青睐，都是非常可以引为自豪，并且使人歆羡不已的。容我提前说一句吧：他们将是维系清谈玄学一线于不坠的啊！

无话则短，这也是本书的一条原则，就权且"立此存照"吧。

将计就计

冬天来了，正始九年（**248 年**）的冬天。

在司马懿"称疾"以后的沉寂中，更感到不安的还是曹爽一伙，因为只要多少觉察出其中蹊跷的人，都知道司马懿的行为是针对他们的。过去他虽然是他们的眼中钉，但上朝的时候可以见到，知道他在做什么，听到他那阴沉而略带沙哑的声音，看见他在逐渐老去，心中似乎觉得有点踏实。现在看不到他的影子，没有他的一丁点儿消息，不知道他真病还是假病，也不知道他病得到底如何，是不是在某个早晨会霍然病除，猛然扑来？这是最令人惴惴的。他们想，能有机会探听一下他的虚实也好。

现在这样的机会来了，这就是李胜将要出任荆州刺史。

李胜"雅有才智"，长于清谈，前面说过，他曾与夏侯玄讨论肉刑问题。正始五年夏侯玄出任征西将军，聘他为长史，负责军中要务。他曾为曹爽和夏侯玄出谋划策，建议他们出兵伐蜀，以建立威望，巩固军权，结果大败。后来他又做过荥阳太守、河南尹，倒也称职。最近调任他为荆州刺史，荆州是军事重地，可见曹爽对他的信重。荆州也是他的老家，他可以说是任职于本州了。曹爽还附带交给他一个任务：趁机去拜访司马懿，说是辞行，其实是侦探。

此事当然要先请示司马懿。你想司马懿是何等样人？这帮书呆子的小小把戏，哪能瞒过他的法眼！他正乐得将计就计。于是，他便演出了一场极其精彩的好戏。这场好戏，《三国志·魏书·曹爽传》注引《魏末传》有同样精彩的详细描述。容我偷一下懒，把原文直接翻译在下面，代替我自己的叙述：

司马懿接见了李胜。李胜说自己没有寸功，蒙受朝廷厚恩，为本州的刺史，故来辞行，有幸承蒙得见。司马懿让两个丫鬟在一边服侍，伸手去拿衣服，衣服落在地上。又抬手指指口，说是渴了，丫鬟捧上一杯稀汤，司马懿接杯要喝，稀汤流出来沾满胸前。李胜满怀怜悯，流下眼泪，对司马懿说："现在皇上还太年轻，天下倚仗您老。大家本以为您老不过是旧病复发，哪想到病成这个样子！"司马懿慢慢调理气息，才使喘息平复下来，说道："年纪老了，病得重了，不定早晚就会死掉。你此次屈任并州刺史，并州靠近胡人，你好自为之吧。咱们恐怕不会再见面了，有什么法子！"李胜说："我是愧为本州刺史，不是并州。"司马懿又佯装糊涂，说："你要到并州去，自己多多珍重吧！"颠三倒四，好像说胡话。李胜又说："我是到荆州，不是并州。"司马懿这才好像有点儿明白过来了，对李胜说："我年纪老了，恍恍惚惚的，没大弄明白你的话。原来是回本州当刺史，你德高志壮，正可建立功勋。眼下要和你分别，自感力气越来越不行，以后肯定不会再见面了，因而想出钱做东，备份薄酒，与你共话生死离别，让师儿、昭儿兄弟与你结为朋友。你可不要撇下我就走了，请满足我这份小小的心意吧。"说着流下眼泪，声音哽咽。李胜也长长叹息，回答说："我正当聆听您老的教诲，等候您老的吩咐。"李胜告辞出来后，见到曹爽等人，说："太傅语言错乱，口含不住杯子，指南称北。又说我要做并州刺史，我告诉他要回到荆州，不是并州。我一遍遍对他说，他清醒一点儿，才知道我是回荆州，还要做东为我饯行，叫我不要撇下他就走，要等着他。"又流着眼泪说："太傅的病怕是好不了了，令人悲伤。"

好了，用不着一句评论。二人"演技"的优劣，"才智"的高下，人品的真伪，以及两个集团争斗的可能结局，都在这场好戏中了。

曹爽等人听了，宽心不少。

李胜这个天真的书生，据说在整个冬天，真的一直在等待着他的饯行呢。他最后等来的会是什么呢？你不妨猜猜看。

可贵的"二难"

正始九年最后的日子，十二月二十八日，吏部尚书何晏在家中接见了管辂，在座的还有尚书邓飏。

管辂虽然容貌粗丑，却是当时的大名人，他是以善于算卦、看相、观星等闻名的，这些叫作术数，这样的人叫作术士。前面说过，《周易》研究可分为义理学派和象数学派，术数也属于象数学的范围。王弼是魏晋玄学义理派的开创者和代表人物，管辂则是魏晋象数派的代表人物。据说他占卦极为灵验，《三国志》他的本传中记载了许多这方面的神秘故事。评论家把他的占卜与当时华佗的医术、杜夔的音乐相提并论，赞为"玄妙之殊巧，非常之绝技"，在后代他也被奉为占卦、观相的祖师。

前面提到过的曾与王弼谈论"圣人体无"的玄学家裴徽，现为冀州刺史，对管辂的才能非常赏识，四次见面谈话，就有三次提拔他的官职，第五次则举他为秀才，把他推荐到洛阳，临行时叮嘱他说："何、邓两位尚书都很有才学。特别是何尚书，神明清澈，言语巧妙，洞察秋毫。据说他对《周易》有九个问题弄不大清楚，见面时必定会问你，你要心中有数，回答得精到些。"

管辂说："使君放心。如果他问的是王弼那样的学问，那就简直不值得回答；如果问的是阴阳五行方面的，那正是我的所长。"

何晏与王弼一样，属于《周易》义理学派，他当然不会向管辂请教这方面的问题，而是请教他不太精熟的象数问题，管辂的回答使他非常满意，说："你论阴阳，确实当世无双，令人钦佩。听说你卜筮也非常神妙，请给我算一卦，我此生能位至三公否？"

其实这倒是何晏真正想问的。作为一个感情细微的文人和名士，他尤为敏感到那种不祥的气息，也深知自己处境的艰危。只是他不宜流露心中的虚怯，而故意问那似乎乐观豪壮的问题，看看管辂能做出怎样的回答。

而管辂作为一位占算家，他的占算所以能够"灵验"，恐怕很大程度上得益于他对时局和人心的了解。对于何晏的一切，他当然是知根知底的，所以也就很坦率地说："承蒙垂问，容我先说几句与卜筮无关的话。从前八元、八恺辅佐大舜，对百姓慈爱善良，非常仁义；周公辅佐成王，常常坐以待旦，非常敬慎。所以都天下太平，人民感恩戴德，颂声不绝于耳。您现在的权势不可谓不大，真是位重山岳，势若雷霆，但恕我直言，人们感恩的少，畏威的多呀！"

何晏知道他说的是直言也是忠言，点点头说："你说的有理，不过还是算上一卦吧。我最近频频梦到一群苍蝇落在鼻头上，赶也赶不走，不知有什么兆头？"

于是管辂便为他占筮，得到艮、谦、大壮三卦。

艮的上卦和下卦都是山，《象辞》说是"兼山，艮，君子以思不出其位"。意思是说，作为一位君子，要安守自己的本分，不做非分之想，不觊觎职权外的东西。谦的上卦是地，下卦是山，《象辞》说是"地中有山，谦，君子以裒多益寡"，就是要谦让、恬退，拿出自己多余的，分给那些不足的。大壮上卦是雷，下卦是天，《象辞》说是"雷在天上，大壮，君子以非礼弗履"。雷在天上，形容人到盛极之时，容易产生骄奢之心，所以要警诫自己，不能头脑发热，做出非礼的事情，以防盛极而衰。就这样，管辂根据三个卦的象、辞，结合何晏的实际情况发挥了一通，总而言之是适可而止，见好就收，不可沉迷权势，贪恋富贵。

管辂最后提示道："希望您多想想文王的卦辞、爻辞之旨，多想想孔子的象辞、象辞之意，那么三公就可以达到，苍蝇就可以赶跑。"

邓飏在一边忍不住了，说："你这是老生常谈！"

管辂冷冷反唇相讥："老生总比不生好，常谈也总比不谈好！"其实在占得的卦象中，还有些凶险的内容他不便、也不敢说出，只是暗暗隐含在"不生""不谈"二语里面。据说回家以后，他把这些话都跟舅舅讲了，舅舅责备他说话太直率，他说："与快死的人讲话，怕什么！"

何晏比较沉稳，低头默默不语。他觉得管辂解的每一个卦、每一句话，似乎都隐含着他的境况；都像晨钟暮鼓，震荡在他的耳畔。怪不得人们称他为"神人"！

何晏对他心怀谢意，一字一句，诚恳地说："能够看出隐微的兆头，料事如神，古人认为这很难；能够对素昧平生的人，说出真心实意的话，今人认为这很难。你今天可以说一下子做到了这二难，也算得上难能可贵了。对于你的话，我当如《诗经》所说：中心藏之，何日忘之！"

常畏大网罗

天黑下来了。

管辂、邓飏离开以后，何晏的心情久久不能平静。他回味着那"二难"。"知几其神乎，古人以为难""交疏吐诚，今人以为难"，管辂确实都做到了。而在这可贵之中，他感到可怖，因为他听懂了管辂的暗示，从而联想了很多。

他比司马懿只小十一岁，对于司马懿的老谋深算和心狠手辣，他比别人知道得更多些。司马懿初发"风痹"时他已十多岁，当时曹操的猜疑，他是有所耳闻、有些印象的，他也似乎风言风语听到有人猜测他是装的，现在又何尝不是如此呢？他知道司马懿虽无实权，但有实力，元老重臣差不多都站在他那一边，他本人又工于心计，老谋深算，曹爽哪是他的对手！

他想到自己。母亲是曹操的姬妾，妻子是曹家的公主，与曹爽过从又那么密，这一切都是秃头上的虱子明摆着的，无法开脱，无复退路，只有硬着头皮，听天由命。想到此处，不禁十分伤感，提笔写出一首诗来：鸿鹄比翼游，群飞戏太清。常畏大网罗，忧祸一旦并。岂若集五湖，从流唼浮萍？永宁旷中怀，何为怵惕惊！

"燕雀安知鸿鹄之志"。你看那心高气傲、好高骛远的鸟儿，欢唱着，嬉戏着，一起飞入青云，飞上清明的太空，那里有可以俯瞰人世的美好景致，也许还会有琼楼玉宇。但一切有美好的地方便有争夺，有陷阱，这里也一样，有疏而不失的高张的罗网，可以使矫健的身躯霎时成为盘中的美味……

当祸患、灾难来临的时候，它们才会想到那山林湖海。是的，那里低卑，那里平淡无奇，但那里安宁，那里静谧，那里有清澈如明眸的水流，那里有甜而多汁的水草，那里只是没有胆战心惊……

诗写得沉郁，用了常见的比兴手法，人们不难理解作者的立意，也可以感受到他的悔意——悔平生对高华的追求。但我们似乎从中读出了更多的东西，读出甚至何晏自己也未必意识到的东西，读出时代精神在潜移暗转，读出士人心理在微妙变化，从追求功业到向慕隐逸，从重《老》到重《庄》……

收网了

过了两天，正始十年（249 年）正月初一，洛阳西北大风，尘埃蔽天。这并不是我的想象，以便为即将到来的事变渲染气氛，这是《三国志·魏书·管辂传》如实记载的。

管辂，这位神奇的预言家，他的占卜又应验了，没过几天，就发生了那决定性的血腥的事件。决定性的事件往往带有血腥。

原来年已十八岁的小皇帝曹芳，决定正月初六那天去祭扫曹叡的陵墓。陵墓叫高平陵，坐落在洛阳城南九十里外的大石山上，洛水在山下静静流过。

曹爽兄弟们决定一起前往。大司农桓范号称"智囊"，听说以后，赶紧向曹爽进言，说他们兄弟总揽朝政，统领禁兵，不可同时外出，否则有人在里头把城门一关，怎么还回得来？

"谁敢？"曹爽把眼一瞪，断然否定。显然，司马懿那高超的演技达到了预期的目的，李胜悲悯的泪水也奏效了。在曹爽心目中，司马懿不过是尸居余气，行尸走肉，只剩下气息奄奄而已，其他人就更不足惧了。桓范的担心，他觉得多余。

司马懿虽然"生病"不出门，却是全知天下事的。听说此事后，一下子兴奋起来，真的霍然"病"除了。他意识到梦寐以求的机会来了，"兽睡"该醒了，网该收了。但这种想法必须绝密，只与大儿子司马师关起门来在暗室密谋策划，甚至也瞒着小儿子司马昭，只是到初五晚间才告诉他，并派人偷偷观察。只见司马师呼呼大睡，与平时无异，司马昭却翻来覆去，于是他知道了二子的高下。其实他未免小看了司马昭，他后来的老辣并不输于父兄。

第二天皇家的车驾出发以后，司马懿做的头一件事情，就是奏请郭太后废免曹爽兄弟的官职。说是奏请，其实就是命令，或者说打个招呼，然后占据了武库。司马师当时任中护军，正好率领禁军驻守司马门——皇宫的外门，控制着人员的出入。与此同时，他平时暗中驯养的三千"死士"，好像突然从地底下钻出似的，呼啦一下子涌现出来，占领了洛阳的各个要害地方。司马昭也率兵守卫宫殿，严防意外。

司马懿加紧部署，委任一位朝廷官员暂行曹爽的大将军之职，另一位官员暂行曹羲的中领军之职，自己则与太尉蒋济驻扎洛水浮桥，迎候天子。此时有人报告说桓范骗开城门，投奔曹爽去了，司马懿笑道："桓范固然是智囊，可惜曹爽是饭桶，不会听他的，用不着担心！"

一切就绪，便开始正式摊牌了，司马懿派人给皇帝曹芳奉上奏章。奏章的内容，一是回念先帝的顾命之重，自己时刻未敢轻忽；二是历数曹爽的背弃顾命，胡作非为；三是说已获太后准奏，罢免曹爽兄弟兵权；四是令他们各以自己的爵位回归府邸，"敢有稽留车驾，便以军法从事"！这其实是最后通牒。

曹爽读到奏章后，六神无主，并不转呈曹芳。这时天色已晚，只得将车驾安置在伊水南边住宿，草草派兵守卫。司马懿得知后，立即派人送来帐篷、食物，说是陛下不可露宿。他当时已经七十多岁，虑事居然如此周备，曹爽焉得不败！

桓范劝说曹爽兄弟率车驾奔赴许昌，以皇帝的名义，号令天下勤王之师，讨伐司马懿父子，"谁敢不从"？曹爽兄弟犹豫不决。他们心存侥幸，派人试探司马懿的口风。司马懿说是只免官职，不予深究。接着，司马懿又派出一名曹爽平时宠信的官员，主动前来重申这个意思，并面向洛水郑重起誓。曹爽的精神完全被瓦解了，说是："太傅不过要夺我的兵权而已，我以侯爵身份回府，仍不失为富家翁。"你瞧这全无廉耻的糊涂虫！正如桓范所叹息的，他的父亲"曹子丹（真）佳人"，却生下一个这样不佳的儿子！

曹爽兄弟回家以后，司马懿令人在曹府的四角搭起四座楼台，派人日夜在上面瞭望，监视着他们的一举一动。曹爽被困在院落，又气愤，又害怕，又愁闷。当他走到后园，楼上便有人大喊"故大将军东南行"，到别的地方也是一样，简直是恶作剧。兄弟俩不知司马懿之意，便找借口写信试探，说前两天派人出去弄粮食，至今未回，饿了好几天了，希望拨点粮饷。

司马懿见信，故作震惊，连忙回信说："实在不知你们缺乏粮食，非常不安。今送上米一百斛，以及肉脯、盐豉、大豆。"这些东西，果然立即送来了。曹爽兄弟十分欢喜，觉得自己死不了了。

其实司马懿这几天正在为他们寻找或者说安排一条可死之道。前一阵子就风闻宦官张当与曹爽来往甚密，极不正常。必须从这里打开缺口！于是逮捕了张当，抓紧审理。供词很快出来了：曹爽与何晏等意图谋反，先训练军队，三月中旬发难。至于这供词是怎么出来的，古书没有说，聪明的读者恐怕不难想象。

欲加之罪，何患无辞，何况已经有辞！于是召开御前会议，在座的不消说多是司马懿的同党，一致认为这伙人包藏祸心，谋图神器，大逆不道，罪不容诛。他们是：曹爽、曹羲、曹训、何晏、邓飏、丁谧、毕轨、李胜、桓范、张当。

死刑是在一月十日执行的。除他们自己以外，还夷灭三族，连已经出嫁了的女儿、姐妹也不放过。据史书记载，这一天"同日斩戮，名士减半"。

司马懿可谓雷厉风行，从初六开始行动到初十行刑，前后不过五天，真是迅雷不及掩耳。最可怜的是李胜，史书上说他"迁为荆州刺史，未及之官而败也"，也就是说，还没来得及到荆州上任。他一直在等着司马懿的送行，等来的却是另一种送行，而且还搭上他的一家，他的三族。

司马懿颇讲策略，不同情况，不同对待。如夏侯玄虽属曹爽一党，但正外任征西将军，不在朝廷，加以有点亲戚关系，未予治罪，只免除军职，改任负责礼仪的大鸿胪。夏侯玄从此小心翼翼，断绝一切交往，清除笔墨纸砚，唯恐招祸。王弼呢，过去吃了"事功非其所长"的亏，未受曹爽重用，今日却占了"事功非其所长"的光，未被司马懿严办，只是免职。不过由于体弱，又未免惊吓，他当年秋天病逝，以另一种方式告别了正始谈席。一个二十出头的青年，居然开启了一代学风，在思想史上留下不朽的著作和不刊的声名！

司马懿完全胜利了。高平陵政变，权归司马氏，篡夺只是迟早的事情。但他却在历史上留下恶名，唐太宗李世民在《晋书·宣帝纪》说他的行为"虽自隐过当年，而终见嗤后代"。其实即使在当年，他给人家强加的莫须有的罪名，也瞒不住天下人的耳目。他把事情做得太绝、太狠、太毒。

正始之音

又过了将近三个月，朝廷改元嘉平，嘉平元年代替了正始十年，从此"正始"永远消逝了，但正始名士开启的思想文化和学术风气却长久保存下来，传布开去，远远超越他们的个体生命，这种风气被称为"正始之音"。

在本书将要依次展开的各个阶段的叙述中，你会看到，正始之音经常被忆及，被提起，被奏响。为了避免重复，这里不能举例。但是可以肯定：两晋时期所说的正始之音，指的就是清谈玄学——形式上的"清谈"，内容上的"玄学"。

从"玄学"方面说，正始名士在新的历史条件下，弘扬和发展了老庄道家思想，特别是其"自然"的思想，探讨了其中所包含的清静无为的治国方略，也引发了对自由的生活态度的追求。他们没有把"自然"与儒家的"名教"完全对立起来，而是加以调和与统一。中国古代思想文化上的儒道互补、儒道兼修，正始名士是有开发之功的。当然，在正始，这种互补是以老庄道家思想为主的。

从"清谈"方面说，正始名士激发了一种学术探讨的热情，在这种探讨过程中，常常运用抽象思辨，从而把探讨引向深入，这是汉代儒学所缺乏的。

这两个方面，是正始名士对中国古代思想和哲学不可磨灭的贡献。

后世对正始之音的理解逐渐有点走样。可能因为正始名士信奉老庄吧，有人把正始之音看作一种超然的生活态度。南宋词人丘崈

《水调歌头》写道："人物冠江左，正始有遗音。谪仙风味，洒然那受一尘侵！"其实正始名士何曾如此超脱，甚至不食人间烟火呢？我们已经看到，他们大多参与了权力竞逐，并成为刀俎上的鱼肉。

第二章　竹林名士

主要人物

嵇康（字叔夜，223—262 年）

阮籍（字嗣宗，210—263 年）

山涛（字巨源，205—283 年）

向秀（字子期，约 227—272 年）

刘伶（字伯伦，生卒年不详）

阮咸（字仲容，生卒年不详）

王戎（字濬冲，234—305 年）

主要活动时间

魏齐王　曹芳　嘉平元年（249 年）

魏元帝　曹奂　景元四年（263 年）

那片迷蒙的竹林

现在向我们走来的是魏晋名士的第二代——竹林名士。他们中的大部分我们在前面已经相识，那时他们是作为伏笔出现的，如今正式登场了，成为本章的主角。

"竹林名士"，顾名思义，是与那片青翠的修竹连在一起的，那曾经是他们徜徉的场所，后来成为他们的徽标与象征。但他们的身影实在太遥远了，一千七百多年，岁月的逝川冲淡了一切，也使那片竹林迷蒙起来，有人甚至怀疑它的存在。

且让我们去探寻这竹林的踪迹。有本叫《集圣贤群辅录》的古书，最早谈到竹林名士订交的时间和地点，说他们在"魏嘉平中，并居河内山阳，共为竹林之游，世号竹林七贤"。把时间定在嘉平（249—254年）年间，地点是河内山阳。《群辅录》的作者旧题为陶潜，虽不大可信，但写作年代终究是很早的，在大约一千五百年前的北齐以前，去古未远，故我基本采信它的说法，只是将时间向后延伸到阮籍去世那年（263年）。这是紧接着高平陵政变后的十几年。

前章说过，在政变前夕不祥的沉寂中，山涛、阮籍、嵇康陆续离开洛阳，回乡隐居，其中嵇康来到山阳的田庄。向秀原是河内人，大概也随之回来了。这里山清水秀，有茂林修竹。阮籍、山涛的家乡也都离得不太远，经常前来聚谈宴饮，有时还会住上一阵子。王戎当时还是个大孩子，得到阮籍特别的垂青，或许也随他到这里。常来的还有阮籍的侄儿阮咸，想必是经过了叔父的引领。只是酒鬼刘伶似有来路不明之嫌，反正总该是气味相投吧。总之，"七贤"之数是凑齐了。另外，嵇康的朋友吕安也常来常往，他在山阳可能也有田产。至于为什么没把他列入"贤"中，那就不得而知了，古人自有古人的想法。

"七贤"在洛阳还有一个活动中心，也是嵇康的家，就是他经常与向秀打铁的地方。所以虽然后来有人在京做了官，他们也能够常常聚会。再说洛阳与山阳相距不过几百里，即使在当时的交通条件下，相聚也并非多大难事。

所以大致可以做出这样的推想：在这十几年中，"七贤"常有全员的聚会，主要是在山阳，因而得到"竹林"的称号，也有的聚会是缺员的，不能每个人都同时到场。他们毕竟各有自己的事情，聚也匆匆，散也匆匆。

竹林名士与正始名士不同，它是一个偏于隐逸的团体，虽然有的也做官，但在整个曹魏之世都不显赫，不像正始名士那样都是朝廷举足轻重的要员，陷身于权力斗争的旋涡。另外，竹林名士的核心与灵魂嵇康后来为司马氏所杀，司马氏不久篡位，建立了晋朝，因此不难想象，人们在很长时间都忌谈竹林名士。只是到西晋末期，当时间冲淡了血迹，情势发生了变化，竹林名士的身影才逐渐鲜明起来。使这个名士团体在历史上免于泯没的，应是他们中的小弟王戎。

那是晋惠帝永宁元年（301年），王戎已是六十八岁的高龄，做到尚书令的高官。有一天他乘着高车，信马由缰，路过洛阳城内的黄公酒垆旧址。四十年前，竹林名士常在这里聚饮；四十年后，酒垆已破败，名士已云散，而今只剩下他自己，思之不禁怆然涕下，对车上的人慨叹道：吾昔与嵇叔夜、阮嗣宗共酣饮于此垆，竹林之游，亦预其末。自嵇生夭、阮公亡以来，便为时所羁绁。今日视此虽近，邈若山河！

这番话载于《世说新语·伤逝》篇，他确是怀着伤逝的心情说的。当时八王混战正酣，自己庸庸碌碌，苟全性命于乱世，想起昔日"竹林之游"的赏心乐事，真是物是人非，物近人远，远得犹如隔着山，隔着河——不，隔着永难翻越的阴阳两界！

他怀念的，一定还有当年那青翠欲滴的竹林。

大约是受了他的启迪，有位名叫孙盛的史学家——他属于本书所说的江左名士，在几十年后的东晋时期，写了本《魏氏春秋》，正式将七贤的事迹记入史册：（嵇）康寓居河内之山阳，与之游者，未尝见其喜愠之色。与陈留阮籍、河内山涛、河南（当为"内"）向秀、籍兄子咸、琅邪王戎、沛人刘伶相与友善，游于竹林，号为七贤。

王戎虽然最有资格做竹林之游的见证人，但他那段话记在《世说新语》中，而《世说》作于刘宋时期，所以人们都认为最早披露七贤消息并见于文字记载的，当属这部《魏氏春秋》。在这里，孙盛也以嵇康为核心与东道主，也瞩目于他的山阳别业和那片竹林。

孙盛之后，也是在东晋，又有袁宏写了《竹林名士传》，戴逵写了《竹林七贤论》，于是"竹林七贤"这个名目就固定下来了。

但是，到了二十世纪四十年代，有位著名学者提出一个新观点，说"竹林"并非实有，而是当时一个佛教翻译名词的假托和借用。由于这位学者非常有名，故影响很大。于是本已鲜亮的竹林，忽然变得迷蒙起来。

也有人持不同意见，并列举了一些证据，比如：上引孙盛明明说七贤"游于竹林"，这竹林显然是实实在在的，否则如何"游"呢？与孙盛同时的李充有篇《吊嵇中散文》，说嵇康"寄欣孤松，取乐竹林"，把自己的欣喜寄托在青松上，与自己的伙伴在竹林寻欢作乐。这里的"竹林"与"孤松"一样，显然也是实体而非虚拟。类似的证据还能找到不少。我想，那位著名学者的看法，恐怕是智者千虑的疏失吧。

到南北朝时期，北魏地理学家郦道元写了本著名的《水经注》，在其《清水》篇中，说清水（即今河南的卫河）的支流长泉水"又经七贤祠东，左右筠篁列植，冬夏不变贞萋"，说的就是嵇康山阳旧居的景象。郦道元是一位严谨的学者，他很可能经过了实地的考察，不仅亲眼看到了那冬夏长绿的竹林（筠篁），也看到当地人民为纪念先贤而修建的祠堂。

那片竹林和其他遗迹也保存到我们的时代。河南焦作市修武县有座云台山，是世界地质公园、国家风景名胜区。嵇康的山阳旧居，据说就在云台山南面，共有两处。一处是五里源乡附近的园宅，是嵇康家人的住所，古书上说它在东晋已被毁，但还留有竹林。二十世纪八十年代末这片竹林犹在，后因气候变化和煤矿开采，现已不复存在了。

另一处在五里源北面方庄镇的百家岩，那是一个高约170米、宽约500米的峭壁，下有一座小山丘，当地人称为嵇山。山下有处平缓地带，风景如画，据说嵇康的山涧别墅就建在此处，当然现在也荡然无存了。不过在那高大的岩壁上，有两处还镌刻着"刘伶醒酒台""嵇康淬剑池"的大字，落款都是宋嘉祐四年（1059年），离现在也快一千年了。但过分的言之凿凿与过分的含糊其词一样，都难免令人生疑。

不过我想，一千七百年前确曾有过那片翠绿的竹林，应是没有疑义的。

使口如鼻

如上所说，竹林名士的主要活动时间，紧接在那场血腥的杀戮之后。在他们的生活中，始终或隐或显闪烁着那血的颜色，或隐或显弥散着那腥的味道，或隐或显氤氲着兔死狐悲的伤怀与恐惧。这个最基本的历史背景，就像走夜路时周边坟场阴森的魅影，无论如何也从他们心理上挥之不去。

这是后来的事情了：《世说新语·德行》篇注中记载，司马昭为大将军执掌朝政时，有一次对下属说，当官要做到三个字：清、慎、勤。"修此三者，何患不治乎？"

下属当然唯唯称是，他却接着提出一个问题：假使这三项不能同时做到，必不得已，哪一项最重要？

部下看法各异，有的认为应当以"清"为本，有的觉得以"勤"为要，有的主张以"慎"为大。司马昭最赞同重"慎"的观点，并说在近世能"慎"的人中，最谨慎的莫过于阮籍了：天下之至慎者，其唯阮嗣宗乎？每与之言，言及玄远，而未尝评论时事，臧否人物，可谓至慎乎！

"言及玄远"，无疑指谈论虚无缥缈的玄学问题。前面曾经说过，正始清谈玄学，归根结底意在探讨清静无为的政治方略，他们对此也直言不讳。而竹林名士发言玄远，口谈浮虚，却是为了逃避现实政治。阮籍所以能够得到司马昭的保护，所以能够任诞悖礼而得以善终，就是因为他牢牢把握两条原则：不议论时事，不褒贬人物。在那场血腥的事件之后，各方面都变得敏感起来。从司马氏那边说，要敏感地捕捉士人的动静；从名士那边说，要敏感地躲过鹰犬的耳目。所以在阮籍"至慎"的背后，可以听到他那颤栗的心跳。

嵇康又何尝不想如此呢？他曾经写过一篇《与山巨源绝交书》，其中回忆说：阮嗣宗口不论人过，吾每师之，而未能及。他对阮籍的说法差不多与司马昭一样。确实，他也很想效法阮籍。王戎有一次回忆说，他与嵇康相处二十年之久，从未看到他面露喜怒之色，可以想见他的谨慎，极力掩饰着自己的真实感情。在他写给儿女的《家诫》中，也一再叮嘱他们："夫言语，君子之机……不可不慎""若见窃语私议，便舍起，勿使忌人也"，不但要慎言，甚至要慎听了——连听到别人窃窃私语都得赶快躲开，免得惹人猜忌。但他其实是心能知之，而口不能行之。他与阮籍性格不同。阮籍比他油滑、落拓不羁，他则过于严正、刚直，如同那绝交书所说的"刚肠疾恶，轻肆直言，遇事便发"，实在无法控制自己的感情，所以下场也与阮籍大异。

嵇、阮是竹林名士的代表人物。从他们的谨言慎行，可以看到高平陵政变恐怖的投影。他们成为惊弓之鸟。正始名士何晏，在诗中把自己比成"常畏大网罗"的惊魂不定的鸿鸟。在嵇、阮的心目中，也有这么一张可怖的网罗。嵇康也"常恐婴网罗"（《答二郭》），阮籍则幻想"抗身青云中，网罗孰能制"（《咏怀》）。

怎么办呢？据说当时流传着一句谚语："使口如鼻，至老不失。"祸从口出。鼻子不会讲话。假使口变成鼻子，那当然就一劳永逸，终身万无一失，比阮籍的"言及玄远"可就管用得多了。

只是口怎能变成鼻子？

阮籍咏怀

阮籍白天哭过。

他很喜欢家乡陈留郊外那一片荒野，荒旷得犹如太古，犹如无何有之乡。一望无际的杂草、乱树。树丛中时而扑棱棱飞出一只大鸟，眨眼消失在高远的晴空。草丛下面是一条若有若无的小溪，可以听到淙淙的水流声，如鸣佩环。这天下午，他又令仆夫驾车出游，像往常一样，率意而行，全无目标。已经是深秋了，树叶枯黄，野果却红得耀眼。车子不知胡乱跑了多长时间，来到一处陌生的地方，忽然停下来一动不动了。他询问怎么回事，仆夫喃喃说，路已经绝了，无路可走了。

路绝了！听到这几个字，他心头一颤，无端感到一阵伤怀，竟放声痛哭起来。他想起古代杨朱泣歧路的故事。有一次杨朱来到一个岔路口，这里可以南，可以北，可以东，可以西，应该如何抉择呢？人生一不小心，是多么容易失足，走上邪路啊！而一入邪路，便万劫难复。想到这里，杨朱哭了。杨朱连歧路都要哭，何况现在面临的是绝路，是穷途末路呀！

就在昨天，他得到司马懿的征召，聘任他为太傅府的从事中郎。他深知司马懿看好的只不过是他在士林的虚名，把他当作招牌，以招来礼贤下士的美誉；或者说把他当作遮羞布，遮掩他双手上屠杀名士的血迹——那场屠杀已经一晃过去半年多了，现在已是嘉平元年（**249** 年）九月，斑斑血迹却似乎显得愈加惨红。他当然不愿去充当那种物什，但又深知司马懿的意志高过圣旨，他让你死与让你荣一样容易。无奈，他要告别这片莽荡荡的原野，告别山阳那片绿生生的竹林了。想到这里，哭得更伤心了……

这是白天的事情。此刻已是深夜，一灯如豆，在他面前的书案上摊开一本书，是曹丕的诗文集。他正在读的，是已经读得烂熟的《寡妇赋》，其序说：陈留阮元瑜，与余有旧，薄命早亡。每感存其遗孤，未尝不怆然伤心。故作斯赋，以叙其妻子悲苦之情。写得多么情真意切呀！阮元瑜就是他的父亲阮瑀，曾经做过曹操的掾属，负责文书。有一次曹操令他草拟一封书信，恰巧此时他又须随曹操外出，便在马上边行边写，写罢呈上，曹操揽笔想有所改定，最终竟一字不能增减，所以曹丕称赞他"书记翩翩"，并把他列为文学上的"建安七子"之一。七子当中，除孔融早被曹操杀害外，其他六人死得最早的，就是父亲了。"寡妇"自然是指母亲，"遗孤"则指他自己，当时只有三岁，所以他与母亲当年的"悲苦之情"，现在已经没有一星半点儿印象了。

除自己写作外，曹丕还让王弼的嗣祖、同为"建安七子"的王粲也写过一篇《寡妇赋》，一同慰藉这位亡友的未亡人。

另外，曹丕还写过一首《寡妇诗》，是以他母亲的口气唱出来的代言体，比如诗中说"守长夜兮思君，魂一夕兮九乖"，表达母亲对丈夫的深情思念。其实骨子里，抒发的仍是曹丕本人对早逝的朋友的伤悼，对孤儿寡妇的同情。曹丕的再三致意，可以看出他与父亲的情谊是多么醇厚！

人非草木，孰能无情？不难想见，阮籍感情的天平，是完全倾向于曹家一方的。司马懿的阴谋，谁都看得清清楚楚，他怎能助纣为虐？但他不是嵇康那样刚烈、毫不妥协的人，他只能虚与委蛇，应付周旋而已。

夜越来越深了，深得勾起他沉淀在深心里深深的伤痛。他全无睡意，干脆打开窗，一任清冷的月光像水一样流泻进来，流湿了他的帷帐，流湿了他的被褥。风也顺势吹进来，把帷帐吹皱成一池秋水。这窗户又放进阵阵鸟鸣。听，一只孤独的鸿雁在荒野哀号，还有一群鸟儿在北边树林呢喃。为了慰藉这些凄惶的鸟儿，他取琴弹奏起来，本想与它们组成月光的交响，却愈发加重了这秋夜的凄异，令人难以为怀。于是他索性披衣出户，举目四望。能望到什么呢，除了一片望不透的无边的黑暗？

诗兴却涌上来了。还是把这一切写下来吧，包括自己的感受。于是他回房一挥而就：夜中不能寐，起坐弹鸣琴。薄帷鉴明月，清风吹我襟。孤鸿号外野，翔鸟鸣北林。徘徊将何见？忧思独伤心。他所写的，就是刚才看到的，听到的，感受到的。写罢再读一遍，觉得还可以，就收起来了。以后每有所遇，所思，所怀，便要写上一首，一直写了一辈子，最后整理出来，共得八十多首，他题了一个总名字：《咏怀》。

阮籍《咏怀》，在文学史上创造了一种新体式：以五言组诗的形式，用言在此而意在彼的比兴手法，抒发黑暗政治下难以明言的痛苦矛盾，意境隐晦，成为古代的"朦胧诗"，历来以难解著称，这首还算是比较好读的。刘宋时颜延之说它们"虽志在刺讥，而文多隐避。百代之下，难以情测"。他那时就"难以情测"了，何况又过了一千七百多年后的我们？我们能理解阮籍那迷茫的心绪吗？

阮籍因此成为第一流诗人，钟嵘《诗品》把他列为"上品"。在《诗品》所评的一百二十多位诗人中，要知道，上品不过只有十二位呀！连好友嵇康，也只列中品。

嵇康卜疑

秋深当此夜，不寐的还有嵇康，在河内山阳。

嵇康也在挥翰，不过他是先写下题目：《卜疑》。这个题目并不是他的新创，而是模拟屈原的《卜居》。

屈原的命运是人们熟悉的，那实在太不公道了，因此他对自己的价值取向和生活态度一度产生了怀疑。有一天，他"心烦意乱，不知所从"，往见太卜郑詹尹，倾诉了一些使他苦恼的两难问题，请他帮助占卜决疑，如：宁诛锄草茅以力耕乎，将游大人以成名乎？宁正言不讳以危身乎，将从俗富贵以偷生乎？意思是说，我是要隐居开荒耕田呢，还是巴结达官贵人求取功名呢？我是要正直敢言、毫不忌讳，甚至危及生命呢，还是顺从流俗、追求富贵、苟且偷生呢？

诸如此类。郑詹尹最后的回答是："用君之心，行君之意，龟策诚不能知此事。"——按照你自己的意志做去吧，占卜不能解决这些问题。其实这一切只是假托，是屈原经过思想斗争后重新坚定起来的信念：我行我素，一如既往，"虽九死其犹未悔"！

嵇康的《卜疑》学习《卜居》的写法，沿用了《卜居》的套路，这在古代是一种常见的写作方式，无可厚非。"卜以决疑。"在《卜疑》中，嵇康也带着自己的思想矛盾去请教假托的卜者——太史贞父。他提出的问题共二十八个，正反十四对，主要是关于做人要正直还是巧佞，退隐还是进取，如：宁斥逐凶佞，守正不倾，明否臧乎，将傲倪滑稽，挟智任术，为智囊乎？宁与王乔、赤松为侣乎，将进伊挚而友尚父乎？宁隐鳞藏彩，若渊中之龙乎，将舒翼扬声，若云间之鸿乎？意思是说：我是要斥责奸佞，正直不阿，明辨善恶呢，还是玩世不恭，操弄权术，做个滑头呢？我是要与王乔、赤松这些出世的仙人为伴侣呢，还是与伊尹、吕尚这些入世的功臣为朋友呢？我是要韬光养晦，像深水中的蛟龙呢，还是展翅高歌，像直上青云的飞鸿呢？

这类两难问题，如果说当时正直的士人都会碰到，那么对于嵇康就尤为切实，因为第一，他"才高而性烈"——才高使他敏感，性烈使他决绝；第二，他与曹家虽无阮籍那么深的渊源，但他是曹家的女婿，比阮籍更现实，更直接，因此更要对自己的行止做出明智的抉择。

这里值得特别注意的是，在他提出的十四对问题中，有一对十分特殊，有非常重要的时代意义，兆示着玄风和士风渐变的消息，那便是：宁如老聃之清净微妙，守玄抱一乎，将如庄周之齐物变化，洞达而放逸乎？简单说就是：重老还是重庄？说来话长。众所周知，老聃和庄周是先秦道家两个最重要的代表人物，他们的著作分别是《老子》《庄子》。汉代罢黜百家，独尊儒术，但老子仍然很受关注，据学者统计，研究《老子》的有六十家之多，庄子却备受冷落，前、后《汉书》只有两处提及他而已，专门研究的根本没有。正始时期，玄学兴起，道家流行，但主要还是重老，研究和注释的主要是《老子》，并用以解释《周易》等儒家经典，只是时而提到庄子的个别言论，何晏甚至说庄子"不周乎世变"，没有什么实际用场——这其实正是他被冷落的原因。

这种情况，到竹林时代有了改变。据说，最早将老、庄并提的就是嵇康，他在《与山巨源绝交书》中说自己"又读庄、老，重增其放"，甚至把庄子放在了前头。把老、庄的处世态度加以比较，重老还是重庄，这个问题的提出，在历史上还是破天荒头一遭儿。除他以外，阮籍写了《达庄论》，向秀更注释了《庄子》，也表现出对《庄子》的关注。

在嵇康有关老、庄的这联中，虽不能说把二者对立起来，像其他各联那样，但可以肯定无疑地说，他认为二者是有别的，并表示要有所抉择，有所偏重。在他看来，老子的特点是清静无为，坚守大道（"玄""一"都指"道"），庄子则是"齐物""放逸"，主张等生死、齐万物，追求自由放达（这在下节将具体讲到）。那么，他到底该倾向于何者？他将做出怎样的抉择？这，连同其他问题，都一齐纠缠着他。他在苦苦思索。他听到窗外竹叶萧萧，像沙沙秋雨，那是充塞天地间的秋声。

在这片无边的秋声中，他似乎听到太史贞父那苍老而坚定的声音："若先生者……方将观大鹏于南溟，又何忧于人间之委曲！"

像屈原《卜居》的结尾一样，这其实也是他自己经过苦苦思索和比较以后，所得出的结论与决断。对此，"太史贞父"不是替他说得很明确了吗？这不正是《庄子·逍遥游》的语意和境界吗？也就是说，他更向往庄子所讴歌的水击三千里、决然飞向南溟那自由境界的大鹏，而鄙弃人间琐屑的利害得失。

是的，他，以及他那一代人，虽仍重视老子，但毕竟悄然而明显地，更偏重庄子了——像庄生那样，更注重个体生命，更超然于物外，更追求精神上的逍遥自由。

可以说，偏重《老子》，就是偏重自然无为的治国方略；而偏重《庄子》，就是偏重自然逍遥的生活态度。大致说来，正始名士属于前者，竹林名士属于后者。

严格说只有从此，《老子》《庄子》《周易》，才能合称"三玄"。

《庄子》旁观

那么就让我们仍然顺着魏晋名士的目光，旁观《庄子》。

先说点并非旁观的话：老、庄虽有异，却在根本上一致，如同《史记·老子韩非列传》所说，庄子"其学无所不窥，然其要本，归于老子之言"。这个"要本"就是"道"，也就是"自然"，否则他们怎能同属道家呢？否则怎能说"圣人贵名教，老庄明自然"呢？

还有一点：同《老子》一样，《庄子》也是一部奇书，甚至更奇。庄子真是一位奇特的思想家，他有那么多奇思妙想，他的书中讲了那么多奇谲的寓言故事，描绘了那么多奇诡斑斓的境界，他的思想就隐含在这无穷的奇丽之中，他真是一位旷世的奇才！

如果说老子更关注政治，他所说的"自然"是无为而治的"帝王南面之术"，那么庄子更关注人生，关注人的个体命运，他所说的"自然"偏重人的天然本性和精神自由。《庄子·让王》直率地说："道之真（精髓）以治身，其绪余（残余）以为国家，其土苴（糟粕）以治天下。"道家关注的重点，在他那里，已经由"治天下""国家"转向"治身"——安顿身心，追求精神自由，为此他要付出最好的东西，而为"天下"，他竟吝啬得、不屑得只肯付出一点儿"土苴"！

这种对自由的追求，庄子称为"逍遥游"。《庄子》开宗明义第一篇开头，劈头盖脸就描绘了一只热情追求的大鸟：北冥有鱼，其名为鲲。鲲之大，不知其几千里也。化而为鸟，其名为鹏。鹏之背，不知其几千里也。怒而飞，其翼若垂天之云。是鸟也，海运则将徙于南冥。南冥者，天池也。生动，鲜明，高朗，像诗。那硕大的、高傲的鸟儿，鄙薄卑俗，追求超越，努力排除一切阻力，克服客观和自身的局限，奋力飞向高远的自由的境界。"怒而飞"，一个"怒"字，可以听到它激越的鸣叫，看到它搏击八方风雨。这自由的飞翔，就叫作"逍遥游"；这篇文章的题目，就叫作《逍遥游》。

嵇康《卜疑》借太史贞父之口说："方将观大鹏于南溟，又何忧于人间之委曲？"不就是这样一种追求吗？阮籍《达庄论》说"聊以娱无为之心，而逍遥于一世"，不也就是这样一种追求吗？

与这种追求相适应，庄子心目中的理想人格也发生了改变。前面说过，老子和儒家的理想人格都是"圣人"，都可翻译成"伟大领袖"，只是价值取向不同。《庄子》也说到"圣人"，有属于儒家的，他用了讽刺的口吻；有属于道家的，他用了平静的语气。他按捺不住激情洋溢顶礼膜拜的理想人格，是"神人""至人""真人"。看吧：

藐姑射之山，有神人居焉，肌肤若冰雪，绰约若处子；不食五谷，吸风饮露；乘云气，御飞龙，而游乎四海之外。(《逍遥游》)

至人神矣！大泽焚而不能热，河汉冱而不能寒，疾雷破山、风振海而不能惊。若然者，乘云气，骑日月，而游乎四海之外。死生无变于己，而况利害之端乎！(《齐物论》)

也像诗，不需要解释，个别生僻字句并不能阻塞诗意的贯通，不能障蔽那诗性的形象，不能冲淡那诗心的激荡。这当然不是真的人，而是理想人格的象征。这种理想人格不再是能够治国平天下的"圣人"，而是无所窒塞、无所不至的自由、逍遥的奇人。自由使他美丽而高华，冰雪心肠，日月襟怀。

要特别注意第二段的这两句：他们"死生无变于己，而况利害之端乎"，看透、超越了生、死和利、害，才能够真正逍遥。这样，就引出了《齐物论》。

《齐物论》是《庄子》的第二篇，紧跟在《逍遥游》之后。如果说《逍遥游》奠定了追求精神自由的基调，那么《齐物论》则是逍遥游的理论依据，即：人，何以能够逍遥？以何逍遥？

答案是：齐物。今人对"齐物论"三字做了节外生枝的过度解析。其实在古人看来，"齐物论"就是"齐物"之论，而不是什么齐一"物论"，如刘勰《文心雕龙·论说》云"庄周齐物，以论为名"，就是明证。"物"在古代是一个宽泛的概念，举凡一切实的，虚的，半实不虚的，都可称"物"。生死、寿夭、贫富、贵贱、大小、高下、穷通、得失、美丑、是非，从某个角度上看（"自其同者视之"），从"真人""神人"的眼光来看，都是齐一的、等同的。人所以常常烦恼，精神上不得自由，行为上不得逍遥，不就因过分计较、纠缠这些分别而不能超越、释然吗？

再深一层说，要想穿这一切，做到"齐物"，在庄子看来，就要"贱物贵身"。世俗所津津乐道、孜孜以求的所谓好的东西，不都是身外之物吗？难道它们能比人自身——人的生命、精神和自由，更加宝贵吗？《庄子·让王》篇讲了好多转让王位的寓言故事，第一个就是：尧想把天下让给许由，许由不接受。又要让给子州支父，子州支父说："让我当天子，也许可以吧。不过我恰巧生病，正在治疗，没空儿治天下。"看，为了自身的健康，他连天子都不当。——与身心相比，天子算什么！与治病相比，治天下算什么！所以庄子评论道：夫天下至重也，而不以害其生，又况他物乎！连天下都不稀罕，还有什么值得他转过眼珠？

庄子自己也遇到过类似的事情。有一次，他在濮水钓鱼，楚王派人请他去做大官。庄子举着鱼竿，不睬他，只是问："我听说楚国有只神龟，死了已经三千年了，大王把它小心翼翼包着，恭恭敬敬藏在庙堂之上。你说这只龟，它宁愿死了而受贵重，还是宁愿摇头摆尾活在泥水中？"

来人回答："不用说，他当然宁愿活在泥水中。"

庄子笑了，说："不用说，我也当然宁愿活在泥水中。"

不用说，在他看来，与其死人般毫无自由地在朝廷享受着尊荣，不如哪怕在贫贱中——活着，而且自由地。

像所有先秦诸子一样，庄子也热切关心着世事，也希望开出一剂救世良方。作为道家，像老子一样，他的良方也是清静自然、无为而治，并且也激烈抨击儒家的圣智、仁义、礼乐等外在规范。与老子不同的是，他主张的自然、无为不是从"圣人"的角度着眼，加之于百姓，所谓"我无为而民自化"，而是着眼于个人——个人的自然与性情。《在宥》篇说：故君子不得已而临莅天下，莫若无为。无为也，而后安其性命之情。

你看，落脚点就是人的"性命之情"。《庄子》直接谈治天下的篇幅不多，不像《老子》那样全书皆是。但每一谈及，必强调"任其性命之情""不失其性命之情"。

在《应帝王》中，他讲了一个有名的寓言故事：南海之帝叫倏，北海之帝叫忽，中央之帝叫浑沌。倏与忽得到浑沌的盛情款待，商量如何报答他，说是人都有七窍，浑沌却没有，我们为他开凿吧。于是，他俩每天为他凿一窍。七天，七窍凿好，浑沌却死了。

没有七窍，这是浑沌的"性命之情"，是他的"自然"。将外在的规矩强加于他，即使出于好心，也只能使他丧失自我，即"失其性命之情"。引申到治国，就是不能使人失去自我。这到了魏晋，便是名教与自然的矛盾。

《庄子》当然远不止这一些，但这些是魏晋名士最感兴趣的。

向秀注《庄》

向秀注释《庄子》的时间已经很难考证了，我们且顺势放在这里。

向秀与嵇康、吕安是最要好的朋友，三人在一起的时间最长。向秀喜欢读书，显得挺文静，但他似乎又有点儿浪漫。东晋时有位名士"酒酣起舞"，另一位名士说他像向秀，因为向秀"任率"。他又很有主见，这从注释《庄子》、与嵇康论辩，都可看得出来。

三国时期，为《庄子》作注的逐渐多起来了，在向秀之前就出现了好几种，但注得都不很好，未能流传下来。向秀也想认真注一下，并把这种想法与嵇康、吕安他们讲了，两人都认为《庄子》不须作注，只须心领神会，注不好反而令人败兴，倒人胃口。

向秀没听，在家里悄悄注释起来。过了不知多长时间，他把自己的注本拿给他们看。二人读罢，大吃一惊，说是："有了你的注释，庄生可以说是再生了！"

据说，向秀的这个注本，在当时的士人中也引起不小反响，说是它发挥了《庄子》的奇趣，推进了玄虚的风气，读了使人精神超然，心灵开拓。可惜它也没能流传下来，却留下一桩"著作权"的历史公案，这是后话。

向秀的《庄子》注本，现在只存下二百多条佚文，散见在各种古书里，都非常零星，其中有一条关于《逍遥游》的，比较完整，很有独立见解，在后来也很有影响，并且关乎本书的主旨。

　　前面说过，《逍遥游》是讴歌精神自由的，简直就是一首诗篇。在那里，庄子讲到三种逍遥。一是"水击三千里""抟扶摇而上者九万里"的大鹏，那是多么豪壮雄丽呀！二是学鸠、麻雀一类小鸟，只能飞几丈高，飞到桑、榆顶上，扬扬得意，自认为也是逍遥，庄子对它们是嘲讽和鄙夷的。不过即使大鹏，他认为也是有局限的，也不是真正的完全的逍遥，因为它对外界仍有所依恃——譬如依恃风。只有"神人""至人"才无所依恃，才是真正的、绝对的逍遥。

　　庄子是理想主义者，向秀却做了现实主义的发挥，提出了"性""分"之论。说是世间万物，各有各的天性，各有各的本分，"各任其性，苟当其分，逍遥一也"——各发挥自己的性能，各安守自己的本分，就一样都是逍遥，不必非强求高远。大鹏与小鸟，各飞各的，高下远近虽不同，反正都是飞，也都是逍遥。所以小鸟不必企羡大鹏，大鹏也不必企羡"至人""神人"。这是对庄子的曲解，却是对世俗的迎合，故容易为常人所接受。人们常说"知足常乐""安分守己""各有各的活法"，不都有这种思想的影子吗？

　　当时，阮籍似乎也持有这种思想，试看他的一首《咏怀》：学鸠飞桑榆，海鸟运天池。岂不识宏大？羽翼不相宜。招摇安可翔？不若栖树枝。下集蓬艾间，上游园圃篱。但尔亦自足，用子为追随。吟咏的显然是《逍遥游》，与向秀的旨趣是一致的。诗中的那只小鸠，便了解自己的"性""分"，安于自己的"性""分"。它不是不向往那万里鹏程，不是不艳羡那能够"运天池"的鲲鹏，但它自知羽翼不济，就绝了扶摇直上的雄心，甘愿在杂草、篱笆、树枝间飞来飞去。最后两句是阮籍的直接表白，说这只小鸠能够自我满足，应当以它为学习的榜样，安守本分。在这里我们可以读出险恶政治下的多少痛苦，多少无奈，多少妥协！须知，阮籍是曾经憧憬"壮士何慷慨，志欲威八荒"的呀，难道他真的会甘守平庸，像那只胸无大志的小鸠？

但是，安知向秀不也是因为痛苦和无奈，才创立了这套自我安慰的说辞？

不过，到底是向秀的思想影响了阮籍，还是阮籍的思想影响了向秀，就很难说了。

"酣畅"的故事

了解了庄子对精神自由、逍遥的讴歌后，我们接着讲竹林七贤纵酒任诞（他们认为这也是一种自由、逍遥）的故事，这是本书叙述的一种方式——按照逻辑顺序展开，当然只要可能，就尽量按照历史即时间顺序。

关于竹林七贤，《世说新语·任诞》的记载是这样的：陈留阮籍、谯国嵇康、河内山涛，三人年皆相比，康年少亚之。预此契者，沛国刘伶、陈留阮咸、河内向秀、琅邪王戎。七人常集于竹林之下，肆意酣畅，故世谓竹林七贤。这是《任诞》篇的第一则，以下差不多连续十三则也都是竹林七贤的故事，说明在《世说新语》作者的心目中，"任诞"的风气是从竹林名士开始的。在这里，"任诞"的具体表现就是"肆意酣畅"，即纵情饮酒。其实，单纯饮酒算不上任诞，借酒故意做出非礼之举才是任诞，竹林七贤正是如此。

前面说过，魏晋名士有两大特点，一是清谈，二是任诞。正始名士热衷清谈，但似乎没有任诞的记载。竹林名士有很多任诞的故事，却没看到他们在一起清谈，虽然据说他们都是能清谈的，有些人还有玄学著述。他们在两晋的影响，主要也是任诞。

不过，他们集体"任诞"或"肆意酣畅"的记载，也仅见到《世说新语·排调》中的一条：嵇、阮、山、刘在竹林酣饮，王戎后往。步兵曰："俗物已复来败人意！"王笑曰："卿辈意，亦复可败邪？"此事的时间可能是在嘉平三年（251 年）冬天。该年八月，司马懿镇压了拥曹势力王凌发动的淮南之叛，又杀了楚王曹彪，他自己也死去了，于是阮籍的太傅从事中郎之职便自行解除。第二年正月，司马师升为大将军，才又仍聘他为从事中郎。山涛自从政变前一年从官场不辞而别后，一直隐居，也是司马师为大将军后才到洛阳，以亲戚身份向他求职的。向秀、阮咸、王戎、刘伶皆尚未出仕。因此，嘉平三年八月到十二月，七贤有一段可能同居山阳的时间。

此次"酣饮"，如果"阮"包括了阮籍和阮咸，向秀则因不能"酣饮"而省略不提，那么七贤就都到齐了。其中的"步兵"便指阮籍，那是后来司马昭执政的时候，他听说步兵军营的厨房中储存着许多好酒，恰巧步兵校尉之职出缺，就要求当了这个官，后世便常称他为"阮步兵"。

王戎此时已经十九岁。他迟到了，阮籍"排调"他，说他是令人败兴的"俗物"——大概因为他有点儿圆滑、乖巧吧。王戎也反唇相讥，说如果你们那么容易败兴，不是说明你们也是俗物吗？阮籍是看着他长大的，总是偏爱他，常和他一起饮酒。有一次他去拜访阮籍，正碰上有个叫刘公荣的也在座。阮籍拿出好酒，与他喝起来，全不理会刘公荣，还说："胜过公荣的，不可不与他喝酒；不如公荣的，不可不与他喝酒；唯有公荣，可以不与他喝酒。"刘公荣也毫不在意，说"不喝就不喝"，三人谈笑自若。

七人当中，喝酒最"酣畅"的，是阮籍、阮咸、刘伶；喝酒最清醒的，是山涛。

山涛的酒量很大，据说能一饮八斗。有一次——那已经是十多年后的西晋了，晋武帝司马炎想试试他的酒量，准备了八斗美酒请他，边喝边让人暗暗添加，但喝到八斗时他立刻停住，说是已经够了。他做任何事情都是这样清醒，好像有把本能的尺度，分寸不爽，决不逾矩，所以后来官也做得很大。

阮籍以纵酒违礼闻名，似乎不加节制，其实也是很理性的，不过那是另一种理性。在那险恶的时世，他用酒来掩饰自己的爱憎、痛苦和畏惧，也用酒来抵挡外来的风雨，像一把无形的伞。有一次，他听说司马昭要派人来，为儿子向自己的女儿求婚。这怎么可能呢，他岂能与司马氏结亲？但他又不便直接拒绝，就不停地喝酒，天天把自己灌得酩酊大醉，连续喝了六十多天，使来人始终无法与他正常对话，最后此事只得不了了之。啊，那该是何等难熬的六十天呀！

还有一次，他听说钟会要来造访。他知道钟会那小子是司马氏的奸细，完全是黄鼠狼给鸡拜年，窥探自己的想法和动向，好回去邀功。阮籍也是先将自己灌醉，让钟会无法打小报告——怎么能把一个醉汉的胡言乱语当真呢？

酒之为用，在阮籍那里，真是大矣哉！

阮家的人连续几代都很能喝酒，阮咸也不例外。有一次他去参加家族的聚饮，用一般的酒杯感到不过瘾，便用大盆盛酒，大家围在周遭，相向而坐，拿着勺子喝起来。这时一只猪也跑来凑热闹，便索性与它同饮。像阮咸这样放达不拘的人，怎能不随同自己酒味相投的叔叔，步入那片竹林呢？

其实在内心深处，他与叔叔一样，也并不是那种没头没脑的醉汉。据山涛后来说，他"贞素寡欲，深识清浊"，是很淡泊明志的。他又有精深的音乐素养。这样说来，他必定也有难言的心灵苦闷。这是时代的苦闷。

饮酒在中国古代有悠久的历史。《诗经》有饮酒的诗篇，《尚书》有饮酒的告诫，善饮、耽饮、暴饮自古就不乏其人。但是，用酒来发泄苦闷，用酒来掩饰情绪，用酒来对抗名教，总之用酒来"任诞"，我大略考察了一下，似乎确是从竹林名士开始的。

《酒德颂》

在饮酒方面，阮氏叔侄与刘伶相比，恐怕要相形见绌了。刘伶是地道的酒鬼，当然也有人称他酒神。其实他骨子里也是很严正的，澹泊寡欲，不妄交游，只与竹林中人相好。

魏晋名士中有不少美男子，刘伶却很丑陋，个子也很矮小。但是，当他有一次裸体在家纵酒，有人嘲笑他时，他却说："我以天地为房屋，以房屋为衣裤，你们怎么居然跑到我裤子里来了？"语气很豪壮，把自己说成顶天立地的伟丈夫。

这种"自我膨胀"的豪言，来自庄子细宇宙、齐万物的思想。庄子临死时说："我死后以天地为棺材，日月为双璧，星辰为珠玑，万物为陪伴，你们用不着为我搞什么厚葬！"是的，一个人的形体是有限的，但他的精神世界却可以无限广大。

刘伶不仅能够齐万物，还能够等生死。他经常乘着鹿拉的车子，揣着一壶酒，让人扛着铁锹跟在后头，说是"死了，就地挖个坑把我埋掉"。生便饮酒，死便埋。多么简洁，多么随意，多么超然，怎样地容易了结呀！

刘伶虽然丑陋、邋遢、放荡，却家有贤妻。她非常关爱自己的丈夫，有一天他正在豪饮，她突然一把夺过酒来泼在地上，把酒器扔到门外，然后哭着央求说："你这样饮酒不节，不合乎养生之道，赶快戒了吧！"

刘伶笑着说："你说得很对，但我这个人没有毅力，须当着鬼神发誓，快给我准备酒肉上供吧！"

妻子只得重新备办了一份酒食，把酒器重新捡回来，只见丈夫举着酒杯，跪在神像前，口中念念有词：天生刘伶，以酒为名。一饮一斛，五斗解醒。妇人之言，慎不可听！说是我刘伶是以酒为命（"名"与"命"字相通）的，不让我喝酒，不是等于要我的命吗？我一次能饮一斛（十斗），再喝上五斗又醒酒了。所以女人的话呀，千万不要听。说着，就把酒喝光，把肉吃净，不一会儿便呼呼大睡起来。妻子又好气又好笑，这样的男人，真拿他没有法子，由他去吧。

是的，他也真是"以酒为名"。他的名字，在历史上成为酒的招牌，酒器的招牌，成为诗人笔下常用的饮酒的典故，直到今天。你不是也喝过"刘伶醉"牌酒吗？那么你就该知道醉酒的刘伶。他一生没做出什么事业，这些名声，不都是酒为他挣来的吗？他真可以说"千古流芳（酒香）"了。不过，他也有一件实绩，可以使他不虚此名，那就是他平生保存下来的唯一一篇短短的文章，短到只有一百八十多字，却真是寸铁杀人，极为精彩，为他赢得文学史的美名，那篇文章就叫《酒德颂》——还是离不开酒！

文章开头，简直是拔地而起，兀立着一位"大人先生"的形象：有大人先生，以天地为一朝，万期为须臾，日月为扃牖，八荒为庭衢。行无辙迹，居无室庐，幕天席地，纵意所如。这位"大人先生"，显然就是《庄子》的"神人""真人""至人"，也是那样离尘绝俗，超越时空。天地悠悠，在他眼中不过是一日；岁月漫漫，在他看来不过是一瞬。日月是他的门窗，大地是他的庭院。他行止无定，在天地间任意来去——他真是在做自由自在的逍遥游啊！

原来，他是一个自由自在的酒徒。他只关心酒，其他一概不管不问："唯酒是务，焉知其余？"这就无端地惹恼了"贵介公子，缙绅处士"——即所谓礼法之士。他们"陈说礼法，是非蜂起"，用礼法的准绳评判他，责骂他，攻讦他，就像嵇康《与山巨源绝交书》说阮籍因为纵酒，"至为礼法之士所绳，疾之如仇"。也许刘伶就是以阮籍为模特？也许这是任达之士的共同命运？

反正，"大人先生"并没把他们和他们那套礼法放在眼里，我行我素，甚至变本加厉，在醉眼蒙眬中，你看他呀——

静听不闻雷霆之声，熟视不睹泰山之形，不觉寒暑之切肌，利欲之感情。俯观万物，扰扰焉若江海之载浮萍。

这就是篇末点题之笔，这就是饮酒的好处，这就是所谓"酒德"：它使人忘声色，忘是非，忘得失，忘利欲，忘掉世上那熙熙攘攘、蝇营狗苟的一切，进入庄子所说的无何有之乡，进入大逍遥之境。

刘宋诗人颜延之《五君咏》说"刘伶善闭关"，即善于把自己的内心世界关闭起来，但是"颂酒虽短章，深衷自此见"，这篇短短的《酒德颂》，却向人们透露了他素来秘而不宣的深心，以及埋藏在深心深处的苦闷。

过去我总无端觉得，纵酒与庄子思想有关；后来仔细查了一下，《庄子》，不但没鼓吹过饮酒，而且"酒"字在全书也不过出现过三五次，又觉得与庄子思想无关；现在认真想想，觉得毕竟还是有关——精神上深隐的关联。这种任诞风气的兴起，不是恰与《庄子》的流行同步吗？《庄子》鼓吹的自由无碍、超越时空的逍遥游，刘伶不是要借助酒乡来实现吗？

夏侯色

嘉平六年（**254**年）二月，司马氏又制造了一场血腥，其中就有正始名士夏侯玄的血。我们记得，他是高平陵政变的漏网之鱼。

　　事情是由李丰引起的。

　　李丰也是名士，早在曹叡的时候就很有名。有一次，有位吴国官员来降，曹叡问起在江南最知名的北方名士是谁，回答的就是李丰。这叫曹叡觉得不可思议，以何晏、夏侯玄的绝世风华，在国外居然不如他出名，真可谓园里开花园外香。他也善于清谈，曾参与"才性"问题的讨论，后面还会谈到。不过曹叡对这种"浮华"不感兴趣，所以他也没受什么重用。

　　在前一章的正始曹、马之争中，曾经引过"曹爽之势热如汤，太傅父子冷如浆"的韵语，其实还有一句"李丰兄弟如游光"，说明他当时的态度是含混的，摇摆观望于曹、马之间。现在不同了，他的儿子娶了齐长公主，他自己当了皇帝的机要近臣中书令，这样他就自然被划归曹氏一方，常有一种自危的感觉。

　　李丰推崇夏侯玄，觉得他有才能，有名望，有资历，现在正当盛年，却被贬为闲散官职，怏怏不得志。他打算拥戴他为大将军，取代司马师，辅佐朝政，便让儿子李韬把这个想法与当朝皇后的父亲张缉讲了。张缉作为曹氏的外戚，也对司马氏不满。二人商定，利用过几天举行册立贵人仪式之机，趁皇帝和群臣都出场，杀死司马师。

　　计策既定，李韬接着又向夏侯玄通气。

　　高平陵政变，夏侯玄幸免，成为惊弓之鸟。司马懿死后，他深知司马师、司马昭兄弟对他是不能相容的。特别是司马师杀害他妹妹的事情，彼此都心照不宣，并且现在正是司马师当政，迟早会找个什么碴儿收拾他。当李韬把政变的计划对他讲了后，他只说了一句："考虑得周密些。"等于默认了。

但此事败露了。司马师与下属紧急商量对策，有人出主意，如此如此，这般这般。司马师同意，于是由此人于猝不及防中，将李丰劫持到大将军府。司马师一见，开门见山、直截了当揭穿他们的密谋。

李丰见事已至此，也不辩解，义正词严地说："你们父子心怀鬼胎，将要倾覆社稷，可惜我势单力薄，不能将你们擒灭！"

司马师大怒，下令将他杀死，接着逮捕了夏侯玄、张缉和其他参与者。

对夏侯玄等人的审讯由钟毓负责。钟毓是钟会的哥哥，时任廷尉，相当于最高法院院长。夏侯玄不肯认罪，更不会写什么供词之类。他对钟毓说："我供认什么？你身为九卿，既然自甘为刀笔小吏，那你就捉笔替我写吧！"钟毓平时就很尊重他，知道他名士气节，不可屈服，而案子必须了结，便连夜代他起草，尽量与他的情节相符，然后流着眼泪读给他听，夏侯玄只微微点头而已。

钟会现在三十岁了，也素来仰慕夏侯玄。他有过人的才能，有向善的愿望，但又难以抑制为恶的邪念，重名节的人都不屑与他交往。现在夏侯玄就在面前，能得到他最后的认可也好，便上前拉他的手。他把手一甩，正色说："钟君，我虽为阶下囚，也不敢接受你的美意！"

像高平陵政变一样，司马师也是雷厉风行，快刀斩乱麻，二月二十二日便行刑，共五家，皆夷灭三族。司马氏又留下一大摊血迹！

夏侯玄临斩，颜色不变，举止自若，始终保持了他高傲的人格。他的死，是正始名士最后的闪亮。

将近二百年后的刘宋时期，历史学家范晔在政治斗争中失败，狱中作诗明志，说自己临刑时要做到："虽无嵇生琴，庶同夏侯色。""夏侯色"，就是指夏侯玄那视死如归的神采。至于"嵇生琴"，用不了多久你也会听到。

司马师并不到此罢休。三月，废除了张皇后。九月，又要对皇帝曹芳下手了，决定也将他废除。具体操作过程，不同材料的记载略有出入，归纳起来，大致是这样的：

大约是九月十八日，司马师亲自来到永宁宫，与郭太后密谈，历数曹芳的种种恶行，暗示他不称天子之位，群臣对他十分不满。点到为止，并不说破，让她自己去想。回来后，连夜令人以她的名义和口气起草了一篇诏令，说是"皇帝春秋已长，不亲万机"，天天沉溺女色之中，因而"不可以承天绪，奉宗庙"，不配当皇帝，令他回到原先的封地，仍为齐王。

十九日一早，司马师便召集群臣会议，宣读了所谓太后的诏令，然后流着眼泪说："诸位，太后有令如此，怎么办？"

会场气氛凝重，人人失色，都表示一切听从他的决断。司马师也不推辞，提议以在场将近五十位公卿大臣的名义，向太后上书。奏章事先已经写好，开头是"皇帝即位，篡继洪业，春秋已长，未亲万机，耽淫内宠，沈漫女色"，与所谓太后之令几乎完全一样，显然出于一人的手笔。最后也是"不可以承天绪"，应予废除。

差不多与此同时，司马师派遣太后的伯父郭芝，先到永宁宫告知太后，适逢太后与曹芳相对而坐，正在说话。郭芝也不客气，直截了当地对曹芳说："大将军要废除你，另立他人！"曹芳听说一言不发，起身就走了。

太后虽有思想准备，但来得这样快，还是感到意外，很不高兴。郭芝数落她说："你有子不能教，现在大将军决心已定，并在门外布置了兵马，你只有顺从罢了！"

太后说："我想见大将军，有话要讲！"

郭芝说："有什么可见的，赶快交出玉玺！"

太后无法，只得令人取出皇帝玉玺放在一旁。郭芝回去，报告了司马师。然后实物交换，派使者将齐王的大印交给曹芳，让他离开皇宫。曹芳从八岁开始，当了十五年皇帝，由一个懵懂的孩子，成为一位二十三岁的青年，个中滋味，真是一言难尽！太后虽不是他的生母，但在这世上，也算是唯一可以说说心里话的亲人，故哭着与她告别，从太极殿南出，几十个大臣送行。司马师也在其内，他显得特别伤感，连连自责辅佐失职，有负先帝的重托。

十月，司马师经过与太后协商，立曹丕的嫡孙、十四岁的高贵乡公曹髦为帝，改元正元。

综观废立的全过程，司马师可谓大手笔，手法老到，有条不紊，笔势流畅，一气呵成，功力不减乃父。

越名教而任自然

第二年，正元二年（255 年）正月，扫帚星出现在吴、楚的分野，照亮了淮南一带的整个夜空。这个不祥的天象，不久果然应验于那里的人事，发生了第二次淮南之叛。

这次发难的是毌丘俭、文钦。毌丘俭时为镇东大将军、扬州都督，与夏侯玄、李丰素相友善。文钦为扬州刺史，与曹爽是老乡，曾得到曹爽的厚待。友人的遭逢，引起他们兔死狐悲的伤感，也引起对自身命运的忧虑，于是他们也采用司马师的手法，以郭太后的名义发布诏书，历数司马师的十一条罪状，在寿春起兵。

看来，司马氏在篡夺的路上并不总是顺风顺水，也并非每个人都会让他们顺心顺意。

司马师当时正患眼病，在钟会等人的建议下，二月，亲率十余万大兵出征。有一天，文钦的儿子文鸯突然袭来。文鸯年方十八，勇猛异常，司马师惊得一只眼珠弹了出来。为避免动摇军心，他连忙用被子蒙住头，痛得把棉布都咬破了。不过最后他还是胜利了，文钦逃亡东吴，毌丘俭战败被杀。到闰二月，他本人也病死了，取代他的大将军之职的，是他的弟弟司马昭，即"三马食一槽"中的第三匹"马"。

嵇康与毌丘俭是朋友。据说在毌丘俭起事后，他准备前往参加，曾与山涛商量，山涛极力劝阻。正在这时，传来毌丘俭已经兵败的消息，此想也就作罢。

这件事给了嵇康很大的刺激，这些年来的许多事情都不断刺激着他。随着流血越来越多，司马氏也越来越响亮地叫喊名教，叫喊仁义礼法，用以掩盖殷红的血迹。那些"礼法之士"也起劲附和，咒骂阮籍、刘伶等人败坏名教。名教，名教，多少丑行恶行，假汝之名以行！就大者而言，君臣父子不说是名教之本吗？司马氏的废立之举和篡夺之心，哪有半点儿"君君臣臣"的气味儿？正是面对着这变了味儿的虚假的"名教"，嵇康愤而提出"越名教而任自然"的响亮口号，倡言超越名教的束缚，放任人的自然本性。

这是他在《释私论》中提出的。《释私论》自有其主旨，篇幅也比较长，又比较难懂，这里只能抽出相关的几句：夫气静神虚者，心不存于矜尚……矜尚不存乎心，故能越名教而任自然。他认为保持淡泊虚静的襟怀，心中就不会存有偏爱的东西（如名教）；心中没有偏私，在行为上就会超越名教，放任自然。因为"气静神虚"是道家倡导的生活态度，所以由此得到的"自然"也是道家所重的人的天然本性，它应当超越名教的规范，得到自由的发展，这就把名教与自然对立起来了。从这点说，竹林名士比正始名士激进。可以说，"越名教而任自然"是整个魏晋时期在对待自然与名教关系问题上最激进的口号。这也是时代使然。

嵇康的这种思想，在他的《难自然好学论》中也有阐发。他说儒家的六经是宣扬名教的，名教是用来抑制人的欲念的，"抑引则违其愿，从欲则得自然"，抑制欲念违背了人的愿望，顺从欲念则使人得到自由。应当注意，"从欲"不能理解为"纵欲"（虽然有时"从""纵"相通），"纵欲"是后来有些人的发挥，不是嵇康的思想。嵇康主张"恬静寡欲"。总之，他认为"好学"（这里主要指学"六经"）并不是人的自然本性，而是由于外来的威压或利诱。

在对待名教与自然的关系方面，嵇康与向秀存在分歧。这表现在二人对养生问题的看法上，同时也涉及对庄子思想的理解。

庄子主张"贱物贵身"，因而也主张养生。《庄子》中有专门的一篇，题目就叫《养生主》，另外还有几篇也谈到这个问题。养生，包括养神和养形。庄子首重养神，说是"神将守形，形乃长生"。对于人的寿命，精神是决定性的。

嵇康也贵养神，而不注重物欲的满足。他写过一篇《养生论》，承袭庄子的思想，从人的原始的自然本性出发，说养生就是要"清虚静泰，少私寡欲"，保养精神。向秀不同意他的看法，写了一篇《难养生论》与他辩难。

向秀也以"自然"作为论辩的口实，他说人的各种情欲，包括衣食、男女、荣华、富贵等，都是自然而然的，都应得到满足，才能有效地养生。他宣称："有生则有情，称情则自然。"有生命必然有情欲，满足情欲就合于自然。这话说得很雄辩，也很投合世俗的口味，为后来任情纵欲的行为提供了理论依据。

魏晋玄学的核心是老庄思想，老庄思想的核心是自然。老庄的自然的本意，是指人的原始的、素朴的、未经异化的天然本性，嵇康接受了这种思想。向秀则做了引申，把社会发展后出现的物欲追求也看成自然，其影响比前者大。

向秀的结论是："口思五味，目思五色，感而思室（性交），饥而求食，自然之理也，但当节之以礼耳。"要满足人的各种自然需求，又要用儒家的"礼"（名教）加以节制，使不过分。所以，如果说嵇康将自然与名教对立起来，向秀则将二者调和起来了，故后来诗人谢灵运写了一篇《辨宗论》，说"向子期以儒道为一"。

在对养生的看法上，以及前述对庄子"逍遥游"的理解上，向秀的理论都带有世俗的色彩。明乎此，他后来在政治上的妥协，就不会感到意外了。

礼岂为我辈设也

"越名教而任自然"落实到行为，在当时，便是任诞。

"越名教而任自然"这个口号虽是嵇康提出来的，但嵇康其实并不很任诞，他甚至连饮酒的记载都不多见。这很好理解，因为他所推重的自然是老庄本意的素朴的自然，即《晋书》他的本传说的"恬静寡欲"，而不是放纵性情。同时，他的个性也比较严正。

真正任诞的是阮籍。无论是两晋还是现在，人们都把他看作当时任诞的代表。有的人因此而赞美他，有的人因此而责难他，也无论是两晋还是现在。

名教就是礼教。中国古代礼教之大防，不是要首推男女吗？"男女授受不亲，礼也"，孟子早就这样宣布过。连授受都不能太近乎，看这"礼"规定得多么森严！下面讲的就是阮籍与三位女性的故事，看他在这个最大的禁区，是怎样越名教而任自然，即任诞的。

这三件事正是见于《世说新语·任诞》篇正文或刘孝标注引的材料中，具体时间无法断定，彼此也没有什么关联。

第一件是他与嫂嫂的故事。前面说过，阮籍在父亲去世时只有三岁。从现有的材料可以知道，他至少有一个姐姐，一个哥哥。姐姐即阮咸的姑姑，后面还要讲到，她可能比阮籍大两三岁。哥哥，即阮咸的父亲，可能要大四五岁。

因为父亲死得早，孩子又多，阮籍家的生活比较贫寒。嫂子嫁进来的时候，他已经十三四岁，亲眼看到她怎样辛辛苦苦操持这个家，孝敬老的，伺候小的，后来又要拉扯阮咸，一家的日子全都压在她的肩上，所以阮籍对这位嫂子始终是很感戴的。有一次嫂子要回娘家，"归宁父母"，他不知不觉把她送出老远。有人讥笑他，说他违礼，因为《礼记·曲礼》明确规定"嫂叔不通问"。他听说后非常气愤，这是我的亲嫂子呀！这有什么呢？于是就赌气说："礼，难道是为我辈设的吗？"他心里想，今天我就是要违背你这个"礼"！

离阮籍家不远处有个小酒店，地方僻静，收拾得挺干净，酒也很不错，他常常带着王戎前来喝酒。店主是一对年轻夫妇，男的看起来挺憨厚，女的却很漂亮，又善解人意，阮籍对她很有好感。

在女主人打酒的垆边，有块高一点的平台，上面有铺盖，是她休息的地方。阮籍喝醉以后，喜欢在那里躺着打盹，从远处乍一看来，好像就躺在她身边。他眯缝着一双醉眼，懒洋洋看着夫妻二人忙碌。这时候，说来好笑，他眼前总是浮现出司马相如和卓文君当垆沽酒的情景，虽然他明知这是拟于不伦。他太喜欢四百年前这个美丽的故事了，太喜欢司马相如当初撩动卓文君心弦的那缕琴曲了。这琴曲此刻就在他心头缭绕，他仿佛看到雌飞雄从绕林飞翔的两只自由的小鸟，仿佛看到春夜花园月光中的几瓣飘零的落花，也忆起自己消散了的青春的一切。这时候，一滴清泪就会渗出他的眼圈。所以他总愿来喝酒，总愿这样躺着，看着，想着。

这难免使男主人生疑，他常常斜着眼偷偷观察，却始终看不到有什么异常的举动。久而久之，他知道阮先生不是那种人，夫妻俩对他更敬重了。倒是士大夫们不依不饶。《曲礼》上不是规定"男女不杂坐"吗？看他！……真是说什么的都有。阮籍也管不了那么多，我行我素而已。

阮籍家穷，所以也多穷邻居，其中有一家主人曾当过大兵，人很粗壮，说话也粗声大气，却有一位非常文静的女儿，正是豆蔻年华，阮籍曾经偶然见到过她一面。那是一天早晨，他偶然路过她窗前，她正坐在那里纺织，也是偶然一抬头，四只眼睛便偶然碰上了，她向这位比邻的长者谦恭而又纯真地嫣然一笑。他发现她是那样美丽，那样清纯，使他联想到秋夕初凝的第一滴露珠，联想到春晨朝暾下初绽的第一片花瓣。

此事后来他也淡忘了。两年后的一天，他突然听说她死了，还没有出嫁。他心头猛地一震，眼前一晃，仿佛看到露珠在初阳下消融，花瓣在风雨中飘零。为什么一切美好的东西都是那么容易摧折？

忽然，他站起身，跑到这位芳邻家，在灵前大哭一场，不管她家人的惊愕，也不管外界可能的流言。

还是那句话：礼，难道是为我辈而设的吗？或者反过来说：我辈，难道是为礼而生的吗？

方内与方外

阮籍为之"越名教而任自然"的女性还有一位，这是他心目中的伟大女性——他的母亲。

那是正元三年（256 年）的一个秋日，他正在朋友家下棋，忽然他家一个仆人急乎乎跑来，说他母亲去世了。朋友慌忙站起来，他却咬咬嘴唇，低声断然说："下完它！"一局既终，他向朋友要来酒，咕噜噜一口气喝下好几升，仰天长号，哇地吐出一口鲜血。

他能不悲痛欲绝吗？这是他从年青时就守寡四十多年的母亲呀！这是曹丕《寡妇赋》所写的那个人："惟生民兮艰危，在孤寡兮常悲。人皆处兮欢乐，我独怨兮无依。抚遗孤兮太息，俯哀伤兮告谁？"她就是艰难抚养我这"遗孤"的哀苦无告的母亲呀！但是，他有他的表达悲痛的方式，这方式不一定与别人一样，也不必都按常规。甚至，他就是要打破常规！

对于孝子居丧期间的生活与行为，儒家的礼仪中有非常明确而烦琐的讲究，比如不能喝酒，不能吃肉，要吃稀饭，等等。阮籍对此当然不去理会，倒是记住了《庄子·渔父》说的"处丧以哀，无问其礼矣"。是的，处丧是悲哀的，但何必非按照"礼"
去悲哀呢？阮籍的悲哀面对的是母亲，而不是礼仪。别人可以说
他违礼，却无法说他不孝，因为他悲伤得已经"毁几至灭性"，
身体都快垮了。

其间，裴楷曾来吊丧。裴楷年方二十，相貌标致，有"玉人"
之称，精通《老子》《周易》，与王戎齐名，钟会曾称赏"裴楷清
通，王戎简要"，向司马昭推荐他当了尚书吏部郎。他来的时候，
阮籍正喝醉了酒，披头散发，伸着两腿坐在床上。裴楷也不理会他，
径自来到灵堂，大哭几声便走了。

事后有人问他，礼制规定，吊丧的时候，主人哭，客人才能行
礼。阮籍既没有哭，你为什么要哭呢？他说："阮籍是方外之人，
所以不遵守礼制；我辈是方内之人，所以按礼仪行事。"

这种"方内方外"之说，来自《庄子·大宗师》中的一则寓言
故事，说是子桑户、孟子反、子琴张三人是好朋友。后来子桑户死
了，孔子派弟子子贡去帮助料理丧事。子贡看到他们一个在编曲，
一个在弹琴，一起唱道："子桑户呀，你倒好了！你已经归真返朴
了，而我们还要做人！"

子贡走上前去："请问你们这样做，合乎礼吗？"

二人相视大笑："这个人知道什么礼呀！"

子贡回去，把此事告诉了孔子。孔子说："这就是我的不对了。
他们是游方之外的人，我是游方之内的人。他们怎能遵行世俗之礼，
来取悦于人们呢？"

　　当时有人注《庄子》，解释"游方"的"方"为"常"，指"常教"，也就是礼教。"游方之内"就是生活在礼教之中，"游方之外"当然是跳出礼教之外。进一步说，"方内之人"是拘守礼教的世俗的人，"方外之人"则是超越礼教束缚的精神自由的人，魏晋名士所向往的就是这样的人。

　　母亲下葬那天，阮籍又令人蒸了一只小猪。要入殓了。他知道最后的时刻到了，从此这世界又添了一个没有母亲的人。于是他一口气吃下几块肉，喝了二斗酒，大叫一声"天呀，一切都完了"，又吐出一口鲜血，然后颓然坐在地上，感到一点儿力气也没有了，眼前什么也看不见，只有一片无边的茫然。

　　没过几天，阮籍又出现在司马昭的座席上，照常饮酒吃肉，谈笑啸歌。他当时是司马昭的从事中郎。在座的还有司隶校尉何曾。前面曾经说过，阮籍被礼法之士"嫉之如仇"，何曾便是这样的礼法之士，他对阮籍任情悖礼的行为恨之入骨，曾当面斥责他是"败俗之人"，现在更直接对司马昭说："明公正提倡以孝治天下，而阮籍重丧，居然明目张胆大吃大喝，应把他流放海外，以正风化！"

　　何曾是当时礼法之士的典型代表，他动由礼节，道貌岸然，其实是个伪君子，生活极其豪奢，家中的菜肴比御厨还好，每天吃饭花费万钱，却还说没有下筷子处。

　　司马昭总是袒护阮籍，替他辩解道："你看他悲伤成什么样子了，怎么不能体谅他一下呢？再说身体不好饮酒吃肉，也是符合丧礼规定的。"

儒家主张中庸，认为过犹不及，在礼制上也是如此。《礼记》一方面规定"终丧不食肉，不饮酒"，另一方面又说"有疾则饮酒食肉"，否则把身体弄垮了，也同样是"不慈不孝"。因为从伦理和心理上说，父母都希望子女好。如果身体坏了，违背了父母的意愿，是不孝，而且这就等于置父母于"不慈"之地，更是不孝。

说到这里读者也许要问，为什么阮籍如此肆无忌惮任诞违礼，司马昭却一再回护，而嵇康并不很放诞，却最终未能幸免？原因很简单，就是有没有实质性的危害。司马昭深知阮籍"至慎"，讲话一不涉及政治，二不评论人物；他违背的是虚的繁文缛礼，而不是我司马氏的实权。嵇康就不同了，只要看看他准备参加毌丘俭的叛乱，就可想而知了。

阮籍看透了这一点，所以他有恃无恐，根本不理会何曾的疾言厉色，依然我行我素。

生孝与死孝

王戎也有一桩类似的事情，不过那是将近三十年以后了，已经进入西晋，这里以类相从，提前讲述。

王戎大约五十岁的时候，他的母亲去世了。他与阮籍一样，都"性至孝"，为人极其孝顺。他们都蔑弃儒家的礼法名教，放任性情，违背礼制。服丧期间，他也饮酒食肉，观人下棋。

但正因为王戎"性至孝"，所以在他似乎满不在乎的背后，在心灵深处，要忍受着加倍巨大的悲痛和折磨，身体很快就吃不消了，骨瘦如柴，脸色憔悴灰暗，浑身无力，需要扶着手杖才能站起。他本就有呕吐的毛病，现在更加剧了。

三十年前曾到阮籍家吊丧的裴楷，现在又出现在王戎家。他也老了，当年的红颜美少年，所谓"玉人"，如今已经白头。前面说过，他与王戎齐名友善。此时他们都已成为朝廷高官，王戎为吏部尚书，他是中书令。

裴楷吊唁完毕，从王戎家出来，对人说："王戎真是位大孝子！不过，假如过分悲恸确实能够伤人，那么他也真的该受到'灭性'的批评了。"

"灭性"，就是伤害身心和性命，出自儒家经典《孝经》："毁不灭性，此圣人之政也。"儒家主张凡事有所节制。父母去世，悲痛是必然的，也是应当的，但不能到损毁的地步，父母倘地下有知，这也是他们不愿看到的。节制的方式，就是"礼"。

当时有个人恰巧与王戎形成鲜明的对比，这是儒家信徒与玄学名士的对比，也是两种"孝"的对比。这人就是和峤。差不多同时，他的父亲（也有说是母亲）去世了，当时他的官职与王戎相同，都是尚书。

和峤也是孝子，但孝的方式却与王戎大相径庭。据《世说新语·德行》篇注引《晋阳秋》说，王戎处丧"不拘礼制"，和峤则"以礼法自持"。王戎的"不拘礼制"，上面已经讲过；至于和峤如何"以礼法自持"，从两点可见一斑。一是"哭泣备礼"，什么时候哭，用怎样的方式哭，哭到什么程度，哭多长的时间，"礼"

都有明白的规定，他都照办。二是"量米而食"。《仪礼·丧服》规定守丧期间要喝粥，"朝一溢米，夕一溢米"。一溢米具体是多少，现在已经无法知道了，反正是一定的数量。那么结果呢？王戎几乎"灭性"，和峤虽然也"憔悴"，但远不及王戎厉害。

这两位名臣居丧的情形，引起皇上司马炎的关注，有一天他对司隶校尉刘毅说："你没去看看王戎、和峤吗？听说和峤悲伤过分，叫人很担忧。"

刘毅说："是的，他们都很悲痛。不过和峤虽然礼数周备，神色却是正常的；王戎虽然礼数不周，却是骨瘦如柴。我称和峤为'生孝'，王戎为'死孝'。我看陛下不必担忧和峤，倒要担忧王戎。"

"生孝"与"死孝"，我觉得可以说是孝的两种形态。孝是子女对父母的亲情；当父母去世的时候，它更是一种悲痛的亲情。"生孝"是由儒家的"礼"所引导的理性的孝，它把悲痛调节在一定的程度，用一定的方式来发泄，就是人们通常所说的"节哀顺变"，使身体少受损伤，因而它有合理的一面，但规定得过分机械、烦琐，常会流于形式，流为虚伪，流为为"礼"而孝，而非为情而孝。

"死孝"是任情的非理性的孝，它从人的自然感情出发，尽情地、无所节制地发泄失怙失恃的终天长恨。它无疑是真诚的，但也确实会流于"灭性"，违背人类生命延续的原则。这种孝与老庄道家思想有一定的联系，但不相同。道家重自然，齐生死，以死为休息，为解脱，根本无所谓"孝"，如《庄子·大宗师》说："孟孙才其母死，哭泣无涕，中心不戚，居丧不哀。"与王戎、和峤都绝然不同。但是，魏晋名士把道家的"自然"向情感的满足方面发挥，则成为所谓"死孝"。

魏晋玄学和名士风气在许多方面不同于先秦原始道家，我觉得原因几乎可以集中在一点——对"自然"的不同理解和发挥，这在前面已经说过了。

可爱的一朵玫瑰花

这个标题有点曲折，也许不太合适。

这是关于阮咸的故事。据《晋书》他的本传记载，他也是"居母丧，纵情越礼"的。但他的"越礼"不是饮酒吃肉，而是做出了一件更加骇人听闻的罗曼蒂克的事情，并且是与一位异域女子的罗曼蒂克。

这件事情发生的时间，人们有不同的说法，有人认为应在曹魏时期，有人认为应在西晋时期，相差了大约二十年。我经过考察和思量，断定发生在西晋时期，具体时间也比较明确，那么这也属于以类相从，提前讲述了。

在竹林七贤中，嵇康、阮籍、阮咸都是一流的音乐家。阮咸在音乐上有两大造诣，可以使他卓尔不群，甚至流誉千古。一是如本传所说，"善弹琵琶"。但他不是一般的善弹琵琶，他改造了从龟兹传入的琵琶，成为一种新创的乐器，颈比较长，共四弦十二柱，共鸣箱又大又圆，像月琴，也有人说就是月琴。将它抱在怀中弹拨，真如抱着一轮皎洁的明月。

这乐器曾一度失传，后来在唐代武则天时从古墓中发现了，人们就径称之为"阮咸"，简称为"阮"。用一个人的名字命名一种乐器，这在中国音乐史上是绝无仅有的，这比用名字命名行星更荣幸。把自己与乐器联结在一起，就等于与流泻的月光联结在一起，与流泻的山泉联结在一起，与流泻的甜蜜的忧愁联结在一起。总而言之，与诗联结在一起。

这乐器一直弹响到今天，而且发展为包括高音阮、小阮、中阮、大阮在内的系列乐器组，音色古雅而清亮，令人听来，真能生出"一弦一柱思华年"的惆怅。

阮咸的另一个音乐造诣，也如他的本传所说，是"妙解音律"。在这方面，真是不比不知道。当时有位很有权势的朝廷大臣荀勖，是著名的音律学家，在音乐史上也有一席之地。当时人们说他对音律是"暗解"——大概是"默解"的意思吧；阮咸时为散骑侍郎，官职比他低，音乐水平却比他高，被称为"神解"。

据说中国古代的音律曾在周末、汉末两度失传，西晋初沿用曹魏音乐家杜夔所修订的，不大准确。司马炎曾令荀勖等人多次制定律令，颇有成就，但阮咸还是认为与古不合，声调过高，非"中和之音"。他的这些议论传出去，缺少雅量的荀勖听了很不高兴，觉得是在讥笑自己，便于泰始十年（274年）把他调离朝廷，出为始平太守。

荀勖虽然排挤了阮咸，但总有点儿心虚。过了几年，有位农夫在田间耕作，捡到一把周代的玉尺，据说是标准的律尺，他便用来一一检试自己调好的钟鼓、金石、丝竹等乐器，声音的确都高了点儿，这才对阮咸的"神解"心服口服，立即把他调回朝廷。

阮咸回到洛阳已是咸宁四年（278 年），他的老母，就是当年阮籍违礼相送的嫂子，已经七十多岁，身体比前些年差多了，疾病缠身。过了几天，他的姑姑，就是阮籍的姐姐，到京城探亲。姑姑也已七十出头，倒还硬朗。只是父亲、叔叔都早已过世，令人感伤。

姑姑带来一个贴身丫鬟，是位鲜卑女郎，她有着异乎寻常的美。她的脸色白里透红，好像初绽的带露的月季花瓣；她的眼睛又大又亮，好像会说话；她的腰肢灵巧，有如婀娜的仙子。阮咸的生卒年不详，估计比王戎略大，那么现在也在四十五岁以上了。但每当看到她，就不可抑制地生出一种青春的激情。

她特别喜欢听阮咸弹奏。大概因为他的乐器是由龟兹琵琶化来，龟兹在今新疆库车一带，她听出一种熟悉的异域情调和旋律，便不由翩翩起舞。他看着她，会想些什么呢？他会怎样赏爱她那异乎寻常的美呢？我试图用现在的一句歌词替他说出来：可爱的一朵玫瑰花，塞蒂玛丽亚。

这就是本节标题的由来。他当然不会直接这样讲，玫瑰花那时也没有现在这样的意味。《可爱的一朵玫瑰花》是我们年青时爱唱的歌。十年不同风，廿年不同俗，我们那时的歌单纯、明净、优美，带着苹果花和梨花的气息。

还是说阮咸吧。姑姑见他那么喜爱这个丫鬟，说是要留给他，不带走了。就在此时，他母亲病情突然恶化，没过几天就去世了。

服丧期间，有一天他正与吊唁的客人说话，有人来报告说，姑姑被她的家人接走了，而且带走了那个丫鬟。他一听急了，姑姑怎么能食言呢？为什么一点儿不讲信用呢？他也顾不上换下孝服，向客人借来一匹马，嘴里嚷着什么"人种不可失，人种不可失"，狠狠朝马屁股抽了几鞭子，一溜烟跑了。

过了半个时辰，他骑着马慢腾腾回来了，背后还驮着那位美丽的异族女郎。

第二年，这位女郎为他生下一个儿子，起名叫阮孚。他立刻写信把这个喜讯告诉了姑姑，姑姑也很快回了信，说是汉朝王延寿《鲁灵光殿赋》有句话："胡人遥集于上楹。"这阮孚既然是胡人所生，那就让他字"遥集"吧，也算是个纪念。

这位字叫"遥集"的阮孚是确实查有其人并且大名鼎鼎的，他生于咸宁五年（279年），活了四十九岁，属于本书的渡江名士。"遥集"与"孚"字没有任何意义上的联系，它只与"胡人"相联系，那么这个罗曼史也肯定确有其事。这就回到了此事的时间问题。如果定在曹魏时，那么为什么二十年以后才生下阮孚？恐怕不好解释。特别是史料明确记载，他还有位哥哥阮瞻，字千里（这个字号就与"瞻"字相关），《晋书》也有传，袁宏《名士传》列为中朝名士。他也是生在西晋，估计比阮孚略大几岁，这更是此事必定发生在西晋的铁证。只是这样一来，阮咸生他们兄弟俩时都已年近五十甚至更大些，这也是令人奇怪的。

阮咸的事迹既都说过了，我们准备向他告别。就是说，后面不再讲到他了。他在七贤中是年龄较小的，却告别得最早。不过他的两个儿子都是名士，以后都要讲到，以他名字命名的乐器更永将弹响，所以阮咸是永远告别不了的。

那位迷蒙的高隐

让我们还是回到魏晋易代之际。

易代之际战乱多，杀戮多，流血多，所谓"天下多故"。高贵乡公曹髦甘露二年（257年）四月，还是在淮南那个地区，发生了征东大将军诸葛诞之叛。诸葛诞与夏侯玄、邓飏是好朋友，他的行为也属于曹氏集团的一次反抗，结果也以失败告终，他于第二年二月兵败被杀。在淮南一带的反抗，这已经是第三次了，史称"淮南三叛"。镇压这"三叛"的，分别是司马懿、司马师、司马昭"三马"。

动乱、恐怖的时代，也是最容易出隐士的时候。这不，近些年来，在汲郡共（在今河南辉县）北边的苏门山中，便有一位名叫孙登的高隐，据说他没有妻室儿女，一个人住在山洞中，喜欢读《周易》，弹一弦琴，自得其乐。他为人随和，总是乐呵呵的。有时候人们把他抬起来扔到水中，想看看他发怒的样子，他从水里爬出，还是乐呵呵的。他有时下山去，人们送他衣食，他既不拒绝，也不道谢。吃了，穿了，用了，剩下的也不带走。有人与他讲话，他从不搭腔。他真是一个方外之人，人间的一切规矩习俗，都与他无关。

嵇康、阮籍都曾上山拜访过他。根据记载，是阮籍先去的。为了叙述方便，要先从嵇康说起。

在七贤中，嵇康的隐逸思想最为浓厚。他虽身为中散大夫，却经常住在山阳。他喜欢花草鱼鸟，喜欢到深山老林采药，在明山秀水中且行且歌，悠然忘返，樵夫们都说他是神仙。当他听说孙登的事情后，立即前往拜访。

但孙登竟没和他说一句话。苏门山离山阳不很远，此后很长时间，他还是经常前往，孙登始终一言不发。最后一次，嵇康对他说："我以后不会再来了，先生竟没有一言相告吗？"

孙登看他一眼，长叹一口气，语重心长地说："我说什么呢？你才多而识寡，恐怕难免于当今之世。"

才与识，是人的素质的两个方面。才以行己，识以观人。才偏于感情，识偏于理性。才可以创造物质和精神的美好一切，识可以看破毁灭一切美好的鬼蜮伎俩。嵇康才多而识少，看不透比地狱还要险恶的人心，疏于保身，为此付出鲜血和生命的代价，被孙登不幸而言中。这也是后话。

阮籍拜访孙登，用的是另一种方式。你孙登不是随随便便伸开两腿坐在地上吗？我也摆出这个架势与你相对而坐。你不是缄默不语吗？我就偏要和你讲话，大谈特谈上古三皇五帝以来的治理天下之道。你不是仍然不理我吗？我再和你大谈特谈"栖神""导气"这些隐士感兴趣的养生之术。见他还是不理不睬，怎么办呢？阮籍只得使出自己的绝招——"啸"。

"啸"是中国古代特有的抒情表意方式。它出现得非常古老，《诗经》中就多次提到，魏晋时期特别流行。西晋成公绥著有《啸赋》，唐代孙广著有《啸旨》，把啸说得神乎其神。其实啸无非就是吹口哨，只不过有人吹得响一些，花样多一些，好听一些。啸能够表达各种感情，或悲伤，或慷慨，或闲适，或欢快。岳飞"抬望眼，仰天长啸"，表达的不是"壮怀激烈"的感情吗？

阮籍是啸的高手。据说在他老家尉氏县城里曾有一座他的"啸台"，明、清以至民国时期曾经多次重修，抗战时被毁，只剩下一个土堆。此刻，面对孙登，他便用足力气长啸一声。

始终板着脸的孙登忽然莞尔而笑，说："再来一次！"

阮籍一边长啸，一边往山下走去。走到半山腰，忽听背后传来奇异的乐音，好似几部管弦乐队一齐合奏，声音优美而浏亮，在整个林谷间传响。回头一看，原来是孙登在啸。

如果说阮籍是啸的高手，那么孙登，无疑是顶尖的高手，是啸的大师！

真奇妙，千言万语无法打破沉默，一声长啸却沟通了心灵，交流了思想。听到啸声，阮籍忽然若有所悟，心中涌出一股创作灵感与冲动，回去后挥笔写了篇《大人先生传》。

这是一篇千古奇文。文章很长，尽管是一挥而就，也花了好几天工夫。像刘伶的《酒德颂》一样，它也是以庄子的"神人""真人""至人"为楷模，刻画了一位超越时空、超越世俗、自由逍遥的"大人先生"的形象，他"以万里为一步，以千岁为一朝""飘摇于天地之外，与造化为友"。与之对立的，是一位儒家的"君子"。

原来有人写信给"大人先生"，指责他行为太随便，太不遵守社会法则，太放纵恣肆了，应当像"君子"那样，"唯法是修，唯礼是克"，一切遵循儒家的礼法，才能赢得封妻荫子，荣华富贵。

"大人先生"在回信中把那位"君子"比喻成虱子，说是：且汝独不见夫虱之处于裈之中乎？逃乎深缝，匿乎坏絮，自以为吉宅也。行不敢离缝际，动不敢出裈裆，自以为得绳墨也。饥则啮人，自以为无穷食也。然炎丘火流，焦邑灭都，群虱死于裈中而不能出。汝君子之处区内，亦何异夫虱之处裈中乎？悲夫！

意思是说：你没看到虱子处在裤子中吗？它逃在深缝里面，藏在破棉絮之中，自以为是吉祥的住宅。行不敢离开裤缝边，动不敢走出裤裆外，自以为是很守规矩的。饿了就咬人，自以为有吃不尽的食物。然而等到大火燃烧起来，连城镇都被烧焦了，你那君子处于尘世之内，与这虱子处在裤裆里头又有什么两样？可悲呀！

讽刺得多么形象、生动、淋漓尽致！你看那位儒家的"君子"是何等地卑琐！更加大胆的是，阮籍把这一切的根子，归结到君主专制制度，以下几句是很有名的：君立而虐兴，臣设而贼生。坐制礼法，束缚下民。一切虐害，一切残贼，都产生于君主制度。他们君臣制定的礼法，只是为了对付平民百姓。嵇康也表达过类似思想。在君主专制的古代社会，这真是无声处的一声惊雷啊！

在这篇文章中，阮籍说这位"大人先生"也居住在苏门山，最后"先生从此去矣，天下莫知其所终极"。《晋书·孙登传》说，孙登也是"竟不知所终"。那么，阮籍所写的，到底是那虚无缥缈的"大人先生"呢，还是那迷蒙的高隐孙登，抑或就是他自己理想的化身？一切都是这样迷离恍惚，一任聪明的读者自个儿去猜想。

锻声叮咚

夏天到了，嵇康洛阳家中宽阔的院落里，几株垂柳又披拂下繁茂的枝叶，知了在树丛中此起彼伏不停鸣叫。环绕在四周的沟洫里又涨满了水，水面上闪动着潋滟的波光。一阵阵叮咚的锻铁声，与蝉鸣呼应着，传送到院落以外很远的地方。

嵇康久已不去苏门山了，但隐者孙登最后的暗示他是明白的，也常用来警诫自己。打那以后，他经常到太学抄写石经。太学讲堂前面，汉人立下四十多块石碑，上面刻着儒家的经书，有古文、篆、隶三种字体，他所抄写的是古文。在这期间，他接触了很多太学生。他那渊博的学识，堂皇的仪表，正直而谦和的人格，受到他们的尊崇，希望他能到太学讲课。

他还是常在树下锻铁，这是他的一种消遣方式。他很灵巧，能够锻造出各种用具甚至刀剑，有的送给朋友和邻居，有时也卖点钱换酒喝。

向秀还是帮他拉风箱。他至今没有出仕，自称有"箕山之志"，就是要像箕山上的许由那样隐居。吕安也常来打下手。休息时三人饮酒谈笑，听蝉声唱和，谈往古来今，乐在其中。假使一生常得如此，也未必不是一种不错的活法。但是……

这天上午正在铿铿锻铁的当儿，仆人报告说，钟会带领一帮人，骑着高头大马，前来拜访，已经停在门口了。既然来了，也只好请他进来，尽管他是个不受欢迎的人物。

在镇压诸葛诞的叛乱中，钟会又为司马氏立下汗马功劳。司马昭亲率大军出征寿春时，钟会正服丧在家，要求随之前往。他是个足智多谋的人物，这次征讨的胜利，颇得益于他的谋略，所以他更受司马昭的亲宠了，被比况为张子房。事后，他又多次谦辞了封赏，直到最近才出任了司隶校尉，这是一个负责监察京师和地方官员的官职，位高权重。这年他三十四岁，比嵇康小两岁。不过嵇康心里有数，钟会今天的光临并非要监察他，刺探他，而是别有缘故。

原来，钟会对嵇康像对夏侯玄一样，又敬又怕。敬的是他们有学问，有威望，有人格魅力，他很想和他们交朋友，但又怕他们太峻切，太高傲，怕他们的凛然正气。尽管他有权，有势，有后台，是贵公子，自己也不乏聪明才智，但似乎都不敌那人格的威力。

几个月前，钟会写了本《四本论》，很想请嵇康看看，就把它揣在怀中，来到嵇家门前，但又心怀犹豫，怕他拒绝，便顺着院墙转了好几圈，最后硬着头皮，把书用力扔到院子里，拔腿就跑。他想嵇康终究能读到，以后再找机会听听他的看法。此次造访，嵇康知道，不用说就是为这了。

此事记在《世说新语·文学》篇中。《四本论》是研究"才性"问题的，而"才性"问题是魏晋清谈的一个重要话题。当时的学者袁准《才性论》说："性言其质，才名其用。""性"指人的品质，

"才"指人的能力。二者的关系如何呢？这是被现实政治需要逼出来的问题，是在具体选官用人时怎样处理德才关系的问题。早在汉末曹操执政之时，由于争夺天下，急需人才，曾于建安十五年（210年）、十九年（214年）、二十二年（217年）三次下令"唯才是举"，说即使"不仁不孝，而有治国用兵之术"的，也要选拔重用。"不仁不孝"属于"性"，即德；"治国用兵之术"属于"才"，即能力。如建安十九年"令"说：夫有行之士，未必能进取；进取之士，未必能有行也。陈平岂笃行，苏秦岂守信邪？而陈平定汉业，苏秦济弱燕。由此言之，士有偏短，庸可废乎？"有行"是德，"进取"是才，二者往往难以兼得。汉初陈平品行不端，却帮助刘邦成就了大业；战国苏秦不守信用，却为弱小的燕国从强齐手里索回十几座被占的城池。所以只要有才能，哪怕品德上有"偏短"，有劣迹，也是不可废弃的。这样，在曹操看来，人的德和才有时是不一致的，相背离的。

南朝刘孝标注释《世说新语》此条说，在正始清谈中，人们对"才"与"性"的关系形成四种看法，总称"才性四本"，即：有人认为"才"与"性"是一致的，以傅嘏为代表，也有人认为不一致，以李丰为代表；有人认为二者是相合的，以钟会为代表，也有人认为是相离的，以王广为代表。

本章第一节提到的那位非常著名的现代史学家，在二十世纪五十年代，曾专就《世说新语》及其注释的这条材料撰写文章，颇有影响。他根据曹操"求才三令"关于德才关系的观点，结合上述四位代表人物的行迹，断言在正始清谈中，凡是与曹操观点相同的，认为德与才是不一致的、相离的，如李丰、王广，都属于曹氏的死党；凡是与曹操观点相反的，认为德与才是一致的、相合的，如傅嘏、钟会，则属于司马氏的死党。

我以为此说欠妥。用不着多加考证论述，只要举出《晋书·石苞传》记载的司马师的一段话就足够了。司马师为中护军时，任用石苞为其司马之职。司马懿听说石苞人品不端，"好色薄行"，便责问他。司马师回答说：苞虽细行不足，而有经国才略。夫贞廉之士，未必能经济世务。是以齐桓忘管仲之奢僭，而录其匡合之大谋；汉高舍陈平之污行，而取其六奇之妙算。苞虽未可以上俦二子，亦今日之选也。

"细行不足"属德，"经国才略"属才。"贞廉之士，未必能经济世务"，与曹操说的"有行之士，未必能进取"何其相似，简直如出一辙！而他所举的管仲、陈平的事例，曹操"三令"也反复列举过。显然，司马师的观点与曹操完全一样，都认为人的德与才有时是不一致的，相背离的，选官用人也应"唯才是举"，有才无德的石苞也不妨重用。司马懿听了儿子这番辩白，"意乃释"，也认同了。司马懿死后，司马师在魏的地位与曹操在汉时的地位差不多，都是执掌朝政的权臣；后来，曹操被追尊为"魏武帝"，司马师被追尊为"晋景帝"。二人的话应具有同等的权威性。这么说来，用政治斗争的眼光划分正始"四本论"的党派归属便是自相矛盾的，站不住脚。我想，这位著名史学家可能偶然忽略了这条史料，而这条史料却可以动摇他立论的根基。

好了，让我们还是回到钟会。他的《四本论》已佚，大概是对此做综合论述的。现在，他很想听听嵇康的意见。

但嵇康一言不发，只是低着头一门心思锻他的铁。他听到的，只有叮咚的锻声。

时间一点点过去，嵇康还是一声不吭。钟会十分尴尬，脸色铁青，扭头就走。

嵇康这才微微抬起头来，慢慢问道："何所闻而来？何所见而去？"——你听到什么而来了？见到什么而走了？

钟会停下，回过头来，一个字一个字冷冷回答："闻所闻而来，见所见而去！"——我听到我所听到的而来了，我见到我所见到的而走了！

从此在钟会心中，对嵇康便没有了敬，只剩下恨。这恨是要发芽的，在一定条件下会开出恶的花来。

我们可以回想一下，在同样的情况下，阮籍的处理方式就与他不同。当阮籍得知钟会要来拜访时，用醉酒的方式来应付，在酩酊大醉中胡言乱语。阮籍圆滑，而嵇康切直，所以会像孙登说的那样"难免于当今之世"。

潜龙·亢龙·屠龙

甘露四年（259 年），曹髦十九岁，已经做了五年皇帝。这五年来的最大体会，就是懂得了什么叫"压抑"，什么叫"窝囊"。这些词语本来与"皇帝"风马牛不相干，皇帝是何等高高在上、说一不二呀！但他不行，他不过是司马氏手中的摆设与傀儡，说话顶个屁用！

他原本聪慧好学，能诗善文，做了皇帝后，立志有所作为。刚即位时，司马师曾问钟会他是怎样的人，钟会说他"才华同曹植，武略似曹操"，这虽是夸张，但也说明他至少不平庸。而越是不平庸，压抑和窝囊之感就会越强烈。他曾试图改变这种状况，都失败了。

这年正月，新年伊始，就有几个地方向朝廷报喜，说那里的井中发现了青龙、黄龙——其实可能是青蛇、黄蛇，乃祥瑞之兆。龙象征君德。曹髦想到《周易·乾卦》的爻辞，先是说"潜龙勿用"，龙还未行动，正潜伏着。后面说"见龙在田，利见大人""飞龙在天，利见大人"，龙出现在田野里，飞翔在天空上，得到用武之地，大有作为。而现在，龙竟困在井中，上不着天，下不着地，不正与自己的尴尬处境相似吗？这算什么祥瑞呀？于是便有感而发，写了首《潜龙诗》。

这首诗没有保存下来，《三国演义》第一百一十四回的那一首是小说家的杜撰，与曹髦无关，不过也大致符合曹髦的心理。诗中说这龙"上不飞天汉，下不见于田"，而是"蟠居于井底，鳅鳝舞其前"，一任泥鳅呀、黄鳝呀在面前张牙舞爪，这不是"龙游浅水遭虾戏"吗？这不是影射司马氏及其一伙是"鳅鳝"吗？曹髦年轻气盛，完全可能说出这样的话来。

有人把这首诗拿给司马昭看，司马昭当然一眼就看出他的牢骚，从而加深了对他的忌恨，加强了对他的防范，更加削弱了他身边的武力，更加限制了他的自由。从此，君臣之间的明争暗斗越来越激烈，终于激起曹髦铤而走险的反抗。这是一次君对臣、上对下的反常的"政变"，是一出众寡悬殊的闹剧和儿戏。

那是第二年（260 年）五月初六晚间，他准备明天早上在前殿召集百官会议，突然宣布罢免司马昭。为此，他先是从凌云台调来卫队，以防明天早上有变。然后召来侍中王沈、散骑常侍王业、尚书王经，向他们讲出一句流传千古的名言："司马昭之心，路人皆知也。"——那自然是阴谋篡权的狼子野心，又讲了明天的打算和安排，并出示了事先准备好的黄绢诏书。

王经是个忠心耿耿的人，他极力劝谏曹髦不可轻举妄动，说司马氏经过几代经营，根子深广，只能徐图，急则生变，反受其殃。曹髦说："我已经决定了！即使死，也不怕，何况不一定死！"

说毕，曹髦便到后宫禀告了郭太后。王沈、王业二人则急忙去向司马昭告密，司马昭立即调兵遣将，做好准备。

曹髦知道泄密后，于初七日一早带领宫中卫兵、仆从等三百多个乌合之众，手执各种兵器甚至棍棒，吆五喝六、横七竖八地向相府冲去，说要杀死司马昭。曹髦真像《周易·乾卦》所说的"亢龙"——亢奋地仗剑冲在前头。司马昭的军队见是皇帝本人，谁也不敢造次，故曹髦一行未遇到什么抵抗。

来到南面的宫殿时，遇上中护军贾充率领的禁军。贾充是司马氏的死党和心腹，他的一家后来给西晋带来极大的灾祸，此是后话。

现在他手下的人见皇上挥剑杀来，都犹豫不前，太子舍人成济请示他说："事情紧急，怎么办？"

贾充有点不耐烦："大将军养活你们这些饭桶，为的是什么？今天的事，还用问吗？"

成济心领神会，挥刀向前，刀刃从曹髦前胸进去，后背出来。于是，这场闹剧便从"潜龙""亢龙"演到"屠龙"。据说，此刻突然暴雨大作，雷电晦暝，看来老天也会适时渲染气氛。血顺着雨水，流成一条粉红的小溪，雨点又打出无数粉红色的水泡，像一树纷披的惨淡的小红花。

弑君了！消息像一阵旋风，很快吹遍宫廷，吹遍京城。

司马昭听说了，一屁股坐在地上，说："天下将说我什么呀！"其实他心里是高兴的，除掉了心腹大患。现在他要做的，是怎样搞好善后，怎样洗刷自己，撇清自己与这桩弑君之事的关系。

为此，他做的第一件事情，就是立刻召开百官会议，流着眼泪问尚书仆射陈泰："现在我该怎么办？"

陈泰是位正直之士，看透了他的心理，说："当今只有杀掉贾充，以谢天下！"

他当然舍不得杀贾充，便以商量的口气说："能不能再低一点的？"他心中想的是牺牲成济。

陈泰说："只有更高，没有再低！"这显然是暗示可追究到司马昭本人。

司马昭做的第二件事情，便是在几乎同时，派人喻说太后就此发布一个指令，文稿已经拟好，措辞非常巧妙，大意是说曹髦无道，不听我的教诲，反而怀恨在心，多次诬谤甚至企图杀害我，大将军司马昭也早已知道，屡劝我宽宥他，让他改过自新。今天也是冲我来的。文中只字不提其实要杀的是司马昭，仿佛这只是皇室的一桩家丑，而司马昭只是一个路见不平拔刀相助的侠客。总之曹髦是死有余辜，应以平民的规格埋葬。另外，尚书王经也要逮捕法办。

第三件事情，是第二天即五月八日，司马昭等四位朝廷重臣，为曹髦向太后求情，说他虽然罪有应得，但我们实在于心不忍，请求以王的规格埋葬。太后同意。于是五月九日把他埋葬在洛阳西北三十里的瀍涧之滨，只用了几辆普普通通的车子，也没有什么魂幡，实际上还不如平民。很多百姓聚集围观，说"这就是前天所杀的那个天子"。人们很伤感，有的流出眼泪。

第四件事情，是在五月二十六日，司马昭亲自上言太后，说成济杀死天子，大逆不道，罪不容诛，请灭其三族。太后说成济其实也算不上大逆不道，但既然大将军志意恳切，就听如所奏。

据说逮捕成济时，他与哥哥拒捕。两人光着膀子，跳到屋顶上破口大骂——估计是骂贾充甚至司马昭。他们觉得冤枉，其实真正冤枉的更是他们的三族。

王经不用说也被夷灭三族。

司马昭做的最后一件善后之事，就是在六月立了曹操的孙子、常道乡公曹璜为帝，改名曹奂，改元景元。

司马昭以为经过这样周密的粉饰弥缝，他的弑君之名和弑君之实就可以化为乌有，其实是徒然的。这件事情，也是"司马昭之心，路人皆知"的。不仅当时，而且为千古人们所共知，否则怎么会有以上这段文字呢？

最后要为郭太后说几句话。这个可怜的女人，自从魏明帝曹叡临死前立她为后，二十多年来没过几天好日子。她眼见了多少废立，多少杀戮，多少鲜血！多少恶事、丑事，假她之名以行！而且对她来说没有商量，只有顺从。她是在景元四年（263年）去世的，离司马氏最终篡权还有两年，这也许是她唯一的幸运？

《与山巨源绝交书》

司马昭弑君既然路人尽知，嵇康当然更知道。作为皇室的一位姻亲，他还听说了每个细节，这使他尤为愤慨。而恰在他一腔积愤无处发泄的当口，传来山涛推荐他做官的消息。

这真叫他哭笑不得。山涛，这位老朋友，他自然是了解的。当初还是他俩先认识，然后结识阮籍，再逐渐发展为竹林之游的。他也喜好老、庄，这是他们交游的思想基础。七人当中，他最年长，比阮籍还要大五岁，比自己大十八岁，称他为忠厚长者也不为过。"可以托六尺之孤，可以寄百里之命"，曾子说的这句话也可以用到他身上。前些年与毌丘俭有关的那件事，嵇康就是找他商量的，这是多大的干系啊！嵇康还常想，万一自己有什么不测，需要"托孤"，就一定托付给他，他有这份热心，也有这份能力。

　　嵇康对他最大的不满，就是他太喜欢做官。据说他年轻时就曾对妻子说："我以后大概会做到三公，不知你有这福分否？"在正始时期曹、司马氏争斗激烈、胜负难分之际，他躲开了。后来大局基本分明，他便靠着与司马家的一点儿亲戚关系当了官，而且当得挺顺手。他可以说是想做官，会做官，而且做好官。不过这就与老庄离得越来越远，与嵇康他们离得越来越远了。

　　他真是以自家之心，度人家之腹。是不是因为自己愿做官，就觉得别人也愿做呢？最近他升了官，从尚书吏部郎升为大将军司马昭的从事中郎，打算推荐嵇康接替吏部郎，因为这是个挺重要的职位。人生相知贵知心。结交这么多年了，他居然还不了解我嵇康。我是想做官的人吗？特别是，我是想做司马氏把持下的官的人吗？这简直不可思议！他也知道山涛的良苦用心，是想缓和他与司马氏的关系，但他觉得没有什么好缓和的，于是就写了《与山巨源绝交书》，将满腔积愤向山涛一股脑儿发泄出来了。或者说，他只得请好心办糊涂事的山大哥委屈一下，"李代桃僵"了。

　　这是一篇脍炙人口的奇文，它冷嘲热讽，嬉笑怒骂，令人忍俊不禁。文中巧用比喻，写山涛荐官的心理和自己鄙弃做官的心情，真是形象、尖刻。

　　如：足下羞庖人之独割，引尸祝以自助，手荐鸾刀，漫之膻腥——你就像那厨师，自己单独杀猪宰羊觉得害羞，就拉人家祭师当帮手，给他屠刀，让他也沾一身腥臊。你呢，不好意思单独当官，就想把我也拉下水，陪着你脏。

再如：己嗜臭腐，养鸳雏以死鼠也——猫头鹰自己喜欢吃腐肉，就想用死老鼠来喂小凤凰。同理，你觉得吏部郎是个宝贝，其实在我眼里，不过是只死老鼠！

关于自己拒绝做官的具体原因，嵇康针对当时名教与自然对立的现实，说"人伦有礼，朝廷有法"，而自己则有七件"必不堪"（肯定受不了）的事情，还有两件"甚不可"（非常不可以）的事情，是不能适应这礼法名教的，因而不适合做官。

在所谓"必不堪"的七件事情中，试举三件：

卧喜晚起，而当关呼之不置，一不堪也——我喜欢睡懒觉，起床晚。当了官，门卫就会喊个不停，这是第一件受不了的。

抱琴行吟，弋钓草野，而吏卒守之，不得妄动，二不堪也——我喜欢抱着琴边走边唱，到野外射鸟钓鱼，当了官，小吏、卫兵陪在身边，不好随便走动，这是第二件受不了的。

性复多虱，把搔无已，而当裹以章服，揖拜上官，三不堪也——我这人身上好长虱子，要不停搔痒，当了官，官帽官服包裹得严严实实的，很不方便；还要拜见上司，总不好当着他的面乱搔，这是第三件受不了的。

从这三例可以看出，嵇康所说的"不堪"，就是不能忍受官场的礼法规矩对自由自在生活的限制与桎梏，这是自然与名教的矛盾。他既然主张"越名教而任自然"，追求自由，当然就不会选择官场。

在嵇康所谓"甚不可"的两件事情中，最要命的就是说自己

"每非汤、武而薄周、孔"。商汤王、周武王是儒家所推崇的圣君，周公、孔子是儒家所推崇的圣人，我居然要否定和鄙薄他们，而司马氏正在大力标榜用儒家思想治天下，那么我这样的人怎么可以做官呢？与此相反，也是在此文中，他又坦言"老子、庄周，吾之师也"。这些大胆的言论，怎么能见容于当时呢？

在这封信的最后，嵇康表达了自己今后的生活理想：今但愿守陋巷，教养子孙，时与亲旧叙阔，陈说平生；浊酒一杯，弹琴一曲，志愿毕矣。

这些话很好懂，归根结底是不愿为官为宦，但愿过平平淡淡而自由自在的生活。这是一种隐逸的生活。不过嵇康虽向往隐逸，却终生都不是隐士，因为他毕竟挂着中散大夫的官职。在这些话里，我们可以读出深深的悲凉。一位有才有志的士人，在正当有用的盛年，说出这种消沉的话来，看得出他对当时黑暗政治的绝望。

鉴于以上的一切，结尾是点题之笔：绝交。而在骨子里，则是与司马氏的决裂。

读了这封信，山涛也是哭笑不得。那些尖酸刻薄、嬉笑怒骂的话就不说了吧，反正他也知道是借题发挥。多年的老朋友了，对他能不了解吗？他过于峻切刚烈，太不通融。三军可夺帅，匹夫不可夺志。一切，也都随他去吧。

山涛为人谨慎、清廉、明智，这样的人很适合做官，而且是比较合格的官。果然，入晋以后，他的官越做越大，真的做到三公。他多次乞求退休，晋武帝司马炎总是挽留，一直干到将近八十，光吏部尚书就干了十几年。每当选拔官员时，他往往同时拟出数人，各写几句鉴定，寥寥数语，要言不烦，人称"山公启事"，一并拿给皇帝，暗暗观察皇帝的倾向，然后定夺。这未免有点巧佞，好在他所推荐的大都出以公心，也都比较称职。

他对朋友也挺厚道。后来嵇康临死前，果然把儿子嵇绍托付给他，说是"有山巨源在，你就不会成为孤儿"。到西晋时，也果然是他提携嵇绍踏上仕途。

他在西晋虽然还做了许多事情，但那是"中朝名士"的时代，他们的时代已经过去了。从他个人来说，其实他的气质也不太像名士。他过分理性，而名士多多少少都偏重感性。故我们也要向他道别，今后有时不过会顺便提到他罢了。

又一封绝交书

第二年，景元二年（261 年），嵇康又写了一封绝交书，这回却是真正的绝交。此事与吕安有关。

许多年来，吕安像影子似的追随着嵇康，我们始终没来得及仔细看看他，现在该好好认识认识他了。

吕安小名阿都，其父吕昭曾为冀州刺史。他还有个同父异母的哥哥，名叫吕巽，年龄与嵇康差不多，也与嵇康挺谈得来，二人遂结成要好的朋友。就是通过他，嵇康才认识了吕安的。他发现吕家这位小阿弟聪明刚直，有点像自己，十分喜欢，吕安对他也很尊敬，视同兄长。

　　吕巽后来巴结钟会，并通过钟会讨好司马昭，成了司马昭的掾属，嵇康与他的关系便逐渐疏远了，与吕安却越走越近乎。当两人不在一起的时候，据说是"每一相思，千里命驾"，不管离得有多远，即使千里之外，只要想念了，套上马车就走，只为了见上一面，只为了哪怕仅仅说上一句话。

　　有一次，吕安赶了长长的路，从洛阳来到山阳，适逢嵇康不在，哥哥嵇喜出门迎接，想请吕安进屋一叙。吕安不肯，只是要了笔墨，在门上写了个"凤"字而去。嵇喜很高兴，以为赞美他是凤凰，殊不知吕安嘲笑他是"凡鸟"，因为"凤"的繁体字就是"凡"中加一只"鸟"。嵇喜这个人大概真有点凡俗，阮籍也不很喜欢他，曾经拿白眼看他。这是阮籍的一种表示轻蔑的"眼法"，对他喜欢的就用"青眼"，后世叫作"青睐"。但嵇康却很敬重这位哥哥，因为父亲死得早，是他和母亲把自己拉扯大的。有一年他入军远行，嵇康一气写了十八首诗赠送给他，诉说了依依难舍的手足深情。

　　对于吕巽投靠钟会的行为，嵇康觉得也并非不可理解，人各有志，"道不同，不相与谋"就是了。但吕巽居然做出了一件禽兽不如的事情，却是他万万没有想到的。

　　那是去年的一天，吕安气呼呼地找到他，向他倾诉。原来他的妻子徐氏颇有姿色，吕巽竟对她早就垂涎三尺。前些日子，趁他不在家的时候，设计灌醉了她，把她奸污了。

　　在讲这些话的时候，吕安脸色铁青，眼里饱含着泪水。他不仅感到愤怒，更感到伤心，因为这样侮辱他的，居然是自己的哥哥！

他准备告发他。

稽康听了也怒不可遏，这样的人，真是十恶不赦！但他还是冷静下来，先是劝慰吕安，然后为他分析了利弊，说是家丑不可外扬，看在父母分上，放他这一马。稽康还表示愿以老朋友身份与他谈谈，让他认错改过。这样，总算把吕安安抚下来。

接着稽康又找到吕巽，严厉责备了他，让他向弟弟认错，保证以后决不再犯，并且不能报复弟弟。他都答应了，吕安也表示不再追究，于是兄弟二人一时相安无事。

其实吕巽对此始终感到很不踏实，觉得这个把柄落在别人手中，就像身上有块病，不定什么时候就会发作。他要化被动为主动，于是编造了一个谣言，反诬吕安不孝，经常打骂和虐待母亲。

他把这个谣言向钟会讲了。钟会早就知道吕安与稽康过从甚密，那天"何所闻而来"之事他也在场，想起来就气得咬牙切齿，于是不问青红皂白，添油加醋对司马昭讲了。司马昭正倡言"以孝治天下"，便以不孝的罪名，将吕安流放到边远的郡县。

当稽康知道了这一切的时候，他真是已经出离了愤怒，或者说他的愤怒已经化成一声冷笑，化成一滴冰凉的泪水。这是怎样的世道人心，怎样的丑恶与黑暗呀！于是他拿起笔来，给吕巽写了他的又一封绝交书。这一封写得径情直遂，不用构思推敲，不用比况讽喻，不用曲里拐弯，不用旁敲侧击，只是简单回顾了上述过程，然后直截了当地宣布：都（吕安）之含忍足下，实由吾言。今都获罪，吾为负之。吾之负都，由足下之负吾也。怅然失图，复何言哉！若此，无心复与足下交矣。古之君子，绝交不出丑言。从此别矣！

可怜、无辜的阿都获罪了，流徙到荒凉的边陲，这都是我造成的呀，因为他听信了我的话，我有负于他！我有负于他，是因为你有负于我，我听信了你！……虽然说得还算客气，虽然还带着几分惘然，却像鞭子一样抽打在吕巽那冷血的心上。

事情到这里并没有完结。

嵇生琴

在边城的荒凉和孤寂中，吕安度过了一天天，一月月，经秋复历冬，又到了新的一年的春天。

他的愤慨却没有与时俱消。明明妻子受了奸污，自己却成为不孝的逆子，又成为流徙的罪人，这是多大的屈辱与不公！高天厚地，他的冤屈向何处申诉？

他信步走出城外。毕竟是春天了，光秃秃的山岭披上一层单薄的绿装，路边零零星星开出惨淡的小花。放眼远望，一片荒旷的原野，罩在湛蓝的穹窿下。一只苍鹰俯冲下来，蓦然又翻身飞入云端。一条冰消雪化后注满山洪的河流，翻滚着，喧嚣着，猛虎般奔向天际。吕安气盛，看到这壮阔的景色，心中升腾起一种慷慨、豪迈、愤激的情绪，回去后挥笔给嵇康写了封信，其中有云：顾影中原，愤气云踊。哀物悼世，激情风厉。龙睎大野，虎啸六合。猛志纷纭，雄心四据……蹴昆仑使西倒，踏泰山令东覆！……他想对嵇康说：当你独立在苍茫的中原大地，远望满目疮痍，你就会生出拯时救世的雄心猛志，你就会感到一股无比巨大的力量，像龙啸，像虎视，昆仑难挡，泰山可移！……

这封信原是不可示人的，但不知怎么一来，嵇康自己没有读到，却落在钟会一伙手中。他立刻嗅出一种异常的气味，便拿给司马昭看，也趁机奏了嵇康一本，把他如何拒绝山涛的举荐，不与朝廷合作，以及如何想参与毌丘俭的叛乱，都一五一十、添油加醋对司马昭讲了。这些年来，司马昭对钟会的话，可谓言听计从，有如古书所说，钟会"虽在外司，时政损益，当世与夺，无不综典。嵇康等见诛，皆会谋也"。你看他有多大的能量！即使不在朝廷，即使不直接参加讨论，不管什么事情，都要插上一手，出谋划策。嵇、吕之事，"皆会谋也"——都是出于他的主意。

于是司马昭下令将吕安从边郡押解回洛阳，同时逮捕了嵇康。

在狱中，嵇康沉静下来，思前想后，若有所悟。从吕巽、钟会、司马昭身上，他看透险恶的人心。顺此，他又反省了自己的过失，并进而反思自己四十年的人生，写下一首长长的《幽愤诗》。

在诗中，他回忆自己真是不幸，从小失去父亲，全靠母亲和哥哥拉扯成人。他们给了自己过多的慈爱，却也养成了任性的毛病，不愿受到什么约束，年轻时就定下了人生的辙：托好老庄，贱物贵身。志在守朴，养素全真。

他记得庄子讲的许多"让王"的故事，记得他歌颂的那挚爱自由的神龟与山鸡。世上有什么了不得的身外之物，可以与自身等量齐观呢？所以为了躲避那些明枪暗箭，他向往隐逸，珍爱那一片猗猗的绿竹，以及绿竹般的安详与宁静。但是：日余不敏，好善暗人。

命运的转折，悲剧的铸成，祸根就在这两句话八个字上。"暗人"即小人，小人即吕巽。自己是多么糊涂呀，居然与这种禽兽交上朋友。想到这里，他无比愧悔：昔惭柳惠，今愧孙登。内负夙心，外恧良朋。

他悔恨自己始终没像柳下惠、孙登那样彻底隐居，始终不是一个真正的隐者。他记得孙登的警告，那真是一语中的，自己确实缺乏识力，没能及时识破吕巽的嘴脸！为了这，他特别觉得对不起"良朋"吕安……

此刻，忽然，透过牢狱那小小的窗口，他听到、看到：雍雍鸣雁，奋翼北游。

春天了，大雁北归，雍雍鸣叫着，扇动着轻快的羽翼。它们也如《逍遥游》中的大鹏，在做逍遥之游吧。这是何等令人艳羡！死了也就罢了。假如能够活着出去，那么他将与一切彻底决绝，完全割舍，他将：采薇山阿，散发岩岫。永啸长吟，颐性养寿。

到山脚下去采摘野菜，到山岩上去披发临风，纵情地去啸歌，去吟诗，努力保养自己的天性和生命……但是，这一切，这对于农人樵夫都唾手可得的一切，对他，却已经邈不可及了！

在朝廷，在钟会力主下，嵇康、吕安都被判了死刑。

刑期照例安排在秋天，地点是洛阳城东门外的马市。这天一早就挤满了人，都知道今天要杀的是当今第一大名士，是据说仪表堂堂如临风玉树般的嵇康。

嵇康的亲属也来了，向他做最后的告别。他看到哥哥嵇喜，便问："我的琴带来了吗？"

嵇喜非常了解弟弟，他酷爱音乐，有高深的音乐造诣，曾经写过《声无哀乐论》。在音乐中，他又酷爱弹琴，曾写过《琴赋》，说是"众器之中，琴德最优"。他想到弟弟最后可能要弹奏一曲，就把琴带来了。

嵇康接过琴，坐下，搁在膝盖上，铮地划了一下试音，人群顿然静息下来。他又斜睨一下日影，确定还有足够时间演奏一曲。弹什么呢？那就《广陵散》吧，也算是为吕安壮行。

《广陵散》是一首古老的琴曲，据说是吟咏战国时聂政刺杀韩相为父报仇的。有不少人会弹奏这个曲子，但没有一个人会像嵇康那样演奏。说来神秘，这还是一位奇异的老人传授给他的。有一次他到密县（在今河南省）山中采药，晚间住在华阳亭，便在月光下弹起琴来。到了半夜，忽然不知从何处飘然来了一位老者，须发皆白，有仙风道骨，自称是古人，但不肯说出姓名，只与嵇康谈论音律，极富灼见。最后他拿过嵇康这把琴，弹奏了一曲《广陵散》，技法特殊，声调绝伦，嵇康从未听到过。他便教给嵇康，并嘱他不可外传。说完，在嵇康一低头拨弄琴弦时，老人倏然不见了。

现在，嵇康便依老人所教，弹起《广陵散》来。起初声调从容、平稳，逐渐划然变得轩昂起来，如勇士赴敌场，有一种杀伐之气。到了后来，却变得欢快热烈，大概是目的达到了，成功了。

曲子弹完了，嵇康仰天一叹，说："袁准曾要求跟我学，我拒绝了。唉，《广陵散》从此绝了！"

袁准就是前面提到的写过《才性论》的那位。至于《广陵散》，它并没有断绝，直到今天我们还常常听到它的旋律，却肯定不是用嵇康那种技法演奏的。那种若有神助的天国纶音般的弹响，真的绝了，永远听不到了。

忽然，刑场骚动起来，原来是三千多名太学生要求释放嵇康，请他到太学做老师。还有很多豪俊之士表示宁愿和他一起坐牢，以赎他的性命。司马昭等连忙派人疏导、驱赶，才算平服下来，一面又下令立刻行刑……

那是景元三年（**262** 年），嵇康四十岁。

于是，"嵇生琴"与夏侯玄的"夏侯色"一样，也成为从容就戮、视死如归的典故。

于是，在颜延之的《五君咏》中，关于嵇康，便有了这样两句："鸾翮有时铩，龙性谁能驯！"

是的，鸾凤的翅膀也许会被折断，但神龙般高贵的心性和高傲的灵魂却将永久昂扬，谁也无法驯服！

恻怆《山阳赋》

嵇康、吕安死后，最难以为怀的，大概要数向秀了。

他们三人相处的时间最长。前面说过，他"常与嵇康偶锻于洛邑，与吕安灌园于山阳"。从此，那叮咚的锻声永远听不到了，那清亮的水流也永远看不到了。他恍恍惚惚，失魂落魄。坐在家里，总觉若有所失；走出家门，又会忘记要到哪里去。

作为最亲密的朋友，对于他们的死，他是旁观者清。吕安完全是因为哥哥的诬陷，那就不用说了。嵇康的事就不那么简单了。他太刚烈，太峻切，太不留面子。那天钟会来访时他也在场。俗话说，宁得罪君子不得罪小人，他得罪的正是睚眦必报的凶险小人。而钟会能够得售其奸，则又因为嵇康太不与司马氏合作，不像阮籍那么圆滑。大奸雄奉行的宗旨从来是：不为我所用，便为我所除！

所以向秀也感到自危。这不仅因为他与嵇、吕关系最密，也因为他一直隐而不仕。不过，正巧这年冬天，他的家乡河内郡举荐他到朝廷汇报工作，他知道这是一个可以示好的机会，便应允了。

到了洛阳，见到执政的司马昭。司马昭故作惊讶，诡秘地笑着说："你不是说你有箕山之志吗，怎么在这里看到你了？"

是的，他说过这样的话，他也确实有过隐逸的意向。但是他知道，司马昭根本不是在认真与他谈论问题。在他的笑里，他看出有得意，有调侃，有嘲弄，有阴森的杀气。于是他便半是自嘲、半是认真地回答："巢父、许由太清高，不理解尧的深意，不值得过分效慕。"

巢父、许由是传说中著名的清高的隐士。尧想把天下让给许由，许由便逃到箕山之下，隐居起来。后来尧又召他当九州长，他觉得这话脏了他的耳朵，便跑到颍水上游去洗耳。没想到另一位隐士巢父比他还清高，当时正在颍水下游饮牛，听说事情的原委后，对许由说："你自己嫌脏，找个地方偷偷洗就是了。你当着大家洗，就是想出名，让人家知道你清高。你这思想弄脏了水，也脏了我的牛嘴！"于是便牵牛走到更上游。

司马昭听了向秀的话，哈哈大笑。于是二人达成默契，心照不宣。

说向秀半是认真，是因为他以及后来的郭象注《庄》，有时离开《庄子》的本意，向世俗方面发挥，比如认为巢、许隐居固然是无为，尧在位其实也是实行无为而治的，所谓身在魏阙而心在山林，所以显与隐、出与处并没有实质的差别，这样解释就调和了自然与名教的矛盾。有人认为他有负于嵇康，其实嵇康在世时已读过他的《庄子》注本，了解他的思想。嵇康若地下有知，也不会奇怪他现在的行为。

向秀在洛阳没待几天，就要返回河内怀县。他先是乘船北渡黄河，然后换上马车朝东北方向进发。快到怀县的时候，他决定绕一下路，到山阳去凭吊嵇康的旧居。

这条路不知走过多少遍了，这一切都太熟悉了。瞧，山阳城到了，他吩咐停下马车，自己要下车再用双脚走一走，双眼看一看。城外的原野还是那么萧条，加上正值严冬，冰雪纵横，显得越发凄凉。进了城，顺着那条小路，那条他们三人走过千百次，也争论过千百次的小路，来到嵇康的旧居。

一切都面目全非了。这里已经不再住人，显得十分破败。大门边、院落里长满了杂草。门窗都没有了，只剩下框架，像骷髅那样张嘴瞪眼。大概是听到脚步声，从黑洞洞的屋里飞出两只蝙蝠。远处的竹林虽还绿着，却已经乱七八糟，想象得出里面潜藏着狐兔。

天已经晚了，暮色苍茫。忽听有位邻居吹起笛子，声音嘹亮、宛转、凄异，时断时续，像一条看不见的带子绕着这小院飘飞。向秀再也忍不住了，出声哭起来。事后，他写了一篇《思旧赋》，述说今日的所见所感，其中写此刻的心情是：叹《黍离》之愍周兮，悲《麦秀》于殷墟。惟古昔以怀今兮，心徘徊以踌躇。栋宇存而弗毁兮，形神逝其焉如？

《黍离》《麦秀》是两首先秦古诗。《黍离》写的是西周首都镐京被攻破，平王东迁，后来有位官员来到旧都，见宗庙宫室尽为禾黍，忧伤彷徨，写了此诗，"愍周室之颠覆"。《麦秀》与此类似。周武王灭商后，殷商时的贤者箕子有一次路过故都殷墟，看到宫室毁坏，禾麦丛生，悲哀地唱道："麦秀渐渐兮，禾黍油油！……"

此时，向秀面对的情景和自己的心境，与《黍离》《麦秀》是一致的，所以他说想起（"惟"）这些古昔的事情便感怀现在，心情纠结而痛苦。旧居犹在，但是人呢？人的风神容止呢？人的无与伦比的风华和才志呢？

《思旧赋》很短，只有一百五十多字，鲁迅说它刚开了头，就匆匆结了尾。我想，既然言不能尽意，那也就无所谓什么结尾。即使再写上万言，能写尽那浩茫的心绪吗？

颜延之《五君咏》咏向秀："流连河里游，恻怆山阳赋。"前一句不知是什么意思，也许传抄有错，"山阳赋"就指《思旧赋》，它确实是恻怆的。

入晋后向秀做了官，但也只是混口饭吃而已。他与司马氏始终格格不入。他以后也没有什么可记，只是有一桩公案涉及他，但那时他已去世，也不过提到他的名字而已，所以到这里我们也可以与他告别了。

谁知我心忧

在嵇康被杀的那天晚上，当阮籍从儿辈那里听说了行刑的情景，特别是听说了嵇康弹奏《广陵散》的情景，他哭了。阮籍易哭。他哭过绝路，哭过邻居那位夭折的少女，更哭过母亲，现在——用一位现代人的诗句来说："又为斯民哭健儿。"

与嵇康惺惺相惜，已经有许多年了。他俩齐名。但他深知，从外表到内心，当今之世，还有比嵇康更出类拔萃的人物吗？在这个弥漫着血腥和恐怖的世道，他的峻切刚烈，宁折不弯，决不妥协，谁都不得不承认自愧弗如，包括自己。想到他，就令人想到飞禽中的凤，走兽中的龙。于是，阮籍心中涌上一股悲愤的激情，挥笔写道：林中有奇鸟，自言是凤凰。清朝饮醴泉，日夕栖山冈。高鸣彻九州，延颈望八荒。适逢商风起，羽翼自摧藏。一去昆仑西，何时复回翔？……

前面说过，吕安曾在嵇家门上题"凤"，对于嵇喜来说那是"凡鸟"，对于嵇康来说则是"奇鸟"，是真正的"凤凰"，只有他才无愧于这个称号。阮籍在这里歌唱的这"林中奇鸟"，照实说吧，就是在歌唱嵇康。如同那高贵的鸟儿，非甘泉不饮，非梧桐不栖，他怎能企羡山涛为他引荐的小小的窝巢？他怎能向司马氏低声下气，求得一口嗟来之食？既然连那鸟儿都一鸣惊世，一飞冲天，那么他怎能不去追求高远的境界？但是，也正如那高傲的鸟儿，一阵风刀霜剑，摧折了它的翅膀，带着受伤的肉体，受伤的心，它飞走了，再也无法飞回。同样，他也在这个罪恶的人间世消失了，永远消失了……

他把这诗反复阅读推敲了几遍，然后又顺手放在那总名《咏怀》的诗稿中。我们现在看到的这组诗共八十二首，这是第七十九首。它们虽然未必是按写作时间先后排列的，但不管如何，一切都接近尾声了，一切……

司马氏的势力越来越强大。对内，他们剪除了一个又一个异己；对外，他们打了一场又一场胜仗，真是功高难赏。越是难赏，越是要赏；而朝廷越是行赏，则又越是一再装模作样地拒赏。

常道乡公曹奂景元四年（263年）二月，朝廷下诏封司马昭为晋公，晋位相国，加"九锡"——即赐给车马、衣服、弓矢等九种物品，这是至高无上的赏赐，却也往往成为权臣篡夺的前奏。结果司马昭仍"固让"——坚决辞让掉了，自然仍是装模作样的。

根据史书记载，同样内容的封赏，这是近几年来的第四次了。第一次是在甘露三年（258年）五月，还是高贵乡公曹髦在位的时候，天子九封，司马昭九让。第二次是在景元元年（260年）四月，第三次是在景元二年（261年）八月，都因为司马昭的"固让"而作罢。

最近一次即第五次是在上次的八个月以后，即景元四年十月。这次司马氏及其党羽是要动真格的了，事先做了充分的准备。表面上，司马昭依然"固让"，司空郑冲则率领百官向他一再"固劝"，并宣读了事先准备好的《劝进表》，大意为：伏见嘉命显至，窃闻明公固让。冲等眷眷，实有愚心，以为圣王作制，百代同风，褒德赏功，有自来矣……明公宜承奉圣旨，受兹介福，允当天人……何必勤勤小让也哉！意思是说，恭见封赏的诏命隆重颁发，却听说您坚决辞让。我们满怀诚挚，敬陈愚忱，认为古昔圣王定下制度，历朝历代做法相同，褒扬有德，奖赏有功，由来已久……您应当服从圣旨，接受这个洪福，以符合天意人心……何必频频做那些无谓的谦让呢？

当然，表中还有一些具体内容，比如历来封赏的先例，比如司马氏世世代代的丰功伟绩。反正总而言之，这次司马昭总算"受命"了，结束了这场一演再演的演出。

这里我们无法为贤者讳：这篇《劝进表》，竟出自阮籍的手笔！

这是叫他万分为难的事情。几天前郑冲就派人向他打过招呼，并说好交稿的时间。怎么办呢？恐怕推辞是不行的。以他的性格，也不可能断然拒绝。于是他又想起酒的妙用。在约定交稿的那一天，他跑到朋友家喝得酩酊大醉，取稿人来了还没醒酒。但是，酒这次失灵了，来人坚决不肯走，非等着拿稿回去交差不可。没办法，他只得拿起笔，稀里糊涂写起来。以他的才华和学问，以他的写作经验，这样一篇公式化的区区小文，即使做着噩梦、喝得烂醉也写得出来。果然，文章拿给郑冲等人看后，他们居然一字也无法改动。此事传出去，人们称之为"神笔"。

其实这是阮籍平生最大的败笔！当时有人就对他窃窃私议，不以为然，后世责备者更多，有的甚至非常严厉。当然，也有不少替他曲为辩解的。他自己也觉得有难言之隐。《诗经》上说："知我者，谓我心忧；不知我者，谓我何求？"真的，他对司马氏，对仕途，对这个世界，还有什么希求呢？他在诗中也倾诉道："终身履薄冰，谁知我心焦！"谁能理解他那无可名状的忧心呢？

但无论谁的辩解都是徒然的。"白圭之玷，尚可磨也；斯言之玷，不可为也"。文字有时是很可怕的东西。金石可销，玉斑可磨，白纸黑字却无法销毁。阮籍自感异常愧悔，愧悔自己总不能了断，总是首鼠两端，贻作今日羞！

大概正是由于愧悔、自责，一个多月后，阮籍一病不起，年五十四。

最后要交代一下酒鬼刘伶。入晋以后，迫于生计，他参加过朝廷上关于治国的对策，大谈道家的无为之治，被认为不切实际，是书呆子一盆糨糊，未予录用。后来王戎为建威将军，引他为参军，使他得以善终。在这里，我们也要向他告别。这样，七贤之中，嵇康、阮籍已逝，阮咸、山涛、向秀、刘伶已经告别，只剩下了王戎，作为竹林名士的见证，也作为串起两代名士的链条之一环。

林下风气

我用"林下风气"来概括竹林名士的特点和精神。

这四字出自《世说新语·贤媛》篇。谢安的侄儿、东晋名士谢玄与张玄齐名，合称"南北二玄"，他们各有一位可以引为自豪的姐妹，互不相下。谢玄的姐姐谢道韫嫁给王羲之的儿子王凝之，张玄的妹妹嫁给一位姓顾的。有人经常出入两家，二者都见过，比较说："王夫人神情散朗，故有林下风气；顾家妇清心玉映，自是闺房之秀。"

这两句话所包含的优劣评价且不论，我们只注意有关谢道韫的那一句。"林下"指的就是竹林或竹林名士。那么，在晋宋人看来，竹林精神的一个特点便是"神情散朗"，这是一种深受老庄思想熏陶的散淡高朗的情怀，是一种超越精神。二十世纪五六十年代，在江苏省的南朝古墓中发掘出竹林七贤画像砖，上面的人物或饮酒，或弹琴，或啸歌，或沉思，也是"神情散朗"的。这可以看作后人对竹林精神的一种理解。

从实际上说，七贤，当他们与那片萧萧绿竹联结起来的时候，当他们徜徉在这竹林的时候，他们确实是"散朗"的，其他时间就很难说，而且各人的情形不同。不过人们既然总称他们为"竹林"名士，着眼于那悠然的翠竹，那就是称许他们"神情散朗"。

"林下风气"对晋代最大的影响是"任诞"。相对于锐意功名富贵，这仍是一种"散朗"。在七贤那里，这是对黑暗政治的一种无可如何的反抗，是"越名教而任自然"口号的践行，是对身

心自由的追求。至于后来东施效颦者的心态如何，那是他们自己
的事情。

　　竹林名士的玄学造诣不及正始，但也自有其成就，如向秀的
《庄子注》，嵇康、阮籍的玄学论文。与正始名士相较，他们更以
文学见长，阮籍的《咏怀》诗，嵇康的四言诗，以及他们的一些文
章，千百年来彪炳在文学史上。

第三章　中朝名士

主要人物

乐广（字彦辅，约 237—304 年）

王衍（字夷甫，256—311 年）

王澄（字平子，269—312 年）

裴颜（字逸民，267—300 年）

郭象（字子玄，约 252—312 年）

张翰（字季鹰，生卒年不详）

庾敳（字子嵩，262—311 年）

阮瞻（字千里，生卒年不详）

主要活动时间

西晋惠帝　司马衷　永熙元年（290 年）

西晋怀帝　司马炽　永嘉五年（311 年）

晋世宁，舞杯盘

让我们紧接前章。三国魏元帝曹奂景元四年（263 年）十一月，阮籍病逝。又过了两年的八月，司马昭也死了，此前他已封为晋王、相国。承袭这些职位并向前走了决定性一步的，是他的儿子司马炎。司马炎看到瓜已熟了，蒂该落了，便于这年十二月暗示曹奂将金銮宝殿无偿让给他坐，名曰"禅让"，并改元为晋泰始元年（265 年），他自己则摇身变成了晋武帝。

俗话说："新茅房（厕所），三天香；新剃头，三天光。"平心而论，刚上台的那几年，司马炎还算励精图治，但没过多久就松懈了。松懈的表现之一，就是沉溺女色。后宫本有嫔妃数千人，他犹嫌不足，泰始九年（273 年），下诏采选公卿以下的良家女儿以充六宫，在此期间禁绝婚姻，又选得美女数千，连原有的共五千多人。太康元年（280 年）平吴，又从吴宫接收了五千人。这样，司马炎就有"后宫佳丽一万人"了。《晋书》记载，司马炎"自太康以后，天下无事，不复留心万机，唯耽酒色"。这样如何能治理国家呢？这样他的决策焉得不失误呢？

司马炎的失误，亦即整个有晋一代的祸根，可以概括为六个字，曰：暗主，虐后，乱王。

按时间先说"乱王"。具体点说，就是大封同姓王，酿成八王之乱。原来司马炎轻松篡夺了曹魏的宝座，几乎没遇上什么反抗，他觉得这是因为曹氏分封不力，未曾发挥同姓王藩屏皇室的作用。于是他登基伊始，便封了二十七个同姓王，并大大提高了宗王的地位，加强了宗王的权力，可以拥有一定数量的军队，甚至可以进入权力中心。他没有想到，宗王是一把双刃剑，既可以藩卫皇室，也可以撕裂皇室；他没有想到，薄薄的亲情纽带，根本系不住狂躁的权欲。兄弟反目，分外眼红。司马炎一死，坟土未干，宗王之间就互相厮杀开了。他身后的西晋二十六年中，这厮杀就占去十六年，史称"八王之乱"。这是善打如意算盘的司马炎没算准的。

八王之乱是在司马炎死后开始的，说明他的继位者控制不住局面，压不住阵脚。这就引出他的第二个失误：暗主。

"暗主"就是晋惠帝司马衷。他是司马炎的次子，哥哥司马轨早夭，皇太子之位便名正言顺轮到了他，何况他的生母皇后杨艳，也正是备受宠爱的时候。他当时刚刚九岁，还是一个天真烂漫的孩子，看不出智力如何。

他慢慢长大了，人们也慢慢发现了他智商不高，憨乎乎的。有一年闹灾荒，老百姓没吃的，他听说后，感到很奇怪，问："他们为什么不吃肉粥？"是啊，依他那可怜的思维，既然他可以吃肉粥，为什么别人就不可以？还有一次在皇家园林华林园里，听到咯咯的蛤蟆叫，他问的就更匪夷所思了："这些蛤蟆是为公而叫，还是为私而叫？"哭笑不得的臣下只得回答："在公田为公，在私田为私。"

假如司马衷是位一般皇子也就罢了，他可是太子呀，他将来是要做"人主"的呀！人主，人主，什么都得做主！

这就引起一些忠直之臣的忧虑，前面说过的那位丧母"生孝"的和峤就是其中一位。那是在灭吴以后，司马衷已经二十多岁。有一天他趁奉陪皇上的机会，转弯抹角说："皇太子为人淳厚，但现在人心巧伪，未必管得好陛下的家事。"司马炎听得懂他的"话外音"，但没说什么。后来，和峤又与另外二人一起侍坐，司马炎说："我看太子近来有所长进，你们可以去看看，和他谈点儿政事。"从司马衷那里回来以后，那二人都夸奖他确实大非昔比，只有和峤如实说他"圣质如初耳"，司马炎的脸色立刻沉下来，抬腿走了。

卫瓘也是一位这样的忠直之臣。在本书第一章，曾作为清谈玄学的伏笔提到过他，不意现在提前遇上了。他已经做到司空等高位，多次想上书废除太子，却又不敢。这天，趁君臣在凌云台宴饮，他便以酒壮胆，假装喝醉了，跪在司马炎的御座前，说："臣有话要讲。"司马炎说："你想讲什么？"卫瓘几次欲言又止，最后抚摩着御座说："这个座位可惜！"司马炎明知他的用意，却故作糊涂，说："你真是醉大了！"卫瓘也不好再说什么了。

其实，司马炎何尝不担心司马衷不堪大任呢？只是立太子的原则向来是"以长不以贤"，依从自然的年龄，否则日后易生事端；再就是他觉得司马衷的儿子司马遹聪明伶俐，将来可以继位，于是就这样凑合下来了。

最后说"虐后"，她就是后来成为皇后的贾南风。她的父亲，就是当初怂恿成济杀死魏帝曹髦的贾充。她的母亲郭槐，是一个有名的妒妇。她继承了父母的恶劣品性，而在相貌上，史书说她又矮又丑——不过我看这却未必，史家历来喜欢根据爱憎，使用言过其实的"艺增"之法。

却说司马衷被立为太子后，没过几年，就该考虑婚娶了。司马炎本想为他娶卫瓘的女儿，皇后杨艳受到贾充、郭槐的亲戚和党羽的收买，主张娶贾家的女儿。司马炎说，听说卫家的女儿贤惠，多子，人长得漂亮，个子高，皮肤白；贾家的女儿嫉妒，少子，长得丑陋，个子矮，皮肤黑。但杨艳坚持要娶贾家的。她是司马衷的生母，说话是有分量的。贾充的党羽也来为贾南风说项，把她夸成了一朵花，说她有什么"后妃之德"，可以"辅佐君子"，司马炎也就同意了，于泰始七年（271 年）订婚，司马衷时年十三，贾南风十五，立为太子妃。

这贾妃有野心，也有心计，憨乎乎的司马衷完全任她摆弄，一切也由她担当。有一天，司马炎把太子东宫的人员全部召来宴饮，同时密封好疑难的问题，派人拿给太子，让他写出对策，以考验他的智慧。贾妃十分紧张，赶快找人代笔，这人引经据典，之乎者也，有位叫张泓的小吏瞅了一眼说："这怎么能行呢？谁都知道太子不大读书，这样引经据典，一看就是假的，不如实话实说，直接回答。"贾妃一听有理，立即叫张泓起草，由太子抄好送给司马炎。司马炎一看，有分析，有看法，有措施，清清楚楚，切实可行，也不卖弄学问，非常高兴，首先让卫瓘看，意思是说：你不是说他不行吗？你自己看吧。贾充当时在场，把此事告诉了贾妃，贾妃狠狠记了卫瓘一笔。

据说在西晋最兴盛的司马炎太康年间，洛阳街头流行着一种叫作"晋世宁"的歌舞。大概是这样表演的：演员手持细竿，顶着盘子底儿，利用腕力使盘子飞快旋转，同时做出舞蹈动作，嘴里还唱着什么"晋世宁，舞杯盘""舞杯盘，何翩翩"，等等。当时的有识者认为，这样的舞杯盘是一种至险的行为，一不小心就会摔得粉碎，所谓"晋世宁"不过是一句反话，一句隐语，隐喻着晋世不会安宁。

是的，有以上的三大失误，有如此的三大隐患，晋世能安宁吗？歌舞升平又有什么用处？

不绝的"微言"

我们在第一章为现在埋下的伏笔，除卫瓘外，还有一个聪明漂亮的孩子——乐广，现在他浮出水面了。

乐广虽然出身寒微，但他很幸运。在他小的时候，遇上大名士夏侯玄，受到鼓励和揄扬。在他二十多岁的时候，又遇到久负盛名的裴楷。裴楷我们已经见到过，前章写到阮籍、王戎母丧时，他都曾前往吊唁，读者想必是记得的。

这里要顺便做个说明。在本书开头引用的袁宏《名士传》中，中朝名士共八人，第一名便是裴楷，可见他在当时名气之大。但他保存下来的有关材料不多，所以没有列入本章的主要人物。另外，也被袁宏列为中朝名士的王承、卫玠、谢鲲，按照本书的体例划归渡江名士。总之，前两章的主要人物，都是依据了《名士传》，本章以后的主要人物，则是根据实际情况另行拟定的。

认识乐广的时候，裴楷正任河内太守，乐广就侨居在郡内的山阳县，当时他的知名度还不太高。听说他善于清谈，裴楷便把他请到府里，二人谈了个通宵达旦，裴楷由衷说道："我真的不如你！"先是把他安排在郡中任职，后来又推荐给贾充，做了他的太尉掾，不久转为太子舍人，就这样步入仕途。

他的第三个幸运，就是遇上元老重臣卫瓘。卫瓘不仅是政治上的元老，也是学术上的耆宿。前面说过，在他年轻的时候，曾经与何晏、邓飏清谈过。那清虚微妙的正始之音，那潇洒出尘的名士风度，都给他留下难以磨灭的印象。听说乐广小时候曾受到夏侯玄的称赏，不禁生出一种亲切的怀旧之感，一种同气相求之情。据《世说新语·赏誉》篇记载，有一天他听到乐广与名士清谈，果然不同凡响，赞扬道：自昔诸人没已来，常恐微言将绝，今乃复闻斯言于君矣！翻成现在的话来说，就是：自从昔日何晏、夏侯玄等人离世以来，我常常担心玄言将要断绝了，今天却又在你这里听到那种话语！

正始以后，人们看到过竹林名士纵酒任诞，读到过他们的玄学论著，却没听到他们清谈。入晋以后，谈席也经受了长久的沉寂。如今，在乐广这里，他似乎又听到那久违的正始之音，那断绝已久的玄风看来又要接续起来了。这件事大约发生在太康之末。

卫瓘非常赏爱乐广，让自己的子侄去拜访他，与他交朋友，说是："乐广好像是人中的水镜，那么晶莹澄澈，看到他，犹如拨开云雾而看到青天！"

不意与乐广交上朋友甚至更深关系的，不是他的子侄，而是他的小孙子卫玠。这卫玠仿佛是注定为接续魏晋名士的香火而生的，是注定为延续正始之音的余响而生的。他是魏晋系列性的名士美男之一。晋武帝太熙元年（**290 年**），他还只有五岁，就已露出楚楚风神，有时乘着羊车出现在洛阳街头，市民们简直倾城而观，说他是天上下凡的"玉人儿"。卫瓘曾感慨说："这孩子异于常人，可惜我老了，看不到他长大成人。"

这一年卫瓘七十一岁，在当时可真算是很老的了。

不用说，乐广也很喜欢这可爱的孩子，在他身上，他似乎看到了自己远去的童年。他比他年长了四十多岁，完全是忘年之交。当年夏侯玄赏爱自己的时候，相差也有三十多岁。人生就如此一代代传续下来了。卫玠也很尊重这位长者，不知为什么，他总觉得他真的像爷爷说的那么一面光亮的镜子，在里面能够照见自己的影子。但这是一个怎样的影子呢？他也说不上来。

一晃好几年过去了，他长成一个总角少年，也开始学着清谈，但总觉谈不好，很多问题明而未融，常常向乐广请教。有一次，他问乐广什么是梦，为什么会做梦。乐广讲话有个公认的特点，就是简约，异乎寻常地简约，简直是惜话如金。他只回答了一个字："想。"

这个卫玠好理解，俗话说"日有所思，夜有所梦"嘛。比如他白天经常想念被杀的爷爷（见后），夜里就经常梦到他老人家。但有的时候，白天并没有想某个东西或某件事情，夜里也会梦到，这又是为什么呢？

"因。"乐广又只回答了一个字。不过他也略作了解释，比如人不会梦到乘车进入老鼠洞，也不会梦到吞吃铁杵，就是因为对此既没有"想"，也没有"因"。

这下子卫玠可弄糊涂了，天天想呀想的，总也想不通这个"因"，以至于想出病来。乐广听说后，立即驾上车，赶到卫家，向他做了解释。大意是说，"因"就是触因、因由。比如白天虽然没想到某个东西或某件事情，但在梦里看到或听到与它们相关者，触发了联想，便会做这种"因"梦。卫玠听了，若有所思，也若有所悟，身体慢慢好起来了。乐广笑道："这孩子，心里结不下疙瘩，不会得什么大病。"

因为卫玠这样认真，这样好学深思，所以他的清谈玄学进步很快，加上口才又好，又有风度，渐渐成为一流的谈家。当时有位我们以后还会看到的名士王澄，字平子，颇善清谈，为人十分傲慢，目无余子，但每与卫玠清谈，都佩服得五体投地，以至于士林流传着一句话，说什么"卫玠谈道，平子绝倒"。

又过了几年，卫玠年龄大些以后，便做了乐广的乘龙快婿。这一老一小的标致名士，真是天造地设的翁婿，人们称赞他俩："妇公冰清，女婿玉润。"

再过了几年，卫玠把那玄妙的"微言"带到江南，使正始之音娓娓不绝如江水，这是后话。

难起萧墙

司马炎死于太熙元年（290 年）四月。司马衷即位，史称晋惠帝，改元永熙，立贾妃为皇后，尊杨皇后为皇太后——此杨皇后名叫杨芷，是彼杨皇后杨艳病逝前推荐给司马炎的，是她的堂妹。五月，以她的父亲杨骏为太傅辅政，成为八王之乱的导火线。原来，司马炎生前虽耽于酒色，宠爱后党，但头脑还算清醒，临死前下诏令汝南王司马亮入朝与杨骏共同辅政，杨骏却秘而不宣，由杨芷趁司马炎昏迷时改由杨骏单独辅政，所以史书上说"中朝之乱，实始于斯矣"。

这年八月，立司马遹为皇太子，以王戎为太子太傅，张华为太子少傅。这司马遹是谢淑媛所生，不用说也是嫉妒的贾南风必欲除之而后快的眼中钉。

张华好像是个新面孔，其实他已经五十九岁，比王戎还大两岁。他出身寒微，小时候放过羊，不大为人所知。后来写过一篇《鹪鹩赋》，寄托自己安贫乐道的情怀，受到阮籍的赞赏，说他是"王佐之才"，在士林出了名，走上仕途，逐渐成为朝廷高官。他也喜欢清谈，好修饰，常用丝绳缠着胡须，有一种名士派头。在历史上他以文学著称，他的诗被后人评为"儿女情多，风云气少"，其实我们后面可以看出，他为人还是很有风骨的。

第二年（291 年）三月，贾后急不可待地向把持朝政的太后一党发难了，利用的就是宗王的力量。起初她本想引汝南王司马亮入京，但司马亮胆子小，就用了楚王司马玮。司马玮二十一岁，年少气盛，血气方刚，率兵杀死了太傅杨骏，灭其三族。太后杨芷被废为庶人，软禁在金墉城，本有十几个人服侍，都被贾后撤除了，来年她被活活饿死，时年三十四岁。贾后还怕她到阴间向司马炎诉冤告状，将她脸朝下埋葬，并压上什么符书药物之类，说是要让她在地下也永世不得翻身。这真是一个狠毒而虚怯的女人！

杨骏死后，朝廷以司马亮为太宰，与太保卫瓘共同辅政。楚王司马玮为卫将军。司马亮和卫瓘觉得司马玮桀骜难驯，不好控制，想以宗王一律回封地为借口，让他离开朝廷。

司马玮觉察到他们的用心，非常憎恨。他知道贾后对这二人也颇为不满，就一起谋划，诬陷他们要实行废立——即废除司马衷，另立他人，唆使司马衷写下一纸诏书，下令废除二人。

于是在这年六月的一个酷热的夏夜，司马玮率兵包围了司马亮的府邸，将他杀死。当夜，卫瓘也遭到同样的命运，与他的儿孙共九人一起被杀。只有卫玠与哥哥卫璪因为正在医家治病，幸免于难，保留下一颗清谈的种子。

第二天清早，司马玮一夜之间连杀两位执政公卿及其全家的消息，风一般传遍了洛阳城，连皇帝司马衷和皇后贾南风都惊呆了。诏书上明明说的是"废二公"，并没说要杀他们呀！更主要的是，放纵司马玮这样可怕的人等于放虎出笼，不定什么时候连自己也会被他吃掉。于是贾后采纳了张华的计策，派人到司马玮军部，宣布司马玮假传圣旨，杀害二公并非朝廷之意。果然司马玮众叛亲离，束手就擒。狡兔死，他也走狗烹了。

唐代"史臣"在《晋书》八王的传记后面评论说："自惠皇失

政，难起萧墙，骨肉相残，黎元涂炭。"确实如此，管不住老婆的憨痴皇帝责无旁贷，而一家子打起来并不比外人手下留情。不过这还只是乱的开始。司马亮、司马玮是八王中最早的权欲的牺牲品，下面还有六个，将要你方唱罢我登场，轮流演出——从杀人演到被杀。

到此为止，真正的赢家是贾后。她借刀杀人，假手司马玮除掉所有的政敌，最后又除掉司马玮本人。现在，她需要物色一个顺手的代理人辅政，她看好了张华。她觉得张华出身庶族，根底不深，容易控制，同时为人儒雅，富有谋略。对上，他构不成威胁；对下，他众望所归，是最合适的人选。她还是有点犹豫，与自己的姨表兄弟裴颁商量。裴颁对张华也非常推崇，满口赞成。

于是，贾后最后决定由张华、裴颁以及族兄贾模辅政。裴颁也是清谈名士，为人正派，虽然是以裙带关系而登上高位的，但人们从不以此讥刺他，相反，倒唯恐他自己以此而辞去高位。当然，三人之中，毕竟还是以张华为主，因为他最有经验。《晋书·张华传》说，那时"虽当暗主虐后之朝，而海内晏然，华之功也"。是的，在当时的情况下，在八王之乱（291—306 年）的时间范围内，为西晋赢得将近十年（291—300 年）的太平，真非易事。张华等人的功劳，确实不可泯没。

麈尾名士

在这"闹中取静"的十年，清谈玄学趁势活跃起来。

此时的清谈名士，就是所谓"中朝名士"。中朝名士的代表人物，古人认为是乐广、王衍——这二人清谈时都喜欢手持麈尾。《晋书·乐广传》说：广与王衍俱宅心事外，名重于时。故天下言风流者，谓王、乐为称首焉。"宅心事外"就是居心玄虚高远，超然于日常的政务之外，这是两晋士风的一个新特点。正始名士卷入争权夺利的生死斗争，无法"宅心事外"；竹林名士倾向于隐逸，无所谓"宅心事外"。

王衍、乐广就被认为是这样的清谈领袖，风流班头。他们都曾身居高位。王、乐之间，王衍在当时名气更大。他比乐广小了十几岁，晚死了大约七年，这正是西晋风雨飘摇的七年，历史把他推上事关国家兴亡的军政要职，个人的命运与国运、世运扭结在一起，不能再"宅心事外"了。最后，他在永嘉之乱中被胡人杀害，成为西晋的一个标志性事件，本章也正是以此年（311年）作为下限。

王衍是个很有故事的人物，现在仍在使用的一些成语或特定词组，如"宁馨儿""阿堵物""麈尾名士""信口雌黄""情之所钟""清谈误国"等等，都典出于他。把这些词语串联起来，可以大致勾勒出他的一生。

王衍小时候聪明可爱。据说他十岁左右，曾因事拜访山涛。山涛当时已有六十岁，见这孩子"神情明秀，风姿详雅"，口齿又伶俐，不禁暗自赞叹，望着他离去的背影目送了良久，感慨说："何物老妪，生宁馨儿！""宁馨儿"是当时口语，即"这样的孩子"。山涛说的意思是："谁家老太婆，生下这样的孩子！"那语气是赞叹的，但后面却又跟上两句："然误天下苍生者，未必非此人也！"这话就令人不可思议了。人家一个十来岁的孩子，凭什么给安上这么大的罪名，竟然会误天下苍生？难道就因为他聪明伶俐些吗？他将来会不会误，你现在怎么知道？这分明是后来文人硬摊派给山涛的想当然的马后炮，而且是怀有深深偏见的马后炮——暗示他后来是清谈误国的罪魁。

王衍不是完人，但他有个优点：不爱钱。他父亲去世时，朋友和门生故吏送了不少钱，都被亲友借去，他也不要，最后穷得搬到乡下居住。他的妻子郭氏与他正好相反，见钱眼开，贪得无厌，他就故意口不言"钱"。有一天晚上，郭氏趁他睡熟，吩咐丫鬟在他床边绑了一圈钱，拦住他的出路，看他这下子怎么说！第二天早晨，王衍一睁眼看到这情景，对丫鬟喊道："快拿掉阿堵物！""阿堵物"也是当时口语，即"这些东西"——他到底没有说出"钱"字。到了后世，"阿堵物"成为钱的代称。记得有个联语说"身无阿堵物，家有宁馨儿"，用的都是他的典故，倒是挺工巧而天成的对子。

王衍后来成为清谈领袖。他清谈时，喜欢手持一把麈尾扇。据说麈是鹿一类的动物，尾巴能够清除尘埃。顾名思义，麈尾扇应是用麈尾上的毛做成的，也径称为"麈尾"。它的上端是圆的，底下是平的，犹如蒲扇。不过王衍的麈尾是特制的，它的柄用白玉做成。王衍本人皮肤白皙，手与柄看上去便浑然一色，难以分辨。王衍也是美男子，风度非凡，他的堂兄王戎说他神姿高彻，是风尘之外的人物；他的族弟王敦则说他在众人中，犹如珠玉在瓦石间。想想看，如此出众的名士，配上如此漂亮的麈尾扇，真是俨然神仙中人。于是，也便有了"麈尾名士"一语。

乐广也是麈尾名士。前面说过，他清谈的最大特点是语言简约有味。对此，王衍也颇有感触，说是"每当与乐广清谈，总觉得我说话太啰唆"。有一次，有人问乐广《庄子·天下》篇"旨不至"一语的含义，乐广也不分析解释，只是用麈尾敲在小几上，问："达到（至）了吗？"那人说："达到了。"他又拿掉麈尾，问："既然达到了，怎么又离开了？"于是那人领悟了，原来世上的一切，包括万物和某个理论的主旨，都是时"即"时"离"，不断变化着的，没有什么绝对的东西。

其实那人提的问题很复杂，有各种理解，这里不想纠缠，而只是意在说明，第一，乐广说话确实简约，简约到有点像后来禅宗的"不立文字"。第二，麈尾用于清谈，大约就是从中朝名士开始的，很可能就是王衍、乐广带的头，他们之前没见有人用过。

一直到整个南朝，麈尾都很流行，唐代以后才逐渐绝迹，因而关于它后世有些离奇甚至神秘的揣测。其实我看用不着复杂化。东晋名士王导有一首《麈尾铭》："道无常贵，所适惟理。勿谓质卑，御于君子。拂秽清暑，虚心以俟。"看来，麈尾起初不过是用来"拂秽清暑"，除除尘、扇扇凉而已。因为它如此"质卑"，所以起初根本上不了台面，没有文字记载。后来"御于君子"，名士们用作谈助了，发挥玄学"惟理"了，才显得高贵起来。

王衍手执麈尾，侃侃清谈，口若悬河，滔滔不绝，偶觉不当，便随口改正，时人称为"口中雌黄"。雌黄是一种柠檬黄色的涂料，古人用来修改文稿，有点像现在的修正液。于是从那时开始，我们的语言里便增添了"信口雌黄"这个成语。

"情之所钟，正在我辈"，是他在小儿子死时讲的，第一章已经说过，不再重复。

至于"清谈误国"，那是后人针对整个西晋清谈而发，虽然不完全归罪于他，却认为是以他为代表的，所谓"王夷甫诸人不得不任其责"，这也是后话。

"贵无"与"崇有"

早在晋武帝司马炎之世，王衍已经享有大名。司马炎有一次问王戎："当世谁可与王衍相比？"王戎说："当世没人能和他相比，应从古人中寻找。"

王戎没说出哪个古人可以与王衍相比，我想，何晏倒是比较合适的。何晏当时作古已近三十年，不知是否算得上王戎所说的"古人"？他俩都是标致、白皙的"粉郎"；他俩都是各自时代的名士班头；他俩都极善辞令，在清谈时都更以辞胜；他俩都曾身居要职；他俩最后都死于非命。最重要的是，他俩的哲学理念是相同的，都标榜"以无为本"。

《晋书》王衍的本传上记载：魏正始中，何晏、王弼等祖述《老》《庄》，立论以为："天地万物皆以无为本。无也者，开物成务，无往不存者也……"衍甚重之，唯裴頠以为非，著论以讥之。

第一章讲过，现在一般认为"以无为本"是正始玄学的本体论，是当时最重要的理论命题。"无"是世界存在的终极原因和依据，它"开物成务"。"开物"说的是自然界，它生成万物；"成务"说的是社会政治，它无为而治。这就是所谓"贵无论"。据说这个理论是何晏最先提出的，而由王弼最终完成。如果不是在王衍的传记中记下这个命题，它也许会在思想史上泯没。

从王衍方面说，在众多的中朝名士中，只在他的传记中保存何晏等的"贵无"论，说明在《晋书》作者看来，他是这种理论的嫡传弟子，他与何晏有着直接的精神联系。中朝名士大多信从这种理论，特别是王衍；但也有少数反对者，特别是裴頠。

裴頠学识渊博，被称为"言谈之林薮"——清谈的百科全书。他比王衍年少一些，彼此是要好的朋友，二人清谈功夫不相上下。有一次，有人慕名来向王衍请教玄学问题，他说昨夜清谈太久，感到疲乏，裴頠住得不远，可以去向他请教。可见他对裴頠的信重。

但是，与王衍和当时其他玄学家相比，他的儒学思想较重一些。晋惠帝司马衷即位后，他曾出任国子祭酒，那是以儒家思想培养人才的国子学校长。随后，又曾上书建议在太学树立石碑，刻写儒经。中国古代的士大夫往往儒道兼修，用两家理论互相补偏救弊。裴頠著论反对"贵无"之论，用意大致也是如此。题目针锋相对，就叫《崇有论》。

《崇有论》保存在《晋书》裴頠的传记里，共有一千三百多字，这在古文中不算很短了，文字又比较晦涩难懂，这里只能做大致的介绍。"贵无论"不是说"以无为本""有生于无"吗？但既然是虚无，什么也没有，怎么能够生物呢？裴頠认为万物最初的生成，应当是其"自生"；既能"自生"，那就必定是"有"，所以他要"崇有"。

裴頠批评那些"贵无"的人们，由于对世界抱着一种虚无主义的态度，在生活中往往放浪形骸之外，蔑弃社会秩序，最终导致"忘礼"。他警告："礼制弗存，则无以为政矣！"表现出一位执政大臣对社会政治秩序的关注。由此，他批评了当时士人的两种不良风气：处官不亲所司，谓之雅远；奉身散其廉操，谓之旷达。第一种是政务方面。做官而不做事，还美其名为高雅闲远，嘲笑那些勤政的人是"俗吏"。第二种是生活作风方面。不重视廉耻操守，纵情违礼，任诞放荡，却自以为这是襟怀"旷达"。

这两种风气，在两晋官场上，在士林中，确实是存在的，裴頠的指责并不是无的放矢。这些弊端的出现，从理论上说，我以为是对"贵无论"中所包含的"自然""无为"的老庄道家思想的误解和偏离。在为政方面，错把"无为"当作真的毫不作为，即"不亲所司"。但也有把这个"度"把握得较好的，《晋书》中有不少"清静无为，而政务亦理""莅政清肃，终日无事"之类的成功事例。这是一门为政的艺术。在个人生活上，则错把"自然"、自由当作凭情肆意，玩世不恭，毫无约束。当然，这里也有阮籍的影响，特别是动乱、险恶的政局的刺激。

你大概不难看出，"贵无""崇有"之争，骨子里其实还是自然与名教（礼）的冲突，尽管这是玄学家内部不同倾向的争论。

裴颜的《崇有论》一出，由于切中当时的敏感问题，引起了较大反响，被称为"名论"。有些名士反驳他，都不能使他折服。只有王衍和他辩论，他才稍微落点下风。于是人们便以王理来对付他，不过还是互有利钝。"贵无"与"崇有"，就这样僵持着。

我把裴颜称为名士中的务实派。在下章的渡江名士中，这种务实派官员也所在多有，其特点是较为重视儒家的礼法。他们与一般名士有矛盾，但不是生死矛盾，也没有争权夺利的目的，与魏末那些憎疾阮籍的"礼法之士"是决然不同的。

金谷送别

以上各节，写政治斗争则带有血污，写玄学理论则不免枯燥，那就来点轻松和美好的吧，虽然轻松背后有沉重，美好背后有丑恶。

让我们从美男子潘岳切入吧。我们已经认识了好几个美男子，但在历史上都不及他有名。人们常说"子建之才，安仁之貌"，把曹植（字子建）看成有才华的典型，把潘岳（字安仁）看成美貌的典型。是的，潘岳长得是那么漂亮，以至于他年青时乘车出现在洛阳道上，一群多情的女子便牵着手把他拦住，硬是往他车上扔水果，使他满载而归。啊，我们的女性原来也曾经是那么开朗！

不必讳言，潘岳心中有丑恶，为了得到那点浮云般的富贵，有时甚至不择手段。但我也相信他心中有很多美好。他是诗人，而且被评为汉魏六朝的"上品"诗人。文学创作是一种审美活动，至少在写作的那个时刻，心灵必须是纯净的。他还特别善写追悼和怀念故人的诗文。一个完全冷漠的人，一个丧失了美感和人性的人，不可能写出那种动人的作品。

据说他从小聪明过人，被称为奇童。长大后先是被征召到司空太尉府任职，为众所疾，栖迟十年，二十八岁出为河阳县（在今河南孟州西）令。他真不愧是富于美感的诗人，上任以后，他就下令全县种植桃李，于是那里的老农不仅收获了可以卖钱的水果，也收获了芬芳和美丽。后来诗人庾信在赋中说"河阳一县并是花，金谷从来满园树"，"若非金谷满园树，即是河阳一县花"。"金谷"下面再说，"河阳一县花"就指他的事情。他因此被称为"栽花潘令""栽花潘岳"，这花也被称为"潘令花""潘花"。看，他本人就成为一首诗，一道风景。

后来，潘岳在仕途上不停"进取"，当上黄门侍郎。元康六年（296 年），在他五十岁的时候，因为母亲生病而暂时去职，过了一段闲居的日子，写下一篇"高情千古《闲居赋》"。

《闲居赋》写他久违的天伦之乐。在一个天朗气清的日子，一家人乘上轻车，簇拥着高堂老母，来到郊外的田庄，设下筵席，为老人家祝寿。白发的兄弟，黄口的小儿，一齐在老人膝下"顿足起舞，抗音高歌"，当此之际，真觉得"人生安乐，孰知其他"，没有比天伦之乐更乐的了！不过老母亲还是不放心他这老儿子，还不忘叮咛他："你该知足了，还往前奔竞什么呢？"唉，知子莫若娘，她太了解儿子了。只是她的话从潘岳耳边轻轻吹过去了，像一阵温柔的熏风。

这年，他还参加了金谷送别。金谷，就是那"满园树"的金谷，他的好友石崇的金谷，诗情画意的金谷！

石崇比他小两岁。他也不是完人。他除了像潘岳一样干进外，生活上还极端豪奢。他极其富有。兄弟六人，他最小。父亲官至大司马，临死时分财产，一点儿也不给他，说他自会弄到，用不着吃分家饭。晋惠帝即位后，他曾出任荆州刺史，据说在那里带领士兵打劫南来北往的客商，这无疑是发财致富的最速效的办法，轻而易举就可以一夜暴富。但从史料记载可以推知，在这之前他已经富可敌国了，所以他的巨额财富还是来路不明。

大概由于玄学时代老庄思想的熏陶吧，他非常喜爱自然山水，喜爱那天籁之美。他用那笔来路不明的钱，在潘岳的河阳境内金谷涧那个地方，建了一个很大的私家园林，名字就叫金谷园。这里真是"满园树"，用他自己的文章说，"柏木几于万株，流水周于舍下"。园里不用说有很多亭台楼阁，其中最高的叫"绿珠楼"。绿珠是一位极其美丽的南方姑娘，善于吹笛，是石崇为交趾（在今越南北部红河流域一带）采访使时用很多珍珠换来的，他非常宠爱，为她修建高楼，好让她遥望南天，以慰乡思。"生长明妃尚有村。"像王昭君、西施等大美女一样，据说绿珠的家乡也至今犹在，就在广西博白县，过去这里有个绿珠镇。不知现在是否已成为旅游景点，供人凭吊与遐想。

金谷园也是文人雅士经常聚会谈玄吟诗的所在。后来成为著名爱国志士的刘琨，在《晋书》其本传中就明确记载，这里"引致宾客，日以赋诗"，参与的主要有二十四人，即权臣贾谧的"二十四友"，几乎囊括了当时所有的一流文人，自然也有刘琨本人。

这里要特别说一下石崇的外甥欧阳建，他比石崇整整小二十岁，也是一位很有才气的青年，曾经写过一篇《言尽意论》。第一章说过，言意关系是魏晋清谈的话题之一，有人认为言不能尽意，有人认为可以通过"立象"来尽意，欧阳建干脆宣称言可以直接尽意。他的观点，后来被王导所发挥。

却说就在这年春天，石崇要出任征虏将军，还有一位名士要西还长安，共有三十多人聚会在这里为他们送别。大家昼夜游玩、宴饮，有时登高临下，有时列坐水边。主人还派出一辆专门的乐车，上面演奏着琴瑟笙筑等乐器，随着车轮的旋转，把音乐送到园中每个角落，成为一个流动的乐队，一条滚动着旋律的河。有时，美丽的绿珠也会吹笛助兴。这时有人提出赋诗抒怀，写不出的罚酒三斗。后来把所得的几十首诗编为一集，由石崇写了《金谷诗序》。

其中，潘岳写的《金谷集作诗》保存至今，诗中描写了"绿池泛淡淡，青柳何依依"的美景，描写了"箫管清且悲"的音乐，最后说：春荣谁不慕？岁寒良独希。投分寄石友，白首同所归。前两句是比兴，用人们对花开花落的不同态度，比喻人情冷暖，世态炎凉，只会锦上添花，不肯雪中送炭。他说，他与石崇的友谊不同于这种薄俗，他们将白头到老，终生不渝。

末二句竟成为他俩的恶谶。

春日洛滨

接下去还是轻松的故事，而且也是春天的故事，虽然那是一个雨丝风片、花落水流的暮春。

又到了一年一度的上巳节。中国古代采用天干地支记时法，"巳"是地支中的第六位。从汉代开始，将每年季春三月上旬的巳日称为"上巳"，定为节日。在这一天，朝廷官员和平民百姓都来到流水边，洗濯、祭祀，据说可以清除身心的积垢，祓除灾病和邪气。其实我想，这无非是找个借口亲近大自然罢了。你看，已经整整憋屈了一个冬天，春寒料峭的日子也过去了，夏日快到了，时而吹过一阵阵南风。"南风之薰兮，可以解吾民之愠兮。"面对着清美的大自然和簇新的节气，人们怎能不走出去，扑向大自然的怀抱，尽享大自然的惠泽，祈求吉祥和健康呢？

巳日是不定的，曹魏后把这个节日固定在三月三日。"三月三日天气新，长安水边多丽人"，直到唐代，杜甫这和美的诗句，说的就是这天的事情。不过在习惯上，人们还是喜欢说"上巳"。

《晋书·礼志下》记载，上巳这一天，"晋中朝公卿以下至于庶人，皆禊洛水之侧"。是的，就是在这一天，这个美丽的节日，当时顶高的朝廷大臣兼顶尖的清谈名士王衍、王戎、裴頠、张华等，与成千上万平民百姓一道，也来到洛阳附近的洛水边上。张华的《上巳篇》描绘当时的情景：飞轩游九野，置酒会众宾。临川悬广幕，夹水布长茵……伶人理新乐，膳夫烹时珍……

看吧，在广袤的原野上，多少车马飞快向洛水驶来！人们摆开

酒席，宴请满座高朋。河流的两岸，搭起了一座座帐篷，连成一道
天幕；地上铺了一块块毯子，排成长长的甬道。谁家的伶人奏起了
丝竹，使河面荡漾着美妙的旋律？又是谁家的厨师烹炒着时鲜美
味，令人馋涎欲滴？啊，好一个令人向往的春天的日子！

对于张华、王衍他们来说，在尘务倥偬之隙，有一个相聚清谈
的机会，尤其是在这样的清风丽日中清谈，简直是一种享受，一种
嬉戏。据《世说新语·言语》记载，这天傍晚回去以后，乐广——
他现在已经是中书令了，人称"乐令"，问王衍说："你们今天玩
谈得快乐吗？"

王衍回答："当然快乐。裴仆射善谈名理，滔滔不绝……"

且让我们先把他的话打住，顺便考察一下这次清谈的时间。他
称裴颁是"仆射"。根据史书记载，裴颁担任尚书仆射是在元康九
年（**299 年**）八月，第二年三月朝廷出了大事，他与张华被杀，因
此这次清谈只能发生在此前，我们姑且定在元康九年三月的上巳节
吧。但这样一来，《世说新语》的记载便有错误，裴颁当时还不是
尚书仆射。据《晋书·王戎传》对此事的记载，便未称他为"仆
射"。不过用后人追述的口吻，称他为"仆射"也不算错。至于他
谈的所谓"名理"，说起来比较复杂，简单说就是玄理。但具体是
怎样的玄理，王衍没有讲，我们不得而知。

裴颁虽然也是玄学名士，但如前所说，他是比较务实的，并且
非常正直。他利用亲戚关系，经常说服自己的姨母，也就是贾后的
母亲郭槐，让她劝说贾后善待太子司马遹。后来他见贾后依然我行

我素，曾与张华、贾模商量废除她，另立司马遹的生母谢淑媛为后，因为二人胆小怕事未能实行。

……王衍还告诉乐广，在这次清谈中，张华论说《史记》《汉书》，娓娓不倦。

张华博闻强记，学问极其渊博，尤其对于汉代的掌故，简直了如指掌。司马炎曾经问他汉宫的制度，以及建章宫的千门万户，他对答如流，并画地成图，一目了然。可以想见，他论《史》《汉》一定会很精彩。

至于王衍自己，他说他与王戎谈论的是春秋时吴国公子季札和汉初张良的事情，也自信侃侃动听。所谈的具体内容，都与前面一样语焉不详。我们由此可以知道的是，清谈的内容很广泛，不一定直接谈论《老子》《庄子》《周易》这"三玄"，但思想方法上恐怕总与玄学有关，具有思辨性。

至此，在张华、裴頠的惨淡经营下，在他们的全力维系下，晋惠帝时期难得的一段好日子，眼看就要到头了，这样启人心智的娓娓清谈已不可多得。"虐后"将继续肆虐，"乱王"将继续作乱，我们的文字也将继续沉重而污秽。

南风烈烈吹黄沙

"虐后"最后的肆虐，是朝向皇太子司马遹的。

自从除掉杨太后及其父亲杨骏一伙，后来又除掉执政大臣司马亮、卫瓘，贾后就把司马遹看作最大的潜在对手，看作眼中钉、肉中刺，必欲除之而后快。原因很简单，他是"储君"，他还年轻，在正常情况下，将来的天下就是他的，而他又不是她的亲生子，当然要偏向他的生母谢淑媛，这是她难以想象和不能容忍的。所以，尽管她的表兄弟裴頠、族兄贾模都一再劝她善待太子，甚至她的母亲郭槐，为了使她日后有个依靠，临死时还紧紧拉着她的手，谆谆告诫她一定要对太子好，说得非常"切至"，但这一切都无法改变她的铁石心肠。

正好这司马遹也是个不成器的家伙，或者准确点说，是个典型的"小时了了，大未必佳"。他小时候非常聪明乖巧，极得祖父司马炎的宠爱，对大臣说"此儿当兴我家"，甚至说他长得有点像自己的祖父司马懿。他所以敢让憨痴儿子司马衷接班，就是仗着后头有这么一个聪明的孙子；或者反过来说，他正是为了让这聪明的孙子接上班，才让憨痴儿子过个渡。

但是，也许"典午"一朝合该败落，也许因为"三马食一槽"的过程太不厚道，这孩子长大后却非常顽劣，只知与左右嬉戏。这正中了贾后的下怀，更暗暗让人鼓励他趁年青及时行乐，于是他就变本加厉放纵自己，在后园游戏，甚至在宫中开店，叫宫人杀猪宰羊，买卖蔬菜、鸡、面食等，自己坐享其利。唉，他的祖父真的"播下去的是龙种，收获的却是跳蚤"！

就在张华、裴頠等人做春日洛滨之游的那年冬天，即元康九年（299年）十二月，贾后认为时机成熟了，该下手了。于是这一天，她谎称皇上身体不适，宣召太子入宫。来了以后，却又不见他，把他引到另一房间，派一名丫鬟赐给他酒、枣，诱逼他吃枣喝酒。醉了以后，便拿出事先据说是请黄门侍郎潘岳起草的一篇文字，用了太子的口气，神神道道地说什么：陛下宜自了；不自了，吾当入了之。中宫（贾后）又宜速自了；不了，吾当手了之……

显然，这是一篇假造的反叛之词，倘若真出于潘岳之手，则是他平生最卑鄙、最无耻的文字。就在前年，他写了讴歌爱国义士的《马汧督诔》，历来传诵；去年他的妻子去世，他写了《悼亡诗》三首，感情真挚，成为千古"悼亡"之祖，影响极其深远。当我们把那篇诬谤文字与这些感人作品放在一起的时候，当我们把它与"高情千古《闲居赋》"放在一起的时候，当我们把它与他的才貌放在一起的时候，天啊，我们为他感到脸红与羞耻。不过，好在一般认为这是讹传。

却说太子司马遹在宫人胁迫下，在醉眼昏花中，稀里糊涂把那篇文字照抄了一遍。其中有一半写得不成字，贾后叫人修补好，然后呈交皇上司马衷，作为太子谋反的证据。司马衷立即在式乾殿召集群臣商讨此事。他拿出太子的手书，让群臣一一传看，没有一个敢表态的，只有张华说："此事关系重大，望陛下仔细斟酌。"裴颜则提出两点意见，一是查清这手书是怎么传出来的，二是比照太子的笔迹。贾后巴不得他这句话，立即吩咐拿出太子平时手书的启事十多张，众人比照以后，也没人敢提出异议。当然，这也确是太子的手迹。

会议久拖不决。后来，贾后知道不会有什么结果，便提出将太子废为庶人，皇上准奏。

在这整个过程中，作为司徒的王戎始终保持沉默，竟没有一句谏诤和匡正！

在这整个过程中，更有甚者是尚书令王衍。本来他的小女儿惠风嫁给了太子，现在太子成为庶人，他便上表离婚。倒是惠风有情有义，她是哭着离开宫殿的。

现在我们要补述一个人，那就是八王之乱的第三个出场者——赵王司马伦。司马伦本为征西将军，镇关中，由于举措失误，导致氐、羌反叛，只得调回京师任太子太傅，太子被废后为右军将军。他极力巴结贾后，并公然伸手要录尚书事之职，后来又要尚书令，执政大臣张华、裴颜一样也不给，使他怀恨在心。

司马伦手下有个名叫孙秀的小吏，为人阴险狡诈，善于捉摸人的心理，深得他的宠爱，为他出主意设法让贾后杀掉废太子，然后再以此为名讨伐贾后，控制朝廷。司马伦同意。于是他便散布流言，说有人要为太子平反，废掉贾后。贾后果然中计，信以为真。为了使人断掉此念，便于次年即永康元年（**300** 年）三月，"矫诏"害死了司马遹。

据说在这之前，民间流行着一首童谣，其中说什么"南风烈烈吹黄沙……前至三月灭汝家"。此时人们忽然省悟，贾后小名南风，太子小名沙门，谶语原来就应验在他俩身上！

于是，司马伦、孙秀便着手下一步的行动。四月三日深夜，司马伦又"矫诏"入宫，陈兵路南以为策应，派遣翊军校尉、齐王司马冏——注意，这是八王之乱的第四位，带领一百多人破门而入，挟持皇帝，将贾后废为庶人。

为了权力，也为了私仇，司马伦又连夜杀死了执政的张华、裴颜。张华慷慨陈词："我是先帝老臣，已经六十九岁，并不怕死。我的一片丹心，只是担忧国家前途呀！"他死之后，家无余财，只有满屋的图书。据说他有一次搬家，书籍居然装了三十余车。书，是他唯一的巨额财富。

而裴颜，这位有独立见解的思想家，这位正直不阿的名士，被杀时还不到四十岁。

没过几天，贾后也被赐死——用的也是她自己的惯用手法：矫诏。这样，她肆虐的一生便结束了，但她挑逗起来的祸乱还在继续。

白首同所归

现在执政的，变成了赵王司马伦。司马伦成为大都督、督中外诸军事、相国，掌握了朝廷的军政大权，辅佐憨皇帝司马衷。

这一切都是他矫诏自封的。我们已经多次说到"矫诏"，拿通俗的话来说，就是假传圣旨。你已经看到，这个时代"矫诏"特别多，几乎成为家常便饭，这无疑是司马衷过分憨痴的缘故，人们可以随时借用他的名义为所欲为。

司马伦既得势，他的心腹宠人孙秀自然也得到大大提升，先是任侍中，后又为中书令，成为掌管机要的朝廷重臣。司马伦为人平庸，没有心计，是个草包，孙秀却非常狡诈，诡计多端，天下事看起来是听司马伦的，其实司马伦要听孙秀的，所以天下人也都去巴结孙秀，而无求于司马伦。

说起来这孙秀也真不容易，他出身低微，爬到这一步，全凭着智慧加上屈辱。潘岳的父亲当年为琅邪内史时，他是府中办事的小吏，后来给了潘岳，做点跑腿打杂之类的事情。潘岳见他滑头滑脑，好耍小聪明，不大喜欢他，多次鞭打他。现在他发达了，成为朝廷显贵，地位远在自己之上，又是司马伦的谋主，潘岳心中很是忐忑不安。有一次在朝廷碰上了，就试探问："孙令，还记得当年的交往否？"

孙秀也不正面回答，只是引了《诗经》的两句诗，阴阳怪气地冷冷说道："中心藏之，何日忘之！"

潘岳知道他记仇了，知道怕来的事情恐怕难免要来。

何况还有政治上的分歧。司马伦、孙秀是搞掉贾后一伙上台的，而潘岳、石崇，谁都知道，与贾氏集团走得太近，石崇还因此丢了官。于是，孙秀便想趁机夺石崇的所爱。那是今年初秋，溽暑乍退，金风始吹，金谷别馆，景色更加宜人。石崇与几位宾客登凉台，临清流，绿珠也在身边服侍，吹奏了一阕《思归引》的笛曲，又唱了石崇为之新配的歌词，最后两句是"超逍遥兮绝尘埃，福亦不至兮祸不来"。他已经五十二岁，看着绿珠那年青姣好的面容，心头忽然涌上一股莫名的惆怅。正在这时，孙秀的使者来了，说是奉命来求取一位美人。

石崇本能地意识到什么，他知道福虽不至，祸却真的要来了。他只得叫出几十个婢妾，个个浓妆艳抹，排成一队，请使者挑选。使者扫了一眼，说："她们个个都很美丽，衣服也很漂亮，不过上头是指名道姓的，要的就是绿珠，不知哪位是？"

石崇压住满腔火气，但口气还是挺生硬，说道："绿珠是我的所爱，谁也别想得到！"

使者语重心长："君侯你是聪明人，博古通今，察远知近，其中的利害，还望三思！"

石崇的回答还是否定的。使者走了，又折回来。看来他是一个居心厚道的人，不想在自己手中酿出血腥，还想给他一次机会，但他仍不答应。

不错，石崇深知其中的利害。绿珠像其他女子一样，如果只从金钱方面说，对他一点儿都算不上什么，他完全可以一送了之，用以讨好孙秀。但在感情方面不行，他做不到。不知为什么，这女孩子触动着他心灵深处最细微的琴弦，仿佛使他在身心内外无边的丑恶中看到令人有所振拔的纯美的幻影。他绝不能再让这幻影灭没，否则这世界还剩下什么？

前面说过的石崇的外甥欧阳建，不知在什么时候，也不知为什么事情，与司马伦也结下一个仇。于是这三人与孙秀他们的怨恨，看来是化解不开了。

这年八月，正是天气初肃的时候，淮南王司马允起兵讨伐司马伦，结果失败被杀。潘岳、石崇、欧阳建三人也许真的与他有啥瓜葛，也许完全出于孙秀的诬陷，也被牵连进去，于是孙秀又"矫诏"逮捕他们，新账老账看来要一起算了。

这天，石崇正与绿珠等人在"绿珠楼"上游赏，兵丁冲上来了。石崇一切都明白了，对绿珠说："我今天为你而得罪。"绿珠其实什么都知道，她决绝地站起来说："我当死在官人面前！"真是所谓"说时迟，那时快"，她突然跳到窗口，一纵身，飘下去了。石崇急忙去拉，只扯下一片云一般轻飘的衣裾。

许多许多年以后，晚唐诗人杜牧来到这里，睹物兴情，写了一首《金谷园》咏叹此事：繁华事散逐香尘，流水无情草自春。日暮东风怨啼鸟，落花犹似坠楼人。落花，令诗人想到当年那花一样的女子，但坠楼女子的性命，能像落花那样轻飘无挂碍吗？能像花那样明年再发吗？

石崇、潘岳、欧阳建都被判"夷三族"。对于潘岳来说，当然也包括他年已八旬的老母。在押赴刑场的路上，他说："儿有负阿母。"老母沉默着，居然没有哭。事已至此，还说什么呢？

石崇已经先到了，见了潘岳，说："安仁，你也来了吗？"潘岳苦笑一下，解嘲说："我的诗不是早就说了吗？白首同所归。"

潘家被杀的，除自己和老母外，还有哥哥、三个弟弟、侄子、已经出嫁的女儿等。石家被杀的，有母亲、哥哥、老婆、孩子等，共十五人。

欧阳建当时只有三十二岁，血气尚旺，临刑前写了一首诗，其中有这样的句子：上负慈母恩，痛酷摧心肝。下顾所怜女，恻恻心中酸……执纸五情塞，挥笔涕汍澜！

到了这个地步，恐怕眼泪的狂涛也冲刷不掉心中的悲苦。

秋风起兮木叶飞

如果司马伦适可而止，他在执政的位子上也许还可以多待一阵子。但他没有。他像一切野心家一样，开弓没有回头箭。永康二年（301 年）正月，他居然一本正经上演了一场"禅让"的闹剧，把憨皇帝赶到金墉城，还美其名曰"太上皇"，自己做起了皇帝，改元"建始"。

这样就打破了权力的平衡。本来都是同姓王，平起平坐，现在你却平白无故当上了皇帝，凌驾在我们之上，哼，谁服？

反应最强烈的，是齐王司马冏。司马冏废除贾后立下汗马功劳，升为镇东大将军，于这年三月发布檄文讨伐司马伦。举兵响应的有征北大将军、成都王司马颖，征西大将军、河间王司马颙，常山王（当年七月改封为长沙王）司马乂等，这三位便是八王之乱的第五、第六、第七位。

司马伦篡夺皇位、杀戮异己，本就不得人心，百官将士恨不能得而诛之，以谢天下。四月，在大兵压城之下，朝廷上一位禁军将军发动兵变，杀死孙秀等人，将司马衷从金墉城迎回金銮殿，依旧做他的憨皇帝。像地狱中的轮回似的，司马伦则被送到金墉城，过了几天又被赐死，饮下金屑苦酒。

现在当红的暂时轮到了齐王司马冏。六月，他为大司马、都督中外诸军事，辅佐朝政。另以成都王司马颖为大将军、录尚书事，河间王司马颙为太尉。不难看出，这仍是互相牵制的格局，仍会乱哄哄你方唱罢我登场，仍会螳螂捕蝉黄雀在后。

本节的主角张翰当然更看出这一点，因为他正身临其境。他原是江东名士，父亲是吴国高官，去年来到洛阳，被司马冏聘为大司马东曹掾。血的事实告诉他，这样的角色很容易成为争权夺利的牺牲品。于是他便学前朝阮籍的样子，纵任不拘，饮酒放诞，人们都说他旷达，称他为"江东步兵"——即江南的阮籍。阮籍的传统，就是这样被时势延续下来的。

也有人劝他："你可以这样纵情适意于一时，难道就不想想身后名吗？"

他回答："哼！使我有身后名，还不如当下一杯酒呢！"

他的这种思想，这个故事，后来被"酒仙"李白吟进《笑歌行》诗，道是：君爱身后名，我爱眼前酒。饮酒眼前乐，虚名何处有！当然，这不过是愤激之言和违心之词罢了。从少壮到老死，李白何曾有一天忘掉身后名呢？其实对于张翰，这又何尝不是违心之言和愤激之词？

了解他这深衷的，是他的同乡、同事兼好友顾荣。顾荣从江南来到洛阳已有十年了，曾经当过尚书郎、太子中舍人、廷尉正等官职，最近也被司马冏召为大司马主簿。他看到司马冏专权骄横，生怕自己也招来灾祸，就整天也像张翰那样喝得醉醺醺的。他给一位老乡的信中说："我给齐王当主簿，总怕罹祸，看到刀和绳子就想自杀，只是别人不知道罢了。"又对张翰说："只有酒才可以忘忧，无奈喝酒又有伤身体！"由此，不是可以看出中朝名士纵酒任诞的苦衷吗？他们哪里只是东施效颦、无病呻吟？

张翰有一天对他说："天下纷纷，祸患未已。名气大的人，抽身也不容易。我本是山野中人，还想回山野中去，你好自为之吧！"

顾荣听出他有退隐之意，说："我也想与你一同归隐山海。"

好不容易挨过一年，来到永宁二年（302 年）秋。秋风凉，人思乡。这些天，张翰频频梦到家乡，梦到家乡用茭白、鲈鱼等烧的几道家常的特色菜，好久没吃了，狼吞虎咽起来，醒来后还口有余香，更勾起他的馋虫；梦到家乡门前那一排垂柳，虽然是秋天了，枝叶似乎仍然翠绿，似乎还在向他招手，招呼着游子归来。梦醒后，他不禁废然长叹："人生不就是追求适意吗？适意莫过于家乡，我何必离家几千里来追求名位呢？"于是张翰下定决心，命人驾好车马，立即还乡，什么也不要了，只带着一首歌：秋风起兮木叶飞，吴江水兮鲈正肥。三千里兮家未归，恨难禁兮仰天悲！这歌声飘荡着，飘荡着，飘荡在一千七百多年来的历史夜空，飘荡在江南塞北行色匆匆、风尘仆仆的路人心中……

张翰回乡后仅仅数月，这年年底，司马冏便在洛阳城中为长沙王司马乂所杀，暴尸三天，无人敢收。人们称赞他有先见之明，他笑笑而已。回乡，难道还需要什么先见吗？

顾荣是又过了几年才回到江南的，并在永嘉六年（312 年）去世。他平生喜欢琴曲，家人便把他生前弹的琴放在灵床上。张翰前来吊唁，看到这把琴，想起这位知音，想起江南江北风尘仆仆的共同际遇，不胜悲恸，坐到灵床上，拿起琴来，弹奏了几支他平时爱听的曲子，叫着他的字说："彦先啊，彦先，你还能听到这些乐曲吗？"说罢，大哭而去。

需要说明，张、顾是辞职还乡的，不属于本书所说的避乱南下的渡江名士。他们后来的事情无多，就在这里提前一并叙述了。

华亭鹤唳讵可闻

长沙王司马乂举兵杀死齐王司马冏后，朝廷大权也随之落入他的手中。不过这且按下不表，先看看此间另外两位江南才子在江北的命运，那就是陆机、陆云兄弟。

他们出生在江南最显赫的家族，父、祖皆吴国名将。祖父陆逊，就是那位打败骄横不可一世的蜀将关羽的年轻儒将，后来官至丞相。父亲陆抗，曾率军与西晋名将羊祜在前线对峙，二人既互相抗衡又互相尊重、信任，留下一段千古佳话，后来官至大司马。这些，都被写进《三国演义》里，你当然是记得的。

陆机比陆云大一岁，二人性格迥异。陆机身材高大，声如洪钟，为人慷慨，陆云则沉静内向，文弱可爱。吴国灭亡那年，陆机二十岁，他们闭门勤学了整整十年，然后一起到洛阳寻求出路。张华一见，非常高兴，称他们是"二俊"——两位才俊，说是"这次伐吴的战利品，就是收获了二俊"。也有说与他们一道来的还有顾荣，张华称他们为"三俊"。

对于这样的叫法，陆云大概觉得挺好笑。他本有"笑疾"——好笑成病，看到张华那怪里怪气的风流名士的样子，胡须上还扎着一条彩绸，他先是压抑着呲呲地笑，终于憋不住哈哈大笑起来。陆机本觉不好意思，后来也忍俊不禁，与顾荣一起扑哧笑了。仿佛能够传染似的，连张华本人也加入到这笑里。唉，假如不是乱世，这该是多么可爱的一幅文人雅士图！

在北方，陆云学会了清谈玄学。原来，吴国不大流行清谈。入晋以后，陆云有一次投宿老朋友家，夜暗迷了路，正不知怎么走，忽见前面草丛中有灯光，于是就朝那里赶去，进入一户人家，看见一位年青人，风姿俊雅，便一起谈论《老子》，他侃侃而谈，见解独到而深邃。天亮告辞，走了十来里路，来到朋友家，听说这里方圆十多里并无人居住，陆云这才霍然若有所悟。再去寻觅昨晚投宿的地方，哪有什么人家，只见乱草丛中有一座荒坟，墓碑上刻着王弼的名字。这个故事，记在《晋书》陆云的本传中，紧接着还写道："云本无玄学，自此谈《老》殊进。"玄学虽产生于正始，"玄学"这个词，最初却是见于这里的。可以想见，并不是先有了这个荒诞的故事陆云才学会清谈，而肯定是他先学会清谈，好事之徒才编造出这离奇的故事。

兄弟二人，陆机更重功名，"好游权门"，后来受到成都王司马颖的赏识，征为参军，并举荐为平原内史，陆云为清河内史。陆机感念他的知遇之恩，觉得他为人不居功，不凌下，必能振兴晋室，故一心委身于他，希望在他手下干成一番事业。当时诸王之间内斗正酣，中原多灾多难，顾荣等老乡曾劝他回吴，像张翰那样，用不着替人火中取栗，他哪能听得进呢？

于是就回到本节开头：长沙王司马乂控制了朝廷大权。这就引起成都王司马颖和河间王司马颙的不平。太安二年（303 年）八月，二人上表谴责司马乂"专擅朝政，杀害忠良"，联合兴兵讨伐。司马颙那边，由张方率领七万精兵，从关中向洛阳推进；司马颖这边，则以陆机为后将军、河北大都督，统领二十多万大军，从根据地邺城南渡黄河，也直逼洛阳。

朝廷针锋相对，以司马乂为大都督，抵御联军。十月，司马乂奉拥着皇帝司马衷"御驾亲征"，与陆机大战于洛阳东面建春门外，结果陆机的军队惨败。溃散的兵士涌向东边的七里涧，尸体堆积如山，涧水为之不流。

陆机的大败，原是可以料想得到的。不错，他是才子，文章写得头头是道，但会写文章不一定会打仗；他是名将之后，但打仗的才能无法遗传。更重要的原因，有位参谋给司马颖分析得非常到位："机吴人，殿下用之太过，北土旧将皆疾之耳。"这真是一语中的的持平之论。出于嫉妒、欺生和排外，不少老牌将领对他不服、掣肘，使他指挥不灵，结果当然是不言自明的。

司马颖对陆机既"用之太过"，其实又并不完全信任，所以当一名他所宠爱的宦官出于私怨，诬陷陆机心存异志、导致大败时，他勃然大怒，命人立即逮捕陆机。第二天一早，陆机起床后不久，远远看到大队人马前来抓他，便脱下战袍，换上平时穿的文士衣帽，面对来人，神色自若，说："我今日被杀，命也。"

忽然，他又神情肃穆起来，侧耳谛听着什么，好像听到遥远而亲切的声音，于是脸色黯淡，自言自语道："只是华亭鹤唳，从此再也听不到了！"华亭是他祖父的封地，在今上海松江，据说这里产鹤，他小时候经常到这里聆听清亮的鹤鸣。他说这话的时候，一定想起了秦相李斯被杀前，也是这样神气黯然，对儿子说："我想与你牵黄犬，擎苍鹰，出上蔡东门去追野兔，难道还可能吗？"陆机觉得今天才真正读懂了李斯的这番话。是的，这一切都不可能了。一生追求功名事业，到头来连这么微不足道的、常人可轻易得到的东西，却成为永世不可复得的奢望。原来幸福并不在凌云阁上，而就在微末的日常生活中。人生的最大遗憾，在于一切皆不可逆，没有后悔药。又是李白，在《行路难》诗中，替他们说出这种心情：陆机雄才岂自保，李斯税驾苦不早。华亭鹤唳讵可闻，上蔡苍鹰何足道！是的，听不到了，那平平凡凡的鹤鸣；唤不回来，那普普通通的游猎。唉，追不回来了，那漫不经心随手掷掉的平平淡淡的好东西。

据说陆机被杀的那一天，大雾弥漫，天昏地暗，狂风怒号，树木都折断了。忽又纷纷扬扬下起雪来，一直下了一尺多深。人们都说，这是因为他死得冤屈。

陆机死得冤，恐怕是当时的共识。司马颖后来又要杀陆云，他的一位记室上书讲情说："陆机浅谋致败，杀之可也。至于反逆，则众共知其不然。"主张不杀陆云。陆机是否该杀且不论，他并未背叛却是众人心知肚明的。不过，所谓一不做二不休，陆云还是被杀了。这位"文弱"的弟弟，成为慷慨好功名的哥哥的陪葬。哥俩不过四十二三岁。

在文学史上，这哥俩合称"二陆"，但陆机的成就远高于乃弟。在钟嵘《诗品》中，陆云列入中品。陆机的诗与潘岳齐名，合称"潘陆"，都被列为"上品"。"陆才如海，潘才如江"，是对他俩的定评。潘岳的诗较为浅净，但格调明丽，感情真挚；陆机的诗较为深厚，有思想，好对偶，有时显得杂芜。陆机还有一篇《文赋》，是中国古代早期的文学理论论文，写得非常深刻周严，直到今天也很有意义，这却是潘岳无法企及的。

名教中自有乐地

久违了，乐广，本章开头讲到的那位传续正始之音的大名士。当时他还是一位风度翩翩的中年人，现在也垂垂老矣，已经六十开外，做到尚书令的高官，正在围城洛阳过着惴惴不安的日子。原来，围城外的成都王司马颖是他的女婿，因而有人说他想做内应。长沙王司马乂质问他，他神色不变，故作从容说："难道我会用五个儿子换一个女儿？"意思是说，他的五个儿子都在城内，也就是都在司马乂的掌心，他不会以此为赌注来讨好女婿的。

不过他的不安也没有多久。这年（**303 年**）十一月，正在朝廷任职的东海王司马越与几个禁军将领合谋，逮捕了司马乂，交给河间王司马颙的部将张方发落，张方居然把他活活烤死，年仅二十八岁。

司马越是八王之乱的最后出场者，到他这里终于凑足了"八王"之数。他的戏还长着呢，还没到他得势的时候。现在执政的是乐广的女婿司马颖。

让他们争斗去吧，我们感兴趣的是名士的故事。在此期间，乐广说过一句非常有名的话。这句话虽然只有七个字，却内涵丰富，是以这之前的整个魏晋玄学史为背景的，只能慢慢道来。

前面说过，正始名士侧重清谈，侧重理论；竹林名士侧重任诞，侧重行为。无论清谈还是任诞，理论还是行为，所发挥的核心思想，实质上都是道家的"自然"，其对立面则是儒家的"名教"，只不过任诞无视和违抗"名教"更为直接和露骨些。

"中朝"即西晋玄风的盛行，主要是从晋惠帝司马衷上台的元康年间（291—299 年）开始的。司马炎死后，司马衷根本无力左右意识形态的走向，被暂时压抑的老庄玄学抬起头来，泛滥开来，人们的世界观和价值观发生了改变，轻视儒家的经学，崇尚老庄道家的学说。

像整个魏晋名士一样，中朝名士也可大致分为互有交叉的两种类型，即侧重清谈与侧重任诞。从前面的讲述可以看出，由于八王之乱造成的社会动荡和政治险恶，任诞的风气加倍泛滥开来，名士们常常公然露骨地、粗鄙地违背礼、践踏礼，因而受到后人的很多非难，并把始作俑的罪责追溯到阮籍头上，如《世说新语·德行》篇注引王隐《晋书》说：魏末阮籍，嗜酒荒放，露头散发，裸袒箕踞。其后贵游子弟阮瞻、王澄、谢鲲、胡毋辅之之徒，皆祖述于籍，谓得大道之本。"裸袒箕踞"就是光着脊梁、伸开两腿随意坐着，毫不守礼，"大道之本"就是"自然"。显然，他们认为任诞行为体现了道家的"自然"。

引文中的代表人物的活动时间正是"中朝"，其中我不把阮瞻看作任诞派，这从下一节的故事可以看出。当然，也许他任诞的材料没保存下来。王澄是王衍的弟弟，他任诞的故事，留待后面再讲。

谢鲲是一位风流倜傥的人物，喜欢谈论《老子》《周易》，擅长唱歌，善于弹琴，性格随便而豁达。他的邻居高家有位漂亮的女儿，一天正在当窗织布，他去挑逗人家，被她飞梭打掉两颗牙齿。人们嘲笑他："任达不已，谢鲲折齿。"他却满不在乎："折齿算什么，也不妨碍我啸歌！"他所挑逗的与其说是一位"芳邻"，不如说是儒家的男女之大防，倒确实得了阮籍的真传——我们记得，阮籍曾经哭过他只有一面之识的也是当窗而织的早逝的"芳邻"。

胡毋辅之"性嗜酒，任纵不拘小节"，被称为"后进领袖"，并且带出好几个后进的任诞者。首先是他的儿子胡毋谦之，真是青出于蓝而胜于蓝，学问虽不及乃父，诞傲却过之。喝醉了酒，他常常直呼父亲的名字，父亲也并不介意。

他本人虽出身士族，却提携了好几个寒素的狂士。比如王尼是大兵的儿子，本人也是护军府的军士，为人卓荦不羁，胡毋辅之认为他是个人才，便联络几位名士要求有关官员解除他的兵籍，官员不肯。他们便带着羊、酒，来到王尼养马的马厩，烤羊喝酒，醉饱而去。那官员只得给了王尼长假，并设法免除了他大兵的身份。

后来，他还与他的任诞之徒，把这种风气带到南方，这是后话。现在要说的，是乐广那句非常有名的话。有一次——现在已经很难考证具体时间了，乐广参加了一个名士的聚饮，与会的有王澄、胡毋辅之等人，他们做出不少过分放纵的、非礼的举动，甚至有裸体者。乐广笑着，委婉地批评他们说："名教中自有乐地，诸君何必如此呢？"

"名教中自有乐地"，乐广此话得到后人很高的评价。这则故事，《世说新语》放在《德行》篇中，显然是把乐广的话看作是他有"德行"的体现。

乐广这句话所以重要，是因为它包含着自然与名教调和、统一的思想。自然与名教的关系是魏晋玄学的主题。在前两章我们看到，正始时期，何晏、王弼虽首重自然，但也并不完全否定名教，主张"崇本举末"，将二者统一起来。竹林时期，嵇康在理论上提出"越名教而任自然"，阮籍等人在行为上任诞悖礼，将二者对立起来。在儒家思想终究要占主导地位的古代社会，二者的分裂不会长久持续下去，何况名教也自有历史的合理性。乐广的话，就是在当时名教与自然极度背离的历史条件下的一种折中。"名教中自有乐地"，"乐地"就指"自然"、自由。全句意思是说，即使不违背名教，也并非没有"自然"的乐趣。鱼与熊掌，是可以兼得的。就像现在所说的，在纪律和法制之下，也存在着个人的自由和心情舒畅。这样，既得到了"自然"，又不伤害"名教"，皆大欢喜，何乐而不为呢？

也许因为曾经的担惊受怕，乐广于第二年即永兴元年（**304 年**）正月病逝。这位慧中秀外的名士，走完了他将近七十年的人生。

三语掾

调和名教与自然，缓解二者的冲突，是当时的一股思潮，是对战乱以来过分放纵、任诞悖礼的一种纠偏，不独乐广为然。那时还流传着一个"三语掾"的故事，比乐广说得更简练，也体现了这种思想。这是上面提到的阮瞻的故事，也涉及资深的老名士王戎，我们也要趁此给他做个了结。

阮瞻是阮咸的大儿子。阮咸我们总该记得的，他与他的叔叔阮籍一样，也是竹林七贤中的任诞者。他在母丧时身着重服追寻异族少女累骑而归的故事，他和家族成员与猪共饮的故事，给我们留下很深的印象。他有两个儿子。小儿子阮孚就是与那位异族少女所生的混血儿，属于我所说的渡江名士，留待下一章再讲。

阮瞻清虚寡欲，读书不求甚解，却能抓住要领；说话不多，却能讲到点子上。为人平淡，随和，琴弹得尤其好，有人要听，不问长幼贵贱，他都欣然为之弹奏。他的内兄潘岳特别喜欢音乐，有时请他弹琴，即使夜以继日，他也毫无倦色。

下面就要说到他回答王戎的那句名言了。那是在王戎任司徒期间。不过王戎任司徒的时间很长，从元康七年（297 年）直到去世，大约有七八年，所以这次对话的具体时间还是很难确定。他问阮瞻的问题是："圣人贵名教，老庄明自然，二者的主旨是相同呢，还是不同？"

"圣人"在这里主要指孔子。"圣人贵名教，老庄明自然"这句问话本身就很经典，很有概括力，把儒、道两家的根本差异一下子点出来了。

阮瞻只回答了三个字："将无同。"

这是当时的口语，它的意思有点微妙，大致上是：莫非是相同的吧。那口气基本是肯定的，但又带点儿含混和模棱。用它来表示自然与名教的关系，显得很含蓄，很有意味，但又没说死，所以王戎很欣赏这个回答，立即聘他为自己的掾属。因为这个官职是凭着三个字得来的，故人们称之为"三语掾"。——当官有时候也真容易，得来简直全不费工夫。

这"三语"调和名教与自然的冲突，甚至有意模糊二者的本质差异，是显而易见的。

王戎生活的最后一年，是与西晋朝廷及憨皇帝一起，在颠沛流离中度过的。

原来，长沙王司马乂被杀以后，围城外的成都王司马颖入城当丞相，成为执政者。不久他又回到根据地邺城，在那里以皇太弟的名义遥控朝政。永安元年（**304** 年）七月，朝廷以东海王司马越为大都督，率领十余万人攻邺，皇上司马衷及王戎等高官同往，结果大败，司马越逃回封地东海（在今山东郯城北），皇上及王戎等被俘入邺，司马颙的部将张方则乘虚进入京城洛阳。八月，司马越的弟弟联合北方异族南下攻邺，司马颖兵败，挟皇帝、王戎等逃回洛阳。十一月，洛阳守将张方挟持皇帝司马衷来到司马颙的根据地长安，以司马颙都督中外诸军事，成为新的执政大臣。这次王戎没有随同，而是逃到郏县（在今河南），并于永兴二年（305 年）六月病逝在那里，年七十二。

王戎度过漫长的一生。他早慧，因而也过早地感受到人世的险恶。他生活的曹魏后期和西晋前期是历史上最黑暗的时代。他亲见了司马氏为篡权而制造的卑污与血腥，亲历了司马氏的骨肉相残，致使生民涂炭。他也曾试图直言谏诤，结果差一点儿送命，便学得乖巧起来，明哲保身。贾后废皇太子，他一言不发。后来不管做什么官，他都随大流，与时浮沉，唯求自保而已。

他的性格前后有很大变化。年轻时他父亲去世，门生故吏送了很多钱，他一概不收，老年时却以俭啬著称，社会上流传着他许多小气、贪婪的离奇故事。后来有人为他辩解，说他是为了韬晦，故意用俭啬来掩护自己，以便在政治上不被注意，这也未免为贤者讳。不过有些传闻也确实太夸张，太离谱，比如说他家有好李，为了永保专利，他出卖前先把核一个个抠出，以防别人得了种子栽种，这实在是令人不可思议的。

他始终保持了名士风度。晚年他已经做到司徒的高官，却把官务推给僚属，自己骑上小马，从便门出去，到城外游玩，路人谁也想不到他是三公。流亡郏县的最后岁月，他曾经亲冒矢石，谈笑自若，毫无惧色；平时还常常召见亲友，饮酒谈天，欢歌笑语。他总是不失名士的从容。

在竹林七贤中，王戎生得最晚，死得也最晚。他常常睹物思人，触景生情，忆起当年那些风流俊赏的友人们的恍若隔世的故事，不觉涌上无穷的伤逝之感，于是便向后生们娓娓讲述起他们的事迹，使其赖之以传。

郭象注《庄》

前面讲过竹林名士向秀注释《庄子》的故事，现在要讲中朝名士郭象注《庄》，二者之间还有一桩历史公案呢！

从竹林名士开始重视《庄子》，同时，也是从竹林名士开始流行任诞，二者显然有内在联系。庄子那强烈追求自由逍遥的精神必然引发对束缚自由的礼教的冲击，再加上时局的刺激，嵇康因而有"越名教而任自然"的呐喊，此后，名教与自然的冲突愈演愈烈。而在目前意欲调和这冲突的思潮中，在倡言"名教中自有乐地"、名教与自然"将无同"的气氛里，郭象注《庄》必然带上这种时代的色彩。解释，原就具有时代性。

郭象善于清谈，特别是善谈《老》《庄》，士林称他为"王弼之亚"。王衍曾赞誉他说："郭象清谈如悬河泻水，注而不竭。""悬河泻水"就是瀑布。瀑布流注着，会有枯竭的时候吗？郭象那无碍的辩才，大概也是这样滔滔不绝吧。不用说，"口若悬河"这个成语，就是从这里来的。

可以想见，郭象注《庄》必能精彩纷呈，只是具体注释时间很难考证了，反正肯定在向秀死后。有一种说法，认为向秀卒于

永康元年（300 年），那么郭象注《庄》，也就是最近几年的事
情了。

我所以拿向秀的卒年为参照，是因为涉及一场"著作权"的纷
争。原来向秀注释《庄子》之后，曾经引起很大反响，大畅玄风，
只可惜没注完就去世了，还剩下《秋水》《至乐》两篇。他的儿子
当时尚小，没法为他补足全书，也没法给他及时整理传抄出来，于
是注本连同他思索的成果都一并零落了，不过好在还有另外一个抄
本，这个抄本就落在郭象手中。郭象这个人，据说很薄行，他见向
秀的注本失传了，向秀本人又死无对证，就把人家的研究成果据为
己有。他只是补注了《秋水》《至乐》两篇，又更换了《马蹄》的
注文，其他三十篇，也不过断断句子而已，却署上自己一个人的名
字，贪人之功为己有。这样，在很多人心目中，郭象就成了一个可
耻的剽窃者，一个无行的偷儿。

但历史上也有人持不同看法，替他辩解。他们认为，郭注虽然
吸取了向注的不少东西，但有自己的思想体系，有独立的价值。唐
代学者陆德明对郭注的评价非常高，他在《经典释文·序录》中说：
"唯子玄（郭象）所注，特会庄生之旨，故为世所贵。"称赞郭象对
庄子的思想有独到的体会。他这样说是有依据的，因为向注和郭注
他都同时看到了，有所比较。在《经典释文》中，他分别著录了向
秀、郭象的《庄子注》，并明确说"向秀注二十卷，二十六篇"，
"郭象注三十三卷，三十三篇"。显然，这是两种各自独立的书，
博学而谨严的陆德明便是最有力的证人。

　　郭象的注本完好保存下来了，向秀注只保存下零乱的二百多条。据有人统计，在这些现存的条目中，向、郭完全相同的二十八条，可证郭象确有抄袭；词义相近者三十七条，说明有所修改；向秀有注而郭象无注者共四十八条，说明郭对向注有所取舍；更多条目完全不同，证明他自有独到见解。总之可以说，郭象《庄子注》是在向注的基础上发展而来的，并吸收了它的一些研究成果，但不能因此剥夺了郭象的著作权。不过无论怎么说，在对待别人著作的态度上，郭象的人格与何晏是不可同日而语的——我们记得，他看到王弼的《老子注》非常精彩，为了成全这个年轻人，便断然烧掉了自己的注本。

　　《庄子》是一部大书，郭象的注释更是千头万绪，我们的介绍只能从当时的时代特色着眼，并根据本书的需要，择其九牛一毛，尝其一脔而已。

　　如上所述，这个时代的特色就是调和自然与名教，郭象比时人的态度更进了一步。乐广说"名教中自有乐地"，体察他的语意，虽然不把名教与自然对立起来，但也认为二者只是部分重合；阮瞻说名教与自然"将无同"，语气更显得有些含混，底气不足。郭象注《庄》，则明确而直截了当地把名教与自然等同起来，宣称名教就是自然。如《庄子·秋水》篇原文写道：牛马四足，是谓天；落（络）马首，穿牛鼻，是谓人。故曰：无以人灭天。意思是说，牛马四条腿，是牛马天生的，是牛马的"自然"。为了便于驾御，给马加上笼头，将牛穿了鼻子，这就是人为了。好比儒家的礼法，也是用来统御人的，也是对人性的"穿""络"。所以结论是：不能让礼教戕害了人的自然、自由。在庄子这里，"天"与"人"，自然与礼法，是完全对立的。

郭象对此的注释却大相径庭，可以说完全背离了庄子的本意：人之生也，可不服牛乘马乎？服牛乘马，可不穿落（络）之乎？牛马不辞穿落（络）者，天命之固当也。苟当乎天命，则虽寄之人事，而本在乎天也。人生总要用牛乘马的，用牛乘马总是要穿鼻络首的。被穿鼻，被络首，这是牛马的天命。既然合于天命，那也就是"天"即自然了。你看，同样的一件事，在庄子那里是"以人灭天"，到了郭象这里却成为以人合天了——这无疑是说，名教合于自然，名教甚至就是自然。这哪里是在注释《庄子》，这分明是在反驳《庄子》了。

把这层意思说得更明白的，是《齐物论注》中说的："君臣上下，手足外内，乃天理自然，岂真人之所为哉！"君臣之间的统驭和服从的关系，兄弟手足之间的内外有别的关系，明明都是儒家人为的伦理规范，是名教的根本，郭象却直截了当说成是"天理自然"的。这也就是说，名教即自然。

在《逍遥游注》中，有段话也很著名。本来，庄子在这里描绘了一位"神人"的形象，他"肌肤若冰雪，绰约若处子"，是一个道家的理想人格，超越了现实的各种伦理关系，郭象的注释却做了扭曲的改造：夫神人，即今所谓圣人也。夫圣人虽在庙堂之上，然其心无异于山林之中。这就将道家超越的"神人"，偷换成儒家世俗的"圣人"，甚至偷换成朝廷上的天子或王公大人，他们身在"庙堂"上执掌着名教，他们的心灵却好像在山林中享受着"自然"，这样，自然与名教便统一了——统一在"圣人"身上。

郭象的这些理论，无疑是为当时的统治者着想的——把维护他们统治、抑制个性自由的人为的名教说成是天理自然的，因而也是神圣的，不可违逆的。

《庄子》了不异人意

也许就因为注释过《庄子》，郭象受到东海王司马越的赏识，当上了他的太傅府主簿。

司马越是逐渐得势的。河间王司马颙的部将张方挟持皇帝和成都王司马颖等，从京都洛阳迁往长安。长安是司马颙的老巢，朝廷大权也就顺势落到他手里，司马颖出为镇军大将军、都督河北诸军事，镇邺城。现在，"八王"只剩下了司马颖、司马颙、司马越三个。

司马越时为司空，兼徐州都督，他集结了各方力量，讨伐司马颙、张方。永兴三年（**306年**）初，司马颙看到司马越势力日益强大，便杀了张方，请求和解，共同执政。司马越不许，继续发兵西进。五月，司马越的部将率兵攻入长安，挟持晋惠帝司马衷重新回到旧都洛阳。八月，朝廷以司马越为太傅、录尚书事，成为新的辅政大臣，成都王司马颖则在逃亡途中被人擒杀。十二月，河间王司马颙受诏回洛阳任职，途中被司马越的党羽所杀。

至此，延续了十六年的八王之乱总算结束了，司马越成为最后的胜利者，也同时成为西晋的最后责任者。他接过了所有财产，也接过了所有债务。

还要交代一下晋惠帝司马衷。这年十一月他吃饼中毒身亡，有人说是被司马越害死的，终年四十九岁。他上台的第二年就发生了八王之乱，他死的那年八王之乱方始结束，他在位时间大致与八王之乱相始终，共十七年，不算很短。他的基本特点是"憨"，但若说他是"白痴"，我看也未免过分。史载司马炎"尝疑太子不慧"，也不过是"不慧"，即不聪明而已，说明他大致正常，否则也维持不了十七年。在别人的欺骗、操控甚至"矫诏"下，许多坏事与他相关，但处心积虑地主动害人，却一件也没有。由此而言，他又可谓"憨厚"。

郭象当上司马越的太傅主簿，就是在光熙元年（306年）八月以后。大约同时，另一位名士庾敳也被司马越聘为参军。

这两个新同事，其实是一对老相识。

庾敳是个心广体胖、心直口快的人物。他个子虽不高，腰围却特别粗，坐在那里，像一尊胖大和尚的塑像。他曾与郭象清谈过，深知他非等闲之辈，曾经半认真半开玩笑地说："谁说他郭子玄就真的不如我庾子嵩？""子玄""子嵩"分别是他俩的字。他的话既恭维了对方，又抬高了自己。魏晋名士的语言，很讲究这种俏皮和机智。

他自称是老、庄的信徒，却又说从未读过《庄子》。他看到人们都在纷纷谈论《庄子》，便也找了本读起来。翻了几页，就放下了。人们问他为什么，他说："还用读吗？《庄子》了不异人意。"

他的意思是说，庄子所写的，与他心中所想的没有什么两样。或者进一步说，庄子真是先获我心，六百多年前就说出了我想说的话。你看，他多会自我标榜！

其实他说没读过《庄子》并非真话。从他的作品看得出来，他不但读了，而且读得挺熟。还可看得出来，他的庄子思想与郭象不同。郭象的庄子思想是新潮的，与时俱进的，适应世俗的，他的庄子思想则是原汁原味的，悲观主义的。

他曾写过一篇《意赋》。赋是用来"体物"，即描写外物的。"物"在古代是一个宽泛的概念，可以是实的，如山川、草木、鸟兽等；也可以是虚的，如"意"即思想，便是虚的东西。这篇赋所发挥的"意"，其实就是《庄子·齐物论》所宣扬的齐生死、等万物之意，如其中写道：至理归于浑一兮，荣辱固亦同贯。存亡既已均齐兮，正尽死复何叹！……把荣与辱、存与亡、生与死画上等号，使它们"浑一""均齐""同贯"，正是庄生之旨，后面通篇都发挥了这种思想。据说庾敳写这篇赋，是因为看到王室多难，知道自己恐怕也难免罹祸，便用以抒发那悲观消沉的思想。果然几年以后，他在战乱中被杀。

又据说庾敳写作此赋时，他的侄儿庾亮瞥了题目一眼，说："啊，《意赋》？人家都说言不尽意。叔叔要是有意，赋不可尽；要是无意，又赋什么呢？"

庾敳回答："我赋的在有意无意之间。"

处于有意与无意之间的又是什么呢？庾亮弄不懂，他也不想弄懂，他知道叔叔向来是个好故弄玄虚的人。庾亮是下一章的重要人物，这里先给他挂个号。

庾敳与郭象的处世态度很不相同。他可以说得到庄子的真传，散淡恬退，静默无为，落拓不羁。郭象却勇于进取，因为能干受到司马越的宠信，就愈发起劲了，专权任势，不可一世。这位《庄子》的注释者还有几许庄生气味？庾敳非常反感，对他说："你真是当代的大才，佩服，佩服！我以前妄加评论你的话，从此都一笔勾销！"

其实勾销的是对他曾经的称赞，以及他们曾经有过的友谊。这一对昔日的老友，从此分道扬镳了。

司马越好名士

晋惠帝司马衷死后，接替他的是司马炽，史称晋怀帝，由太傅、东海王司马越辅政。下一个月，即十二月，尚书仆射王衍提升为司空。第二年（307 年），改元永嘉。

司马炽是晋武帝司马炎的第二十五子，是晋惠帝的弟弟，今年二十四岁，好读书，远比哥哥精明。他上台伊始，就恢复司马炎时的一些老规矩，经常光临太极殿，阅读时政条文，又到东堂听政。每有宴会，便与群臣讨论政务，考论经书。有位黄门侍郎感慨道："今日又见武帝之世了！"

　　起初，他一切委政于太傅司马越，后来就开始亲自处理朝廷大事，样样都留心过问，这样司马越就有些受不了了，因为他原是想独揽大权的。为了表达不满，他要求回封地东海，司马炽不准。在他的一再坚持下，到了三月，同意他出镇许昌。

　　司马越像其他几位"乱王"一样，也觊觎着最高权力。但与他们比起来，他的资历更浅，更缺乏名分。为了提高自己的号召力，他非常注意联络和拉拢士族名士，把他们征聘到自己的幕府，所以《世说新语·赏誉》篇说"司马太傅府多名士，一时俊异"。确实如此。据统计，司马越的幕僚可以考知者有七十九人，加上未应聘者十二人，共九十一人，其中绝大多数是士族名士。可以这样说，我们前面提到的中朝名士，凡是活到后来的，差不多都曾是他的幕僚；后面要写到的渡江名士，差不多也都曾经是他的幕僚。

　　不过他似乎也是真心推崇名士，甚至对他们有点儿迷信，并不完全是出于策略和利用。前引《世说新语·赏誉》篇紧接着的一条说："太傅东海王镇许昌，以王安期为记室参军，雅相知重。"王安期即王承，在中朝和渡江以后都很有名，王衍把他比为乐广。司马越打心眼里"知重"他，曾严肃告诫长子司马毗说：夫学之所益者浅，体之所安者深。闲习礼度，不如式瞻仪形；讽味遗言，不如亲承音旨。王参军人伦之表，汝其师之！意思是说，学习所得到的收益浅，体验所得到的感受深。一遍遍练习礼节法度，不如去瞻仰那彬彬有礼的举止仪表；诵读前人的遗训，不如当面接受他的教诲。王参军是人伦师表，你可要好好向他学习呀！

与此同时，他也给王承、阮瞻等名士写信，拜托他们对儿子司马毗言传身带，不吝赐教。信中也是先讲了上面那番大道理，最后是具体请求：……小儿毗既无令淑之质，不闻道德之风，望诸君时以闲豫，周旋诲接。他说自己的儿子司马毗既没有优异的天资，也缺乏后天的熏陶，因此想屈尊各位，利用闲暇的时间，循循善诱地教诲他。不能不承认，司马越说这些话，态度是真诚的。他把自己的"世子"即继承者交给他们，说明他对名士的一种近乎崇拜的心理。

司马越对于名士，真是多多益善，府中已经有不少了，犹嫌不足，还是叫人推荐。有一次他责备自己的从事中郎、名士胡毋辅之，说他对人才无所举荐，胡毋辅之说："我怎么没举荐？前些日子我举荐了光逸，你嫌人家身世低贱，不肯召聘，能怨我不举荐吗？"

原来这光逸出身寒微，曾经当过小吏，有一次县令叫他送客，天冷，又下着雨，他身上湿透了。回来后见县令不在，就钻进县令的被窝取暖。县令想要严惩他，被他一番话说得无言以对。胡毋辅之觉得他是奇才，曾经推荐给司马越。司马越现在也想起了此事，立即下令征聘他为僚属。

从此，司马越对于那种性格怪僻、讲话切直的名士，即使出身庶族，也不敢掉以轻心了。前面我们提到的那位出身兵家、在护军府养马的王尼，也是被胡毋辅之赏识和援引，推荐给司马越的。王尼见到司马越，傲然而立，并不下拜。司马越问他为什么，他说："你身为宰相，却无宰相之能，所以我不拜。"接着历数司马越的失误，语气很激切，并大声说："你还欠我债呢！"

司马越大惊："有这样的事吗？"

王尼说："从前楚人丢了布，说是楚相偷的，因为他没治理好国家。现在我家的房屋财产，都被军人抢掠一空，使我饥寒交迫，你身为宰辅，不是该负责吗？"

司马越听了大笑，立即赏给他绢五十匹。

司马越所用的最重要的名士，他置于朝班之首以为号召和心腹的名士，是王衍。但王衍，以及其他所有名士，都没能扭转他以及整个西晋覆亡的命运。

乱世危言

司马越后来居上，独占了八王之乱所竞逐的最高权力，在他面前已经没有可以分庭抗礼的同姓藩王，却崛起了更加强有力的异族首领：代替八王之乱的，将是更加血腥的永嘉之乱。

在他的有生之年，他致命的劲敌主要是匈奴人汉王刘渊和他的儿子刘聪，以及当时正在崛起、后来也称王的羯人石勒等。

这些异族势力的兴起，完全得力于八王之乱，使他们坐获渔翁之利。晋惠帝永兴元年（304 年），趁着司马越、司马颖、司马颙几个宗王火并的当儿，匈奴左贤王刘渊在离石（在今山西）起兵，自称大单于。接着又迁到左国城（在离石北）建立汉国，并设坛南郊，举行仪式，自称汉王。这阵子，氐人李雄在蜀也自称成都王。

汉国建立后，不用说，刘渊经常派兵侵凌晋土，"南下而牧

马"。那种方兴未艾的势头，谁都看得出来他决不会仅仅满足于称
王，用不了多久，他就会称皇帝的。

此间，羯人石勒也奋起于草莱之间。他是个聪明而有大志的家
伙，又非常骁勇善战。羯本是匈奴的别支，所以他常与刘渊勾搭，
为刘渊所用，成为攻晋急先锋。迄今为止最严重的一次，是在永嘉
元年（307 年）五月，他率军攻陷了邺城，杀死那里的守将及士民
一万多人，掳掠了大量妇女和珍宝财物，临走时还放了一把火，熊
熊燃烧了十多天才熄灭。不久，石勒投奔刘渊，被封为辅汉将军、
平晋王，时刻准备着辅佐刘汉，平定晋朝。

邺城的毁灭给人们，特别是京都洛阳的士民，带来了极大的
心灵震撼。邺城是曹操的旧都，曹丕建魏后仍为都城之一，也是
当时最繁华的城市之一。它的今天很可能就是洛阳的明天，也许
更甚。人们想象着，洛阳的长街也许有一天会踏破公卿骨，流遍
士民的血。

"这并非危言耸听！"谢鲲一边在洛阳街头走着，一边对走在身
旁的朋友阮孚说。那是五月底，邺城大火才烧过几天。阮孚我们已
经见过多次，现在他们都是司马越的僚属。

谢鲲的生活之路并不顺畅，好在他所信奉的老庄哲学教给他超
脱。当长沙王司马乂在洛阳执政，司马颖和司马颙在城外包围的时
候，他正在围城之中，那时他二十三岁，已经是颇有声望的名士了。
有人诬陷他，说他想逃到城外，投奔敌方。司马乂听说后要鞭打他，
他就自己脱下衣服，任其处置，脸上毫无表情。司马乂又不打了，

他便穿好衣服，仍然毫无表情，仿佛对这种人的任何表情都是浪费。后来司马越聘他为掾属……

二人正走着，忽听后面有人喊叫，回头一看，是谢鲲的老朋友董养。这是个有点神秘的人物，飘飘逸逸，似有仙风道骨，又似为隐逸者流。他的传记，便在《晋书·隐逸传》中。

他的年龄很难说。根据传记，他在西晋刚建立的泰始（265—274 年）初年便到洛阳，但并非为了追求功名富贵。照此推算，他现在应当六十左右，至少比谢鲲大三十岁。这种忘年之交当时并不罕见。

董养饱经世故，虽不能说是料事如神，但也颇有眼光，有预见。元康元年（291 年）贾后废除杨太后时，董养来到洛阳开阳门外的太学，登上那长十丈、宽三丈的讲堂，面对这历来传播儒家道德伦理的地方，无限感慨说："这个讲堂不过摆设而已，有何用场！我常阅读国家的赦书，谋反、叛乱都可以赦，只有孙子杀祖父母、儿子杀父母的不能赦，这是王法万万难以容忍的。如今儿子废黜母亲，满朝公卿却文过饰非。天理人心既灭，大乱恐怕就要爆发了！"

果然，八王之乱由此开始了。

董养为此写了篇《元化论》，谢鲲还给他作了序。不过那时谢鲲还只有十一二岁，这序大概是近几年才写的。

现在是三个人一起在洛阳街头走着了。忽然——又是忽然，从不远处的东北方向传来轰然一声巨响，接着是惊恐的叫喊声。三人急忙朝前跑去，只见在步广里那个地方，地面陷下去一个很深的大坑。突然，此刻，从坑里扑棱棱飞出一白一黑两只鹅来，黑的一飞冲天，白的不能飞，落回坑里。

谢鲲问董养这有什么兆头。

董养想了想说："黑的象征胡人，以后将入洛阳。白的——你们自己想吧。"又回头看着两人说："《周易》说'知几其神乎'，我看二位可以深藏了！"

过了几天，他自己先带着老伴，挑着担子，往遥远的蜀地走了，蹒蹒跚跚走了。以后在洛阳城，谁也没再见到过他的身影。

记住了他那乱世的危言，又过了些时日，谢鲲也借病辞职，避地到了豫章（今江西南昌）。

解祖登枝，裸形扪鹊

西晋王朝的命运，现在主要握在两个人手中，一个是东海王司马越，再一个就是名士王衍。他最近升任司徒，成为最高行政长官。有一天他跟司马越商量，说中国已乱，应培植强有力的地方势力，以为根据地，选文武兼备的人镇守。

司马越同意他的意见。他当即举荐了两个他认为文武兼备的人选，一个是他的胞弟王澄，一个是他的族弟王敦；前者任荆州刺史，后者任青州刺史。这是当时两个有重要战略意义的地区。

这件事情发生的时间，各种资料说法不一，我采用《资治通鉴》之说，时间是永嘉元年（307 年）十一月，邺城的大火熊熊烧过半年以后。

《晋书》王衍本传叙及此事，史家批评他"不以经国为念，而思自全之计"。在当时的情况下，为朝廷经营几个坚实的立足之地和腾挪之所，以备不虞，甚至作为根据地，也不失为良策，说他完全不为国家着想也未免过分。但他也确夹带了"门户私计"，证据是：难道只有他王家兄弟才是人才吗？另外，王衍与二人有番谈话，说这两地都很险固，他自己留在洛阳，正好构成"三窟"，也确实暴露出他"狡兔"式的"自全"之想。

不过王衍也真的很看重这两个兄弟，他曾品评天下人士，说是"阿平第一，子嵩第二，处仲第三"。阿平即王澄，处仲即王敦，子嵩就是那位说"《庄子》了不异人意"的庾敳。这恐怕是从名士的角度上评论的。从事功上说，王澄虽不乏聪明，善于清谈，却完全不适合做封疆大吏。他的性格，我概括为两个字：疏阔——疏狂而迂阔。这样的人，只配做名士。

王敦倒是颇能事功的，只是为人太刚狠、豪雄。《世说新语·豪爽》篇只有十三则故事，开头四则都是他的。时人说他"蜂目""豺声"，可以想见他的刚狠。他精通《左传》，口不言钱财，喜欢清谈，倒也有几分名士风度。

王澄走马上任的那一天，送行的人非常多，名士贵官倾城出动，把道路都堵塞了。王澄本人也非常兴奋，谈笑风生。这时，他忽见庭院中的大树顶上有个鹊巢，便灵机一动，脱掉外衣，噌噌爬上树去，想取巢里的小喜鹊，不料里衣被树枝挂住，便索性一并脱掉，赤身光膀，终于把小鹊取在手中，下地逗弄玩耍，神色自如，旁若

217

无人，人们都称赏这位即将到任的封疆大吏是"达人"。

来到荆州后，他更日夜纵酒，不理政务，只是提拔了一位贫寒而能干的人作为助手，一切委之于他。几年以后，由于举措失当，数万巴蜀流民一时俱反，疏阔的王澄难以招架，几乎束手无策了。挨到永嘉六年（312年）初，镇守建邺（今江苏南京）的琅邪王司马睿征他为军谘祭酒，由现任军谘祭酒周颢代替他的职务，算是变着法儿替他解了围。他在去建邺就职时取道豫章，去探访正坐镇那里的扬州刺史王敦。二人本就心怀芥蒂，加上一个太狂，一个太狠，一言不合，就撕打起来，结果他死在这位族兄手里。

有人认为王澄一生绝无可取。是的，他确实乏善可陈。只是他年少时的一桩往事，想起来令人觉得有味，也觉得惆然。前面说过，他的嫂子，也就是王衍的妻子郭氏，是一个贪婪的女人，她居然让丫鬟到路上拾粪！王澄当时十四五岁，劝阻嫂子。嫂子瞪着眼睛骂道："小兔崽子！你娘临死的时候，是托付我管教你，还是托付你管教我？"说着抓住他的衣裳后襟，操起擀面杖就要打。王澄力大，挣脱出来，笑着跳窗逃跑了。人情不远，将近两千年了，如今想来，这叔嫂当时半真半假笑骂撕扯的情景还觉历历在目，情致宛然，有如我们在生活中曾经见到的。但愿人生长如少年时，那么单纯，那么善良，那么不识愁滋味，那么充满生活的欢快与情趣！

在任诞放达方面，王澄与谢鲲齐名，在两晋影响很大。许多年后，当青年士子想学放诞，总以他俩为借口和榜样。其实谢鲲有头脑，有见识，有节制，远非王澄可比。

《晋书》王澄等人的传记后面，史家评论说："若乃解袒登枝，裸形扪鹊，以此为达，谓之高致，轻薄是效，风流诅及！"说的就是王澄，批评他把脱衣裸体、爬树掏鹊当作通达，当作高致，这只会引来轻薄者的效法，哪算得上什么风流！其实这种行为还是来自庄子。《庄子·马蹄》篇说，往古最好的时代，"鸟鹊之巢可攀援而窥"，这不过是比况，形容那种民风素朴、没有礼法、没有机心的上古，世间单纯、亲和、毫无嫌猜的关系，王澄却信以为真了。他的放达，以至于那整个时代的放达，有不少是对老庄"自然"之旨的误读和过分发挥。其实何止那时，历史上常有"七圣皆迷"的时代，把一种原本合理的思想发挥到荒诞。

司马睿立足江东

本节将向你展示一个别样的地方，一个风景、人情都与前迥异的地方，以便为新的一章张本，为即将渡江的名士们提供一个落脚的场所。这个地方就是建邺——现在的南京市，它周边的广大地区，古代称为江东或者江左。

上节讲到，永嘉元年（307 年）十一月，王衍与司马越谋划营造"三窟"，包括东边的青州，西边的荆州，北边的洛阳。其实早在七月，他们还在南边物色好一个地方，那就是长江南岸有"虎踞龙盘，帝王之宅"之称的建邺，并安排琅邪王司马睿为安东将军、都督扬州江南诸军事，镇守建邺。司马睿聘请王导为安东司马，做他的谋主。

王导与司马越、司马睿都有不寻常的关系。作为名士，他既曾为司马越的僚属，又是王衍的族弟，很受司马越的器重。他与司马睿早就是要好的朋友。三年前司马睿还是平东将军、镇守下邳（在今江苏睢宁）时，王导便是他的司马。他认为北方已乱，只有到南边发展才有出路。此次司马睿出镇建邺，也有人说是他的主意。

王导是王氏家族的后起之秀，比族兄王衍小二十岁，比堂兄王敦小十岁。在他年少的时候，一位善相者说他："此儿容貌志气，将相之器也！"居然被他幸而言中！后来，也许是得济于"帝王之宅"的吉言，司马睿真的在建邺（当时已改名建康）当上皇帝，他也顺理成章地当上丞相。而且不当则已，既当，就是名相！两晋堪称名相的，只有他与后面也要讲到的谢安而已。而且他与谢安，还都可称为名士宰相。一方面，他们是谈玄、潇洒的真名士；另一方面，他们又是能够治国平天下的真宰相。他们的治国方略，与他们的玄学理念，基本上是一致的。在我看来，即使在整个中国古代，真正可以称得上名士宰相的，也只有他们两人而已。

经过一番筹备擘画，司马睿、王导一行来到建邺已是九月，正江南秋尽时。一阵阵凄异的雁唳，自北向南划过秋天淡蓝色的天空，提醒他们在这里也同样是过客。是的，连人家的话都不懂，听起来只是哑哑的一片。这里原叫秣陵，孙权曾在此建都。在司马睿眼中，满街的士民似乎仍自认为是孙吴的臣民，投给他们这些外来者的目光是不认同、不信任、不友好的。

司马睿原好饮酒，生分的环境和氛围使他感到郁闷，喝得就更厉害了。有一次被王导撞上，泪流满面劝谏他说，现在无论对于国家还是自己，都是生死存亡之秋，必须断然戒酒，绝不能因酒废事。司马睿悔悟，却又大口一饮而尽，然后将酒杯倒扣起来，从此真的就戒掉了。据说南京曾有个"覆杯池"，就是他戒酒的地方。

王导深知，为今之计，首要的是在这里立住脚跟，然后才谈得上发展。所谓立住脚跟，主要并不是立在江南的土地上，而是立在江南人的心田上，让他们从心里接受你。"为政不难，不得罪于巨室。"立足也不难，首先也是取信于当地的"巨室"即头面人物，在他们的心中扎下根。

为此，王导做过试探和努力。有一天他去拜访当地望族和大官陆玩，想要与他结成儿女亲家，不料被婉言拒绝了，说是："小土堆上不能种松柏，香花和臭草不能插在一个瓶中。我陆玩虽然不才，但不能带头乱了章程呀！"

王导碰了个软钉子。他知道，他说的什么土堆呀、松柏呀，香花呀、臭草呀，无非比喻南人和北人不同；他说的什么章程，无非指南北不能通婚。而这些，无非是不合作的借口。

司马睿也遇上过这类不尴不尬的谈话。那是与顾荣——顾荣不是已经死了吗？张翰不是还在灵前为他弹过一曲吗？是的，但那是永嘉六年（312年）的事，我那是提前叙述的，现在他还活蹦乱跳呢！张翰一回南方就隐居了，他却还做过官。司马睿半是真心、半是试探地对他说："我寄居在人家的土地上，心里常觉惭愧。"

顾荣听出话里有试探之意，连忙跪下诚惶诚恐说："我听说王者以天下为家，望大王不要有这种想法。"

这话说得无可挑剔，但司马睿总觉得他言不由衷，有点像外交辞令，所以心中还是不踏实。

王导旁观者清，能够理解他。确实，他发现，他们来这里快要半年了，已经是第二个年头（308 年）的二月，但司马睿的安东府前，仍然车马冷落，人迹稀疏，吴地的世家豪族、名士闻人，很少前来奔竞攀附的。他知道，司马睿虽是司马懿的曾孙，但世代既远，关系渐疏，并不显赫。同时，他本人的资历、勋业、名望，都不足以吸引人。怎么办呢？他要想个法子，把他树起来，托起来，捧起来！

恰巧三月三日上巳节快要到了，听说这天这里也和洛阳一样热闹，一样倾城出动，这是一个绝好的机会！正好，王敦最近从朝廷来。他已经历了几个州郡的长官，现为中书监，可以说威风已振，地位已高，影响已大。王导把自己的打算如此这般对他讲了，他同意配合。

江南的上巳节，自是另一番景象。暮春三月，草绿得醉人。枝头上盛开着各种花儿，黄莺相互追逐，穿插其间。总之，这里的春色比洛阳更浓些。这时，司马睿出现了，坐在几个人抬的平肩舆上，悠然，自信，福泰泰的，一派与民同乐的模样。王导、王敦、周颛、刁协等高官名流骑着高头大马，恭恭敬敬跟在后头。再往后，就是非常华丽而有气势的仪仗队。

　　王导在马上悄悄向人群扫描，只见顾荣、贺循等当地最主要的头面人物都在其中，他们显然被这气势感染了，震慑了，竟联袂在路边拜揖起来。王导暗笑了。回去以后，立刻让司马睿请这些人出来做官，司马睿则委托他亲往礼聘，他们二话没说，都欣然应命而来。

　　王导知道，现在在江东初步立下脚跟了。

　　又过了几年，永嘉五年（311年）五月，司马睿升为镇东大将军。大约就在同时，洛阳发生了永嘉之乱。

永嘉之乱

　　现在就让我们回到洛阳，那多灾多难的洛阳，只是为了向它道个别，向西晋道个别，也为王衍做个交代。

　　一肩挑起天下的兴亡，这确实是王衍没有想到的，他从来就不是一个有担当的人。年轻的时候，他喜欢议论战国纵横之术，滔滔雄辩，慷慨激扬，似乎有张仪之谋，苏秦之策。正在此时，朝廷诏令举荐能够安边的奇才，尚书卢钦立即推荐他为辽东太守，朝廷也果然要任命他，他却胆怯了，退缩了，坚辞不就，从此闭口不论世事和实事，而只谈不着边际的玄虚之学，谈何晏、王弼的"以无为本"。他善辞令，美风姿，不意成就了他的清谈领袖之名。

　　他虽不能担当，却又好功名，通过门第、婚姻、亲友等关系，因缘际会，官职越来越高，高到他自己都觉得难以胜任。在八王之乱瞬息万变的宦海风波中，他也经常退缩和逃避，甚至做出为人不齿的事情，当然好事也是有的。

最近抵挡胡人入侵，他也曾指挥打过胜仗。那是前年，永嘉二年（308 年）五月，石勒、王弥兵临洛阳城下，屯于城东的津阳门。当时司马越不在洛阳，重担就落在他身上。他先令部将组成百余人的敢死队突击敌方阵地，获得大胜，又乘胜追击，再扩战果。不过尽管如此，朝野还是人心惶惶，有如惊弓之鸟，有人提出迁都避难，王衍力排众议。为了安定人心，他卖掉自家的牛车，以表与京城共存亡的决心。这些事为王衍赢得了好名，但也带来了他不想挑也挑不起的重担。

此事过去五个月之后，这年十月，汉王刘渊果如所料，已不满于为王，而宣布称帝。不过他在位不到两年，便于永嘉四年（**310 年**）六月去世，继承他的先是太子刘和，后来四子刘聪杀死哥哥，自立为帝。刘聪才兼文武，比乃父更凶悍，更野心勃勃。他所觊觎的，当然是大晋的江山，而首当其冲的，不用说是都城洛阳。于是在他篡位不久，便派出刘曜、石勒等率军直扑洛阳。刘曜是他的堂弟，石勒已升为征东大将军、并州刺史。

司马越已于去年回到洛阳，兼任司徒，王衍为太尉，掌管军事。对于司马越来说，过去是"兄弟阋于墙"，现在却要一个人"外御其侮"了。是的，再没有宗王与他火并了，但是凡有权力的地方就有争斗，正如凡有粪便的地方就有蛆虫。司马越是个专断的人，晋怀帝也很重权势，他俩从一开始就存在龃龉。现在，他常挑动大臣苟晞抑制司马越，甚至密令他讨伐司马越。

外有明枪，内有暗箭，司马越如坐针毡，便于这年十月戎装上朝，要求率军外出，寻找战机讨伐石勒。晋怀帝见他决心已定，也就同意了。十一月他组成尚书行台，以王衍为军司，带领精兵良将四万多人，出城向东南进发，屯集项城（在今河南省）。

尽管国势危如累卵，晋怀帝关心的还是个人权力。永嘉五年（311年）正月，他密诏苟晞讨伐司马越。到了三月，更公然下诏宣布司马越的罪状，号令天下方镇共讨之，司马越忧愤而死。

司马越一死，群龙无首，众人共推王衍为元帅，这当然是他万万不敢承当的，便苦苦推托，说自己绝不是这块料儿。但一时也找不到合适的人选，只有这样稀里糊涂凑合着。大家商定先秘不发丧，将司马越的遗体装在棺材里，送到他的封地东海埋葬。

消息不胫而走，石勒的轻骑紧追不舍。四月，在苦县宁平镇（今河南郸城县），追上这支丧魂落魄的队伍，先是俘获了王衍等王公大臣，又一把火烧了司马越的灵柩，最后是铁骑合围，万箭齐发，将十多万官兵士民乱箭射死，尸积如山。

现在，石勒见到了他久仰大名的王衍。石勒虽出身寒微，又是胡人，但聪明、好学、深思，留心天下治乱，对王衍等大名士心仪久之。今天一见果然名不虚传，只见他虽已年逾半百，却依旧风采照人。他想，我也是走遍天下的人了，何曾见过如此出众的人物？

于是石勒便毕恭毕敬与他攀谈起来，问他晋室何以会到如此光景？王衍一五一十陈述了从司马炎失策直到今日逐步演化每况愈下的历史，石勒听得津津有味。王衍见状，又诉说自己原是一介书生，雅好老庄，淡于荣利，不意登上如此高位，全违当年初衷。接着又乘机向石勒劝进，让他不失良机，称王称帝。

石勒越听越觉不对味儿，脸色从尊敬逐渐变为鄙夷，打断他的话，斥责道："你名盖四海，身居高位，少壮登朝，直到白首，怎能说没有宦情？贻误天下，非你而谁！"

是的，王衍的这番谈话是很不光彩的。事后，石勒私下吩咐把他单独关进一所民房，夜间推倒墙壁将他压死，给他留下一具完整的尸首。据说，当王衍夜半听到轰然一声巨响，四面土墙向他扑来，他知道最后时刻已经到来，喃喃自语：呜呼！吾曹虽不如古人，向若不祖尚浮虚，勠力以匡天下，犹可不至今日！

这些话，有人说是王衍的临终忏悔，是他最后对清谈玄学贻误国事的反思。不过我怀疑这是后世史家根据某种成见，"合理"推想出来的。事情明摆着：他既夜间被秘密处死，而且隔着一堵墙壁，这些自语谁能听到？

六月，刘曜等率军攻破洛阳，焚烧宫庙，奸污宫女后妃，杀死官兵士民三万多人，晋怀帝也被俘虏，带回平阳封为"平阿公"，永远失去了"帝"的光环。

以上的事变，历史上称为"永嘉之乱"。至此，西晋虽然还算存在，也名存实亡、命若游丝了，后面也不再正面去写它。

清谈误国？

后人反思西晋的灭亡，提出"清谈误国"之论，把责任追究到王衍等名士头上，这是有失公允的。

清谈自身是一种学术探讨与研究，与是否误国无关。不错，西晋清谈新意无多，常常流于空谈与戏谑；清谈时又常常乐此不疲，沉迷忘返，甚至弥日信宿。参与清谈的名士几乎都身兼政府官员，甚至是朝廷高官，如王衍、乐广等，有时确实会贻误政事，但其危害也仅此而已，不能提到"误国"的高度，至少不是"误国"的主要因素。

清谈的内容主要是老庄道家思想，人们喜欢标榜"无""无为""自然"等等。由于认识上的偏差，有些人把"自然"当作任诞放达，把"无为"当作全不作为，如同裴頠的《崇有论》所批评的，这确实败坏了官场的风气，但也不能成为西晋灭亡的祸根。

西晋灭亡的直接原因是旷日持久的八王之乱。就在当时，著名爱国志士祖逖就指出："晋室之乱……由藩王争权，自相诛灭，遂使戎狄乘隙，毒流中原。"连"戎狄"刘渊等人也看出，晋室的骨肉相残，正是他们"兴邦复国"的绝佳机会。而他们的"兴邦复国"，就意味着西晋的败退甚至灭亡。而在作乱的八王中，哪一个是清谈名士？清谈名士又有哪一个是混战的主角甚至配角？哪一场厮杀是因清谈而起，或与清谈有关？没有，这一切都没有。推而言之，后面将要写到的王导、谢安都是东晋宰相，也都雅好清谈，但一个为晋王朝开创了半壁江山，一个保住了这半壁江山，怎么他们没有"误国"?

顺着八王之乱往前推，这场旷日持久的混乱是由贾后直接引发的。而贾后所以能够肆虐，是因为有一个完全管束不住她的憨痴皇帝。而一个憨痴者居然能够登上金銮宝殿，则出于晋武帝司马炎那不受约束的意志。这样，就追溯到君主专制制度。对西晋灭亡的真正原因不去深究，却推到几个书生头上，这与形形色色的"红颜误国"之论，有何本质的不同？

所以西晋清谈虽有弊端和危害，却罪不至于"误国"。

第四章　渡江名士

主要人物

王导（字茂弘，276—339 年）

庾亮（字元规，289—340 年）

郗鉴（字道徽，269—339 年）

周颛（字伯仁，269—322 年）

温峤（字太真，288—329 年）

卫玠（字叔宝，286—312 年）

谢鲲（字幼舆，281—323 年）

阮孚（字遥集，279—327 年）

帛尸梨蜜多罗（高座? —343 年）

主要活动时间

西晋怀帝　司马炽　永嘉五年（311 年）

东晋成帝　司马衍　咸康六年（340 年）

渡江！渡江！

"永嘉之乱，衣冠南渡"——史书上这么说。

连首都洛阳都陷落了，北方哪里还有一寸安定的土地？哪里还有一天安稳的日子？这时幸好在南方，在司马睿、王导苦心经营的江东，还有一个比较平静的空间。一道浩浩荡荡的天堑，隔断了胡马嗒嗒的铁蹄。于是包括名士在内的衣冠士族，都闹哄哄朝这边涌来，"渡江"一时成为热谈。

"永嘉之乱"也可作做泛的理解，并不限于永嘉五年（311年）即洛阳失陷的那一年，整个永嘉年间（307—313年）其实都非常混乱。永嘉之后西晋最后几个残年，就更不用说了。所以，"衣冠南渡"也绝非一年间的事情。

比如卫玠，就是在洛阳陷落的前一年即永嘉四年（310年）渡江的。那时他二十五岁，已经从一位漂亮的男孩出落成漂亮的青年。前面说过，将近二十年前，他的祖父卫瓘及全家被司马玮杀害，只有他与哥哥卫璪因在外治病而幸免于难。后来，祖父得到平反，由哥哥承袭了爵位，原是兰陵郡公，后改封为江夏郡公。现在，哥哥为散骑侍郎，他为太子洗马，世称"卫洗马"。

看到天下乱起来了，洛阳岌岌可危，他与哥哥商量，由他带着母亲到江南避乱。母亲不愿意，两个儿子，她能舍得下哪个呢？经过多方劝说，她总算同意跟小儿子走。临行，卫玠对哥哥说："君、父、师三者，都是要服勤至死的。如今正是忠臣效命之时，望哥哥自勉！"翌年，哥哥真的死于洛阳之难。

卫玠带着母亲等人，先是来到他家的封地江夏（在今湖北安陆），在那里住了不长时间，便继续南行，不日来到长江边上。船已准备好了。安排妥老幼和女眷以后，他自己正想登舟，抬头猛见一片惨淡的江水，他的脸色也随之惨淡起来，无穷的伤感，犹如江中无穷的波涛，在脑海翻滚。他不禁自语：见此茫茫，不觉百端交集。苟未免有情，亦复谁能遣此！是的，假如人真的不能无情，假如真如王衍所说"情之所钟，正在我辈"，那么面对这浩茫的江水，面对比这江水更加浩茫的家事、国事、天下事，谁能不感慨万千呢？谁又能排遣得了这万千感慨？

看来卫玠虽然标致，却并不轻浮；虽然善谈，却并非华而不实。他并不是空有一副好皮囊，而是有同样美好、深沉的内心。怪不得《晋书》上说"中兴名士，唯王承及玠为当时第一"呢！

王承前面已经见过，东海王司马越对他非常看重，称之为"人伦师表"，要儿子向他好好学习。他出身于太原王氏家族，与王衍、王导等人的琅邪王氏无关。王衍把他比为乐广。确实，他与乐广挺相似。第一，二者都言简而意赅，言约而意广。第二，都为政清静、宽松，在职时似乎没有什么突出政绩，去职后却为士民长久怀念。这是实行老庄清静无为政治思想的结果，东晋名士兼名相王导、谢安，执行的都是这种政治思想，获得的也都是这样的社会效果。

王承渡江的时间比卫玠要晚，司马睿已经当上镇东大将军，那是永嘉五年以后。他也同样经受了去国离乡的痛苦。他原为东海太守，永嘉之乱时"亡官失守"——丢掉官，失去职，也带领全家南下。道路梗塞，车多，人挤，空气中笼罩着惶恐的气氛。他却显得很沉静，即使遇到险境，也处之夷然，连家人也看不出他有忧戚之色。其实他把忧戚深藏在心底。到了下邳，当他登上一座山顶，回首举目北望，不见洛阳见云雾，怆恻之情再也抑制不住了，说道："大家都说愁，我今天才真正尝尽了愁滋味！"

《晋书》本传说他："渡江名臣王导、卫玠、周颉、庾亮之徒皆出其下，为中兴第一。"前面说他与卫玠并列第一，这里却又说他独占鳌头。他在当时声望很高，但他的事迹流传太少，我们无法知道他更多的故事，所以也没把他列为本章的主要人物。

"渡江名臣"也就是我们所说的"渡江名士"，又称"中兴名士"。王导作为谋主，是与琅邪王司马睿一起过江的。在所有渡江名士中，庾亮最年轻。在中朝，东海王司马越曾聘他为僚属，他推辞了，当时只有十六岁，后随父亲渡江住在会稽。他既好玄学，又重儒术；既重自然，又重礼法；容止既标致、潇洒，又严正、自尊；虽然年轻，名气却大。镇东大将军司马睿召他为掾属，见他的风神容止更胜过所闻，十分爱重，并为儿子司马绍娶了他的妹妹庾文君。文君后来成为太子妃、皇后、皇太后。凭着这层关系，庾亮后来得以与王导在政治上长久平分秋色，分庭抗礼。

还有一位"渡江名臣"郗鉴，渡江之路也十分艰辛。郗鉴家贫，常常挨饿。乡亲们敬重他，管他饭吃，他便带着侄子、外甥一块儿去就食。后来看到人家不高兴，便只得将饭含在口中，回家后吐给两个嗷嗷待哺的孩子，因而"后并得存，同过江"。

前面说过的那位大兵出身的名士王尼，就没有这么幸运了。洛阳陷落，他与儿子避乱江夏，准备由那里过江。他只有一辆牛车，白天儿子赶着，晚上睡在车上。后来因为饥饿，把牛杀吃了。但一头牛能充几天饥呢？父子俩最终还是难免饿死。他临终叹息道：沧海横流，处处不安也！……这也可以说是当时天下所有人的悲叹。

渡江，渡江！为了一片安宁的土地，渡江！为了保命，渡江！为了寻找也许可以建功立业的机会，渡江！长江深，长江长，但只要想到南边来，谁也绕不开长江！

长江再长，再险，人们还是来了，过江名士多如鲫。深谋远虑的王导看出这是一股有用的力量，不失时机提醒司马睿把他们安抚和集结起来。司马睿后来从中征聘了一百零六名作为自己的掾属，时称"百六掾"。

新亭对泣

不过名士们身虽过江，心，却留在北方。

他们不同于前代的中朝名士，虽遭纷乱却始终没有离乡去国；他们也不同于后来的江左名士，故乡只在遥远而隐约的幼年的梦里；而那些出生在南方的，故乡更只在家谱里，抽象得犹如风干的树叶。他们则在北边度过人生最好的青春年华，而心总是与青春拴在一起。这心，也许，拴在北方旧居绮窗前那盆兰花上，也许拴在老宅不远的山脚下那片绿罗裙样的春草上，也许拴在老辈坟头那字迹有点儿模糊的墓碑上。总之，他们只有在梦里才能忘记身是客。

司马睿的政府体恤他们的心情，在他们聚居的地方，设置了一些侨县、侨郡甚至侨州，用北方原有的地名命名南方的地方，如徐州、琅邪郡、临沂县等等，好使他们虽然身在异乡，却仍有一种如在故乡的感觉。但是，这怎么可能呢？这不是望梅止渴、画饼充饥吗？这只能更加勾起渴，引起饥。

好在江南有实实在在的好风景，有好看的山水，好看的花草，在春天，也常常有温润的好天气。特别是建邺的那座"新亭"，是三国时孙权所建，是一个视野开阔的处所，临近江渚，地势较高，可以望到江北很远的地方，是名士们喜欢光顾的所在。

这天，一个风和日丽的暮春的日子，他们又结伴而来了，其中也有王导。王导自身也是名士，与他们气味相投；同时，他又是一位身负重任的谋主，他来，自然还负有别的使命，照实说吧，那就是要收拾和凝聚这些失魂落魄的名士们的心气。

新亭的风景，今天显得似乎格外亮眼。周边的树叶，深绿、浅绿、黄绿、淡红、深红、紫红，色彩斑斓，很有层次感。树上以及攀缘在亭上的杂花，大概为了向这个春天道别，用尽最后的力气奋发地怒放着。几只唧啾的画眉看到人，飞走了，后来又飞回来，依然唧啾着。这一切，都慰藉着名士们那若有所失的心。

亭边一块空地上的芳草，经过一个春天的苗长，愈加肥厚、茂密了。多汁的茎叶，散发出一种若有若无的芬芳气息，淡淡的，隐隐的，氤氲在空际间。像往常一样，他们就地坐下，宛如坐在富有弹性的茵席上，一边饮宴，一边说说笑笑，谈古论今。这样，就暂时忘记了那才下眉头又上心头的乡愁。

这时人们忽然发现，座中周颉抬着头，眼睛定定地看着北边什么地方，又站起来，一手拿酒杯，一手指着远处说："看呀，那里，对，就是那个地方，像不像洛阳东门外一带的风景？"说着说着他声音哽咽了，长叹道："唉！风景依旧，山河却全不一样了！"

一滴泪珠，一闪，落到他的酒杯里。

周颉是座中年龄较大的，已经四十开外，是汝南安成（在今河南）人。父亲周浚，以军功封武城侯，他后来承袭了这个爵位，所以人们也称他"周侯"。母亲名叫李络秀，是一位能干而有决断的女子。当周浚为安东将军时，有一次打猎遇上暴雨，带着部下到一户人家的前庭避雨。这户人家看起来挺富有，却见不到人。悄悄往里一看，只见一位年青漂亮的姑娘在指挥丫鬟杀猪宰羊，为他们几十人准备饭食，干得井井有条，一点儿声息也没有。她就是络秀。她引起周浚的感动与爱慕。事后，他就向这家的家长求她为妾。她的父兄不同意她做小老婆，她便说服了他们。大概在她内心，也同样看中了这位一表堂堂的将军吧。他母亲后来也过了江，而父亲的尸骨却长留在家乡的土地上，陪伴着世世代代的亡灵。

在北方，他就已出任过尚书吏部郎、镇军长史等官职。司马睿镇守建邺以后，他较早渡江成为其军谘祭酒。现在他听说北方的山河更加破碎了，连京城都被焚毁了，怎能不泫然流涕呢？

其他名士见了，也都相视流泪，哭成一团。

"只言江左好风光，不道中原归思转凄凉"，南宋吕本中《南歌子》的词句，正好可以表达他们此刻的心情。南宋与东晋一样，也是偏安江南的小朝廷，所以吕本中所寄托的感情，与这些渡江名士是一致的，精髓都是一个字：归。家乡明月在，游子何时归？

此刻，保持着理智的只有王导一人。王导也伤感，但他知道现在不是伤感的时候，徒然的伤感也毫无用场。他站起来，脸色凄怆而凝重，一字一句说："诸君，现在国难当头，大家正当齐心协力，拥戴朝廷，光复失地，何必像囚徒那样相对流泪呢？"

这番话说得名士们心头一震，为刚才的失态暗自惭愧。

又闻正始之音

王导深知，情感是波动的，一次抑止并不能带来持久的平静，一旦风乍起，又会吹皱一池春水。相对而言，精神和思想倒是较为理性和稳定的。应当想出什么办法，安顿名士们的精神。这，还有比清谈玄学更合适，更便当，更现成，对他们更有吸引力的吗？它原是名士们的日常所习，轻车熟路，稍加引导和鼓励，这玄妙的"微波"就会飞越浩淼江水，在南方不胫而走，取代缠绵的乡思。

何况王导本人就非常热衷于清谈。有一件事情他曾多次向人们炫耀，说是当年在北方，有一年上巳节，他曾与裴颜、阮瞻在洛水边清谈。对此，他是非常引为自豪的。名士羊曼问他："这件事大家早就知道了，你怎么老要讲呢？"

王导说："我也不是炫耀，我只是觉得当年的盛事只可追忆，不可再得啊！"

他的语气里带着留恋与伤感。裴頠被杀已经十多年了，阮瞻也在前几年的永嘉之乱中遇难。逝者不再。但是，他多么希望存者能够恢复那种清谈的氛围和乐趣呀！

因此他常常带头清谈。家中来了谈客，他习惯用麈尾指着一个座位说："来，来，此是君座！"有一次他与人清谈，整夜未眠。第二天一早有客来访，他头发也来不及梳理，面带倦容。客人说："看您的样子，昨晚好像失眠了。"他说："不，昨晚与朋友清谈，忘记了疲倦，就弄成现在这副样子。"

王导经常谈论的玄学问题，《世说新语·文学》篇有明确记载：王丞相过江左，止道《声无哀乐》《养生》《言尽意》三理而已。这"三理"前面都曾经提到过。稽康的《声无哀乐论》是反对儒家的音乐政治学的，所谓"治世之音安以乐，亡国之音哀以思"之类，他则认为声音与情感无关，没有哀乐。《养生论》也是稽康所作，还与向秀争论过。在养形和养神的关系上，他与向秀不同，更加重视养神。欧阳建的《言尽意论》前面也已提及，正如题目所示，认为语言能够充分表达思想，反对各种言不尽意之论。至于王导为什么特别重视这"三理"，它们与他的政治理念、为政方针和实践有什么关系，说实话，我也说不清楚。学术界有人做过探讨，但也是见仁见智，很难有一个完全服人的确定不移的答案，那么我何必再平添一种同样游移难定的臆说，徒滋纷纭呢？也许，这只是他的个人爱好，找不出什么重大的理由？

但有一点是肯定的：在王导等人的倡导和带动下，清谈玄学在江南也很快复苏和传播开来，人们说又听到久违的正始之音。这最初是从卫玠那里响起的。真怪，仿佛是一种宿命，我们尚记得西晋之初，卫瓘曾说从乐广的谈吐里听到了当年的正始之音。现在，卫瓘的孙子、乐广的女婿卫玠又将正始之音带过长江。他短暂的生命，难道就是为了延续这正始之音，就是为了串起这名士之链？

卫玠别兄携母，南渡长江，于永嘉六年（312年）五月六日来到豫章，投奔扬州刺史王敦。前章曾经说过，大概在此前一些时日，王敦的本家、那位曾经上树掏鹊的名士王澄也曾来豫章，言语不合，为王敦所杀。傲慢的王澄十分推崇卫玠，曾为他的谈吐而"绝倒"——佩服得五体投地。卫玠没能见上他，却见上自己的另一个"信徒"——谢鲲，当时正为王敦的长史。谢鲲比他大五岁，却称他为"亚父"，就是叔父。

过了一些日子的有个晚上，军政无事，王敦、卫玠、谢鲲一起清谈。卫、谢二人都是清谈高手，现在真是棋逢对手，你来我往，互不相下，花烂映发，新意迭出。王敦虽然也能清谈，但一句也插不上嘴。不过他也听得津津有味，毫不感到寂寞。这样不知不觉天就亮了。他们居然谈了整整一个通宵！

至于他们谈的什么，我们无从知道，只知道事后王敦对下属说了一段很有名的话："卫玠的水平，我算是服了！昔日王弼发高谈于中原，今天他又吐宏论于江左。玄谈的一线，看来又接续起来了。真没想到在这混乱的永嘉之中，竟又会听到正始之音。痛快！痛快！"

王敦痛快，卫玠却不痛快。他本就才子多病，身体羸弱，一路的劳顿尚未调养好，这通夜长谈把他撂倒了，而且一病不起，于六月二十日去世，到豫章正好住了一个半月。当时谢鲲正在武昌办事，听说以后，号啕大哭，立刻赶回豫章，一路还是不停哭泣。有人问他为何这样悲哀，他说："栋梁摧折了，我能不悲哀吗？"

关于卫玠的死，还有另一种说法。说是他看出王敦有野心，豫章不可久留，便从那里到建邺去。建邺的士女久闻他的标致风流，倾城而出，一路观者如堵，拥挤不堪，加上前面说的种种劳顿，不久就病死了，所以人们说是"看杀卫玠"。这种说法很流行，也很浪漫，但一般都认为不可信。我也觉得不可信，但我没有什么证据，只是以人情推想：现在不是也有很多标致的"星"吗，看的人更多，怎么一个也没被"看杀"？

不过细寻起来，证据也还是有的，那就是他死后原葬在豫章，说明他就死在那里。大约过了二十年后，王导当丞相，经常想起他来，说是此君风流名士，四海瞻仰，应当改葬，以便祭祀、纪念，于是便把他迁葬到建康附近的江宁县（在今南京市）。传说后世这里还修了一座卫玠台，有人写诗吟咏道："江南第一风流者，无复羊车过旧街。"其实乘着羊车招摇过市，被惊呼为"玉人"，是他小时候在洛阳的事情，与江宁无关。

那么哪里去了，那宝玉般可爱的孩子？

八 达

差不多与清谈同时，魏晋名士风流的另一个侧面——任诞，也在江南流行开来。

最典型的是"八达"的故事，它记载在《晋书·光逸传》中，但这还要从胡毋辅之说起。胡毋辅之的故事在上章的"名教中自有乐地"一节已经讲过，他是一个任诞者，"性嗜酒，任纵不拘小节"；他又是一位"后进领袖"，带出了几个任诞的徒弟，后来他们又把这种风气带到南方。在北方时，好名士的东海王司马越听说他的大名，请他担任从事中郎等职。司马越死后他避乱渡江，司马睿以他为谘议祭酒。这些都是永嘉五年（311年）的事情。后来他出为湘州刺史，"到州未几卒，时年四十九"。那么，推想起来，他去世的时间大约是建兴二年（314年），"八达"的故事则大约发生在其前一年（313年）的夏天（考证从略）。

前面说过，胡毋辅之曾将光逸推荐给司马越，司马越因为他出身低贱而未召，后来才又征聘他为僚属。过了几年，他也避难渡江，还是投奔先来的胡毋辅之。好不容易找到胡毋辅之的家，却正碰上辅之与谢鲲、阮放、毕卓、羊曼、桓彝、阮孚七人闭门饮酒，已经连续好几天了。大概因为天热，一个个披头散发，赤身露体，像群无赖。光逸想进去，门卫看到他那叫花子般邋遢的穷样子，哪里肯放行！他索性脱掉衣服，光着头伸进狗洞汪汪大叫起来。胡毋辅之听到，大惊，说："他人绝不会这样，肯定是我的光逸！"叫进来一看，果然是他。于是他也加入了这激情的狂饮，合起来正好八个人，于是便有了"八达"这个雅号。

这"八达"，差不多人人都有一本放达的账。

谢鲲我们早已熟悉了，也一定记得他那"任达不已，谢鲲折齿"的荒唐故事，饮酒当然更不在话下。不过，他的传记上说他"虽自处若秽，而动不累高"，虽然表面上看来荒唐，而并无损于为人的高洁。是的，荒唐的只是他的外表，严正的却是他的内心。其实名士们包括"八达"大率如此，他们以后的故事可以为证。谢鲲去年送走了他的"亚父"卫玠，后来他母亲去世，他"母忧去职"，估计就是利用服丧期间到建邺参与"八达"的放达。

毕卓是个真正的酒鬼，他一生乏善可陈，完全是凭着饮酒的言行而彪炳史册，流传人口。《晋书》他的本传在时间上有点混乱，且不管它，只讲他饮酒的故事吧。他曾为吏部郎，这也算是比较重要的官职了，他却常因饮酒误事。他的邻居也是一位郎官。有一天他忽然闻到墙外飘来扑鼻的酒香，知道是这位"芳邻"的酒酿熟了，便于夜间悄悄溜到他家，在酒瓮间偷饮起来，被管家发现，结结实实捆绑着，扔在酒瓮旁。第二天早晨，主人来了一看，嘿，这偷酒贼原来竟是毕吏部，连忙松绑道歉。毕卓却反宾为主，拉着主人就地痛饮起来，大醉而归。

这是行。《世说新语·任诞》记载的他的话更有名，说是：一手持蟹螯，一手持酒杯，拍浮酒池中，便足了一生。这里记得挺有意思：共四句，每句五字，像首五言诗，只是不押韵。他说得对，就着螃蟹喝酒是最对味儿的，特别是那种带着海腥味儿的鲜美的螃蟹。当然要有足够的酒，像游泳池那么多的简直可以浮荡其中的酒，这样就可以了却此生了。要求真低，真简单，可怜的家伙呀，这一辈子真容易打发！

这几句话被古往今来的酒徒和非酒徒津津乐道。唉，我们有时苦心经营的"事业"，说不定一转眼就烟消云散，人家随口说出二十个字却流传千古，真是不公，也真如李太白所说："自古圣贤皆寂寞，唯有饮者留其名！"

再说羊曼。在北方时，司马越曾经征聘过他，不就。过江以后，成为司马睿的参军，那时司马睿已为镇东大将军。据史书记载，羊曼任达放纵，好饮酒，与阮放、阮孚、胡毋辅之都在"兖州八伯"之列。"八伯"者，犹如"八达"，无非都是酒鬼。

阮孚的身世已经说过好几次了，饮酒是他家的门风。他的堂祖父阮籍，是魏晋名士饮酒纵诞的祖宗；他的父亲阮咸，曾与猪共饮；他也继承了这种传统。在北方时，他曾为司马越的掾属。渡江以后，安东将军司马睿任他为参军，他却整天蓬发饮酒，不把政务放在心上，常常被人告状，司马睿也不计较。他还拿官帽上的金貂换酒喝，遭到弹劾，司马睿仍然宽宥了他。

其实在骨子里，他也是一个很清醒很谨慎的人，从以后的事情你可以看出。

如果说阮籍等竹林名士的纵酒意在避祸，那么这些渡江名士的纵酒多半意在消愁——消那难消的乡愁。"但使主人能醉客，不知何处是他乡"，李白的这诗句他们当然不可能读到，但这并不妨碍他们所感略同——在醉乡中迷醉。故乡，他乡，醉乡，反正都是"乡"。

江左管夷吾

"南渡衣冠思王导，北来消息少刘琨"，这是南宋女词人李清照的诗句。这诗句在她那里是用典，是寄托，在我们这里却是实实在在的实事，是她用典的原始出处。

刘琨的事情后面再说。王导，我们早已熟悉了他那潇洒而睿智的身影，他不但是仓皇渡江的名士的灵魂，也是立足未稳的琅邪王司马睿的主心骨。渡江之初，他就审时度势，向司马睿提出了"谦以接士，俭以足用"的方针。

一个"谦"，一个"俭"，正是王导的作风。王业初辟，筚路蓝缕，公私费用都捉襟见肘，非厉行节俭不可。王导简素寡欲，从年轻到年老，他家的仓库没有余粮，也没有一件式样重复的衣服。后来还是皇帝看不过去，赐给他一万匹布。

王导谦恭下士，善于待人接物，非常具有亲和力，能够像吸铁石一样把人吸附到自己身边。凡是与他接触过的人，都会觉得自己得到他特殊的礼遇，如坐春风，如遇知音。建兴三年（315 年）王导出任扬州刺史，百多宾客前往拜贺，他热情接待，礼数周备，大家都很满意，独有一个姓任的临海（在今浙江）客人和几个外国僧人看样儿有点冷落。那临海人他认得，正在京城做官。他借一个由头走到他身边说："足下出来，临海不就人才一空了吗？"说得这位客人脸上美滋滋的。转身又对那几位外国僧人打了个响榧，大声招呼："兰奢！兰奢！""兰奢"据说即"兰若"，是梵语"寂静处"的译音。王导的言外之意大概是说："诸位原来都在这寂静处呀，叫我找得好苦！"王导表达得未必准确，我们也未必听懂，但僧人们懂了，感到很亲切，会意地大笑起来。于是，大家的情绪更觉得轻松、活跃了。

如此潇洒、机敏，放到现代政治家中也不可多得。

前面说过，王导深知司马睿的王朝要想在江南立足和发展，必须争取、笼络和融合当地士族的力量。他除为政府制定相关政策外，还采取了一些个人行为，如曾试图与当地士族联姻等。另外，语言是文化心理的载体。为了便于与当地士人交流沟通，他还学说吴语，尽管他说得南腔北调。有一次，在一个酷热的夏日，有人到他家，只见他正将肚皮抵在玉制棋盘上，说是"这里真匋"。据说，"匋"是当时吴语"凉快"的意思。总之，王导整合南北力量共御外侮的努力是有很大成绩和深远意义的，单凭这一点，有位著名的史学家便称他无愧为民族之功臣。

王导为司马睿制定的基本国策，可以用"清静""宽松"四个字来概括。"清静"，又表述为"镇之以静，群情自安"，无为而治，从容不迫，不庸人自扰；"宽松"，又表述为"务存大纲，不拘细目"，大事清醒，小事上宁可糊涂一些。在他任扬州刺史时，扬州共统辖八个郡，他便派出州中八名官员到各郡明察暗访，顾和也在其内。后来一起汇报的时候，派出官员都谈了他们了解到的各郡的得失，独顾和一言不发。王导问他有何见闻，他正色说："明公您辅佐朝政，不是说宁可网漏吞舟之鱼吗？可现在为什么又要搜求街谈巷议，想明察秋毫呢？"

王导听了猛然醒悟，对他的话大加赞赏。其实顾和之所以敢这样讲，正是把王导的基本国策吃透了，是对他的一种提醒。王导从过江到去世，中间辅佐三代君王，始终贯彻这样一种方针，从来没有动摇过。事实证明，在当时的内外情势下，他的方针是正确的。凡是违背了这种方针，搞刻碎之政和峻急之策的，都要出大乱子。因此司马睿非常倚重他，称他为"吾之萧何也"，把他比成帮助刘邦打下天下、后来又成为名相的萧何。又尊他为"仲父"，这是春秋时齐桓公对管仲的尊称。管仲字夷吾，曾辅佐齐桓公成为春秋五霸的第一位。

这个称呼也得到名士们的认同。

前面提到的"八达"之一的桓彝，初过江时，见司马睿力量微弱，非常失望，私下对周𫖮说："我因中原混乱，到江南来求生，没想到这么衰弱，能有什么作为呢？"于是整天闷闷不乐。后来他去拜访王导，二人畅谈国事，出来后精神焕发，简直变了一个人，兴奋地对周𫖮说："我刚才见到江左管夷吾了！从此，我不再有什么顾虑了！"

与他颇有同感的还有温峤。温峤是在北方坚持抗敌的将领刘琨的部下，于建武元年（317年）被派到南方来"劝进"——劝说司马睿即位当皇帝。温峤善谈论，性慷慨，很受王导、庾亮等人的喜爱。但他与桓彝一样，看到江左还是草创，一切都有点杂乱无章，也感到忧虑与失望。后来他见到王导，痛陈北方皇上被俘，宫庙被焚，陵墓被毁，士民被杀，边说边哭，泣不成声，王导也与他相对流泪，并对他讲了些鼓劲的话。出来以后他高兴地对人说："江左自有管夷吾，我还有何忧啊！"

这就是"南渡衣冠思王导"。

至于"北来消息少刘琨"，只得且看下回分解了。

一马化为龙

西晋末年，民间流传着两句童谣，道是：五马浮渡江，一马化为龙。

据后来解释，"五马"指五个"司马家儿"，他们是：琅邪王司马睿、汝南王司马祐、西阳王司马羕、南顿王司马宗、彭城王司马纮。他们都于永嘉元年（307年）南渡长江，其中"一马"即司马睿，后来成为"真龙天子"。

这"一马"是怎样变成"龙"的呢？

说来简单，其实也真不简单。永嘉五年洛阳陷落，晋怀帝司马炽做了俘虏，被带到平阳（在今山西临汾西北），汉王刘聪封他为平阿公。说是"公"，实在形同仆役。一年多后，建兴元年（313年）正月，刘聪在光极殿宴飨群臣，命司马炽身着青衣，为他们逐个斟酒。司马炽昔日的十几个臣子不胜悲愤，号啕大哭。刘聪大怒，到了二月把他们全都杀了，同时也杀了司马炽。

五月，司马炽的死讯传到长安，皇太子司马邺在那里即位，史称晋愍帝，是西晋最后一任皇帝。建邺因为犯了他的名讳，从此改称建康，本书以下也是如此。

当月，以司马睿为左丞相、大都督陕东诸军事，翌年又晋位为丞相。这样，名义上司马睿便成为辅政大臣。

司马邺的这个小朝廷苟延残喘了三年多，到建兴四年（316年）十一月实在维持不下去了，便自动向刘聪投降，也来到平阳。刘聪封他为怀安侯，比司马炽当年的平阿公更等而下之了。这样，晋朝实际上就没有了皇帝。

翌年（317年）二月，消息传到建康，群臣一致要求司马睿称帝，理由很简单也很正当：国不可一日无君。有人甚至以死固请，再三上书。司马睿只同意称晋王，因为毕竟愍帝人尚在，不能僭越。到了三月他便即王位，封功臣，改元建武。所以在历史上，东晋是从此时算起的，虽然他还没有正式"化为龙"。本书从此也将司马睿的政权称为东晋。

现在可以说"北来消息少刘琨"了。

刘琨是从名士成为志士的。年轻的时候，他与别的世家子弟一样，好功名，好清谈，好老庄，好声色，好文学。石崇金谷园宴游赋诗，他也混迹其间，作品为同伙所称许。他的诗被钟嵘《诗品》列入中品，评为"善为凄戾之词，自有清拔之气""善叙丧乱，多感恨之词"，这是非常中肯的，当然指的是他成为志士后的作品，如"功业未及建，夕阳忽西流""何意百炼钢，化为绕指柔"，都是脍炙人口的慷慨激越的名句。

后来他在北方投身于与石勒等殊死格斗的战场，从并州刺史一直做到司空、太尉等官职。他豪迈不群，坚苦卓绝，"闻鸡起舞""猛着先鞭"的成语和典故都与他有关。不过即使他成为将军和志士，在指挥战斗中，有时还有名士和诗人之风。有一次他募得一千多人，转战到晋阳，被敌人重重包围起来。据说当晚，他登上城楼，只见月色凄清，树影斑驳，令人生出迷离的乡愁。他突然来了灵感，用足力气，运饱感情，发出凄异的长啸，啸声在空中久久回荡，也触动了敌军的乡思，都凄然长叹。夜半时分，他又令人吹起胡笳。悲婉的曲调，在深夜的冷风中，听起来尤觉悲怆，敌人都流涕叹息，更勾起了怀乡之悲。拂晓再吹，全无斗志的敌人撤离了围城。

真可谓"胡笳落泪曲，清啸断肠声"！绕梁之音，竟抵得上十万刀兵！战争，在刘琨那里，简直化成了艺术。

让我们再回到东晋。司马睿即王位的三个月后，刘琨看到天下无君，便联合北方一百八十位各族郡守和将领，联名签署了《劝进表》，派温峤为使者到建康"劝进"，劝导司马睿当皇帝，如同前面已经说过的。这就是所谓"北来消息"。"北来消息"，从根本上说，应是英勇抗敌、力争胜利的鼓舞人心的消息，应是以大局为重、形成核心以凝聚人心的消息。但可惜，第二年年底，却从北方传来刘琨被人杀害的不幸消息。

司马睿仍然没有听从刘琨等人的"劝进"，原因大概还是司马邺尚在。

不过司马邺剩下的时日不多了。这年十月刘聪出猎，令他身穿军装、手擎画戟为前导，引得老百姓都来围观，说是："看呀，这就是长安来的天子！"后来刘聪在宴会上又老戏新唱，先令他斟酒，洗酒杯，后又令他打伞为自己遮阳。在座的晋朝旧臣都掩面啜泣，尚书郎辛宾更抱着司马邺放声恸哭，被刘聪当场杀害。十二月，又杀了司马邺。

东晋朝廷听说此事，已经是翌年（318 年）三月。现在完全名正言顺了，司马睿很快做了皇帝，史称晋元帝。据说他坐上金銮宝殿的时候，想起头号功臣王导，便请他与自己同坐。王导哪敢造次，这可是天大的事情呀，便诚诚惶惶跪下说："陛下！假如太阳与万物同列，苍生怎能承受它的光辉！"司马睿也就作罢。

"一马"就是这样"化为龙"的。

不过严格说来，应当是"一牛化为龙"。原来当年司马懿曾经看到一本名叫《玄石图》的"天书"，上面有"牛继马后"的话。就像当年曹操疑忌"三马食一槽"一样，他对这句话也常犯嘀咕，便设计杀害了大将牛金，以为这下子就可以高枕无忧了。但据说天命注定的事情是谁也无法改变的，而且也杀不尽天底下所有的

"牛"。他有个孙子叫司马觐，司马觐有个妃子叫夏侯氏，夏侯氏与一个姓牛的小吏私通，他们的私生子就叫司马睿。这样，晋的血统不知不觉改变了，报应！

三日仆射

且让司马睿先做着他的真龙天子吧，我们还是注目于本书的主角——名士。

首先值得注意的是周颛。周颛渡江前后变化之大令人惊诧，但变中又有不变者在。悲剧与喜剧在他身上相交织——他把人性中好的东西毁灭给人看，也把丑恶的东西撕开给人看。

江北时期的他是一位正人君子，其性格特征可以概括为两个字：严正。《晋书》本传说他神采秀彻，年青时就享有大名，平辈朋友在一起说说笑笑，打打闹闹，但谁也不好意思对他有轻浮的言行。魏晋名士喜欢"题目"人，即用几个字来评判一个人，对他的评语是"嶷如断山"。"嶷"者，高也。想想看，一座从中间齐刷刷断裂的高山，那山壁肯定是非常陡峭、险峻的，他的为人也就是这样正直、严峻。

据说此时的他由于严正、自尊，连王敦都有点怕他，每见到他就要脸红，便推说天热不停扇扇子。王敦比他大三岁。有人认为这不可信，以王敦的强梁不可能如此。我不这样看。王敦固然强梁、豪横，但在凛然正气面前难免也会心虚。面对一个严正的人，不是据说连老虎也会退避三舍吗？严正的人身上似乎有个"气场"。

　　南渡以后就不一样了。他以名望和才能受到司马睿的信重，曾任军谘祭酒、荆州刺史等职。东晋建立后，升任吏部尚书。第二年，司马绍被立为皇太子，他成为太子少傅，仍兼吏部尚书。这真如他自己所说，"内管铨衡，外忝傅训"，在朝廷内负责官员的选拔，在朝廷外参与太子的教育，责任何其重大！后来又官加一等，成为尚书左仆射，还是兼任吏部尚书。他一面被不断提升，一面又因耽酒不断被弹劾，连司马睿都说他"屡以酒过，为有司所绳"，但每次都宽容了他，让他自己去"克己复礼"。

　　关于周颉的酗酒，还有个"三日仆射"的故事。仆射是朝廷一品高官，他却并不放在心上，还是醉时多，醒时少。据说他只有姐姐死时清醒了三天，姑姑死时清醒了三天，所以人称"三日仆射"。这固然难免夸张，但他常常饮酒误事，恐怕是没有疑问的。

　　假如说饮酒，甚至于纵酒，并不值得十分大惊小怪，阮籍、刘伶不就是先例吗？那么他另外的放纵行为，恐怕就说不过去，有损于他的清名了。有一天，他与王导等人到尚书纪瞻家观赏伎乐。纪瞻是当地人，家住乌衣巷，是一处美丽的园林，有亭台馆阁、池塘花木。他精通音乐，培养出一些歌伎，人人能歌善舞。其中一位是他的爱妾，长得特别漂亮，还能唱里巷歌谣、淫艳新声——其实就是现在所说的南朝乐府民歌，歌声婉转，动人心魄，周颉似乎受到挑逗，情欲勃发，居然当着众人要和她性交，甚至都解开了腰带。此事被奏了一本，要求罢他的官，可司马睿还是宽宥了他。

　　周颉平时与亲友聊天，也经常说些低级下流的脏话，大家讥笑他，他还强词夺理，振振有辞，说什么："我就像万里长江，每流一千里，难道就不允许弯曲一下子吗？"

周颛这种令人吃惊的变化，被庾亮称为"凤德之衰"。这是用了《论语·微子》的典故，说楚狂接舆去见孔子，唱道："凤兮，凤兮，何德之衰也！……"惋惜高尚者的变质。周颛"德衰"的原因可能有两个，一个是前述他新亭观景时流露的伤感，伤感会流于颓废，颓废会流于放纵；二是如《世说新语·任诞》所说，他"深达危乱，过江积年，恒大饮酒"，他的纵酒是因为他看得深远，看出在表面平静的背后潜伏着危乱，企图借酒自我麻醉，借酒避灾远祸。后来危乱真的来了，他虽早有所料，却终于未免。

不过周颛毕竟还是周颛，在他放浪形骸的外表下面，在他骨子里和心灵深处，毕竟还是那可贵的"严正"。有一次司马睿在太极殿西堂宴请群臣，酒酣耳热之际问道："今日名臣济济一堂，比尧、舜之时如何？"群臣都沉默不语，只听周颛厉声说："虽然都是人主，但陛下怎能与圣君相比！"司马睿大怒，回去后下令廷尉逮捕他，过几天却又把他放了。他出来后轻描淡写地说："早就知道会放我，罪不至死嘛！"

骨子里严正，外表上疏狂，他将为此付出血的代价。

另类"吾徒"

这个标题需要解释。通俗地说，"吾徒"就是"我们""我辈"，或曰"我们一流人"。不过这些人是"另类"的，他们的身份与我们不同，是些和尚。但他们又不是一般的和尚，他们是"名僧""高僧"。下面讲到的几个，其事迹都被记在《高僧传》中。总之，说他们是"吾徒"，是因为他们是名士化的僧人，或者干脆说他们就是穿着袈裟的名士，与"我们"气味相投。正因为如此，他们才有资格出现在我们的书中。

对于本书的读者而言，他们还是陌生的一群。要介绍他们，真是说来话长。

大家知道，佛教是在西汉末年从印度传入中国的。当时印度佛教分大乘和小乘，传入中国的主要是大乘佛教；大乘佛教分中观学派和瑜伽行派，传入中国的主要是中观学派。佛教传入后经过很长时间的沉寂，到魏晋时期才逐渐活跃起来。这是有原因的。

原来，中观学派又叫大乘空宗，它的特点就是讲一个"空"字。它是龙树根据大乘佛教中的般若思想创立的，其基本理论是"缘起性空"，认为世上的一切事物都是各种条件因缘合和而成的。当这些条件发生变化或消失了，那么这个事物也就变化或消失了，因此一切事物都是没有自己的固定性质（自性）的，虚假不实的，空的。过去已过去，未来尚未来，现在不常在，一切都如此虚幻。龙树的代表作叫《中论》，全书其实只论了一个字：空。它说：未曾有一法，不从因缘生。是故一切法，无不是空者。"法"，也就是一切实的和虚的事物，都是因缘凑合而成的，因而它们无一不是空的。

大乘空宗的这种"空"的思想，与魏晋玄学"贵无""以无为本"的思想，不是很相似吗？二者不是很容易一拍即合吗？何况高僧们为了使自己外来的教义"因风易行"，极力地、甚至不惜牵强附会地去迎合本土的玄学思想呢?

从人的方面来说，名士和名僧信奉的既然都偏于虚无，他们的处世态度既然都偏于"方外"，他们的行为既然都偏于超脱，那么就不难想象，他们很容易气味相投，灵犀相通，相见恨晚。

不过这仍然有个过程。在正始名士、竹林名士甚至中朝名士那里，我们几乎没有看到名士研习佛经以及名士、名僧交往的记载。到了西晋末期，北方战乱不已，名士、名僧大致同时南渡，而且大都住在建康，生活又比较稳定，互相欣赏和来往便逐渐成为风气。

首先被名士们称为"吾徒"的是帛尸梨蜜多罗，这个名字是"吉友"的意思。因为他好高座讲经，故人称"高座法师"。他原是西域某国的王子，本应继承王位，但他放弃了，让给弟弟，自己出家当了和尚，并且来到中国北方。他也是永嘉年间避乱渡江的，住在建康的建初寺。据说他天姿高朗，风神超迈，有一种潇洒脱俗的气质，所以王导一见就说他是"吾之徒也"，即"我们一流人呀"，代表名士群体接纳了他。

其他渡江名士如庾亮、周颛、谢鲲、桓彝也都与他一见如故，披诚相待。有一次他们想"题目"他，用几个字概括他的特点。想了半天，最后周颛说:"我看用'卓朗'吧，如何?"大家想了想，都觉得这两个字挺贴切。"卓朗"也就是"高朗"。周颛当了吏部尚书后，曾经抚摩着他的背说:"假如是太平盛世，我能选到你这样的官员，那就死也无恨了！"王敦当时在外地，听说京城来了这么一个奇人，特地跑回来，一见，也心悦诚服了。

高座不会说汉语，与名士们交谈须通过翻译，因此他平时说话不多。俗话说，哑巴不讲话，人们都觉得他深沉。同理，名士们也说高座高简。也有人说，他虽不懂汉语，但在翻译之前就能知道对方的意思。其实他知道不知道，你怎么知道？

高座对名士也很认同，也把他们视为自己的"吾徒"。有一次王导到寺里来看他，二人随随便便、歪歪斜斜半卧半坐着说话。过了一会儿，卞壶也来了。卞壶我们后面还会见到，他是个严正的人，非常看不惯那套任情废礼的名士习气，属于我所说的务实派官员。高座见了他，立即将衣服整理好，端端正正坐着。事后有人问起此事，高座说："他是礼法人！"言外之意应是：他，非吾徒也！

与高座不同，康僧渊南渡比较晚。他虽然也是西域人，但出生在长安，故说着一口流利的汉语，只是模样是外国的：目深而鼻高。王导常以此调侃他，他说："鼻子是脸上的山，山不高则不灵；眼睛是脸上的湖，湖不深则不清。"当时被称为"名对"——有名的对答。

天下名山僧占多。康僧渊后来住在豫章几十里外的山中，旁边是连绵的峻岭，悠长的流水，门前有清香的果林，真是景色怡然。庾亮等人曾去看过，十分羡慕，流连忘返。魏晋名士逐渐移情于山水，原因固然很多，僧人的带动我想也是其一。

还有一位名僧叫竺法深，有人说他是王敦的弟弟，恐怕不可能，因为没有一丝迹象。他活的年岁比较长，是我们下一章的重要人物，那时有些年轻人好议论他，他说："你们不要有眼不识泰山，我当年曾与元、明二帝，还有王导、庾亮二公周旋！"确实，此时他常常穿着草鞋，随随便便出入宫廷，人们都称他为"方外之士"。

综观这个时期名士和名僧的交往，虽然是前所未有的新的景象，但二者似乎还只限于精神上的相契，风度上的相慕，互为"吾徒"而已，对彼此的义理似乎还明而未融，玄学与佛学也还未水乳交融。这在下一章江左名士中实现了，在玄佛交融的中国化佛学——般若学中，法深还是其中一派的创立者呢。

名士和名僧的交往，玄学与佛学的交融，是东晋士风与学风出现的一个新特点，故本章和下章都要专门涉及。

缺壶歌

在大兴元年（318 年）的皇上登基大典上，我们记得，司马睿曾邀王导与他同登御座，其实这并不是什么好兆头。物忌太盛。当十五的月儿最圆的时候，缺马上就要来了。在一个花团锦簇般的热闹局背后，智者已经看出潜藏的冷落局的根芽。

晋的"中兴"，即东晋的建立，王导功不可没。他主内，主外的是他的堂兄王敦，凭着军功成为大将军，手握强兵，都督江、扬、荆、湘、交、广六个州的军事，覆盖了大半个南方。王氏家族在朝廷内外做官的，另外还有不少。所以社会上流传着一句话："王与马，共天下。"

"马"就是皇家司马氏。不是说"普天之下，莫非王土；率土之滨，莫非王臣"吗？臣怎能与君平分秋色、共有天下呢？司马睿嘴上不说，内心实在难平。他邀请王导同登御座不过是试探，看他如何反应；王导也心知肚明，所以惶恐坚辞。

司马睿要削弱王氏的势力，先从改变王导治国的大政方针开始。王导从当时的实际情况出发，确立了清静、宽松的基本方针，有点像西汉初年奉行的黄老之术。司马睿却要实行严苛的法家路线，"任刑法""以法御下"，并将著名的法家著作《韩非子》赐给太子司马绍，叫他好好学习。当时司马绍的老师是庾亮，他说韩非等人的法家学说"刻薄伤化"，坏人心术，不值得太子留心。庾亮在政治上与王导虽有矛盾，二者的思想路线也不尽一致，而且越往后分歧越大，但是现在，对于司马睿意在崇君抑臣的法家路线他是抵制的，朝廷大臣和士族名士也大都持这个态度。在这方面，他们的利益一致。

司马睿只得培植自己的亲信，以刁协为尚书令，刘隗为侍中。这二人很善于捉摸司马睿的心理，个性刚悍，以崇上抑下、打击门阀世族、加强皇权为己任，事无巨细，动辄弹劾，史称"刻碎之政"，引起官员们的普遍反感。他们把矛头主要指向势力最大的王氏。针对王敦驻守武昌，兵力太强，他们劝司马睿派心腹镇守附近地方，加以牵制。他们还挑拨司马睿与王导的关系，致使司马睿对王导怀疑、疏远起来，以至于引起其他大臣的不平。

王导如鱼在水，冷暖自知。他不露声色，态度淡定，人们都说他"善处兴废"。王敦则不然，他受不了这个窝囊气！大兴二年（319年）他上疏为王导打抱不平，其实更是为自身叫屈。这奏疏被王导截获退还给他，他又派人直接呈上。司马睿读后，十分不悦。

第二年（320年）八月，湘州（今湖南长沙）刺史出缺，王敦请以自己的心腹沈充补缺，司马睿按刁、刘的主意，用了自己的族叔谯王司马承，目的无非也是牵制王敦。王敦很恼火，立即上表陈述古今小人构陷、忠臣见疑的教训，要司马睿勿信谗言。司马睿反而对他更加忌恨了，二者的矛盾进一步加深。

大兴四年（321年）七月，又是按照刁、刘的主意，司马睿以戴若思为征西将军、司州刺史，镇合肥；刘隗为镇北将军、青州刺史，镇淮阴。名义上是防备胡人，其实谁都知道是防备王敦的。

王敦自己焉能不知？这不是防贼吗？这不是功劳反变成罪过了吗？这不是要"狡兔死，走狗烹"了吗？他有一种被捉弄、被遗弃的耻辱感，不禁怒火中烧。有一天与军中诸将宴饮，酒酣耳热之际，他忽然听到演奏汉乐府《步出夏门行》的旋律，由之想起曹操以这个题目写的壮阔豪迈的诗歌，眼前幻化出诗中那洪波涌起的无边沧海，幻化出曹操那吞吐日月星汉的襟怀，幻化出那驰骋疆场、一往无前的战马的形象，禁不住放声高唱：老骥伏枥，志在千里；烈士暮年，壮心不已！

他已经五十六岁，像曹操一样，也到了暮年；他也要像曹操一样，像那匹老马一样，做最后的驰骋，最后的一搏！他感情激越、慷慨，边唱边用铁如意敲击吐痰用的唾壶，把壶口敲出一个个缺口。

后代有位诗人形容他："壮怀犹见缺壶歌。"

他与司马睿的冲突，一触即发。

清君侧

"春江水暖鸭先知。"王敦手下的几位名士，由于身临其境，敏感到要出乱子了。曾经同为"八达"的谢鲲、羊曼，现在又同为王敦的大将军长史，又像当年那样终日沉湎醉乡以避祸患了。但他们也始终不忘伺机劝喻王敦，引导他以大局为重。王敦有一天试探谢鲲，说是刘隗奸邪，将危社稷，应当"清君侧"。谢鲲说："刘隗诚然可恶，可要投鼠忌器呀！"王敦见他违逆自己，便让他出任豫章太守，却又迟迟不肯放行。

名士郭璞在母丧期间，被王敦聘为参军。他是著名的诗人，神秘的占卜预言家，管辂之后《周易》术数派的又一位代表人物。他为人落拓不羁，耽于酒色，有人说这是"伐性之斧"，他说："我的性分虽所受无多，但也怕用不完，说什么伐不伐的！"其实他内心也充满危机感。有位同事死了，他哭得非常悲伤，说："焉知这不是你的福气！"

据史书记载，永昌元年（322 年）新年伊始，春雨连续下了四十多天，电闪雷鸣更是昼夜不停，一共持续了五十多天。就在这风雨如晦的日子，王敦以诛刘隗、刁协为名，在武昌起兵了。大军顺流直下，击溃朝廷的几道防线，三月，占领了建康旁边的石头城（在今南京清凉山），与朝廷相对峙。

到了这个地步，王敦也难免有些伤感，叹了口气，对谢鲲说："唉！从今以后，那种君臣融融的日子，怕是一去不复返了！"

谢鲲趁机规劝他："也不一定。只要从今以后，把不愉快的事情一天天忘掉，不愉快的日子也就一天天远去了。"

谢鲲是希望他能够撤军、认错、与皇上和好，王敦怎么肯呢？

王敦不到朝廷拜见天子，天子却令公卿百官到石头城参见王敦。

在这些朝廷百官中，已经看不到刘隗、刁协的身影。原来兵败以后，他俩在太极殿奉陪司马睿。司马睿感到自身难保，更保护不了他们，便给他们一些人马，拉着他们的手，泪流满面，叫他们各自逃生。刁协年老，半路被人杀害；刘隗逃到北方投奔了后赵石勒，后来曾任太子太傅等官职。

在这些朝廷百官中，王敦首先看到了周颉，便叫着他的字说："伯仁，你对不起我！"原来王敦曾经救援过周颉，而此次率军与他对阵的，周颉也在其中。自从王敦起兵以来，周颉性格中严正的方面又占上风了，他当着众人公然指责王敦："人主非尧舜，岂能没有一点差错？人臣怎可举兵胁迫？"

当晚，王敦有个参军出主意说，周颉、戴若思皆有名望，却都与他作对，应把他们除掉，否则必为后患。此话颇中王敦的下怀。也有人说他曾征求王导的意见，王导未置可否，等于默认，更坚定了他大开杀戒的决心。

王导确对周颉心存芥蒂。当王敦武昌起兵的消息传来后，他十分紧张，天天早晨带领家族的兄弟子侄跪在宫前谢罪，听候朝廷发落。有一天他看到周顗走来，便大声说："伯仁，我家这百口，就托付你了！"周顗也不应答，径直进宫去了。见了皇上，却苦苦为王家求情。见皇上被说通了，他很高兴，喝得醉醺醺出来，看到王导等人还是跪在那里，也不理会，只是自言自语说着莫名其妙的醉话："今年杀贼寇，得个金印大如斗，挂在胳膊肘！"回家后却又写了好几封奏章，继续替王导说情。

这一切，王导都不知道。于是，周顗的死就在所难免了。他不把事情告诉王导，大概是遵循了受恩勿忘、施恩勿言的做人的古训。当然，还由于他名士的疏狂。

他死得很惨烈。当行刑的士兵押着他与戴若思路过太庙时，他大喊道："天地、先帝之灵呀，贼臣王敦颠覆社稷，杀害忠良，凌辱天下，快快惩罚他吧，不要让他继续作孽！"士兵用戟刺他的口，血从脖子流到脚后跟，他颜色不变，从容自若。

这就是名士周顗吗？这就是那终日沉醉的三日仆射周顗吗？这就是那在大庭广众要与人家爱妾私通的周顗吗？是的，这就是他，这就是魏晋名士之为魏晋名士！

他死之后，名僧高座看望了他的遗属，又为他念咒、唱呗超度，以报答这位俗世的知音。

他死之后，王导有一次清理朝廷的文件，发现了他为自己说情的奏章，一种巨大的震惊、愧疚、尤悔、负罪之感撕扯着他的心灵。他泪流满面，喃喃说道："我虽不杀伯仁，伯仁由我而死，幽冥之中，辜负了这位良友！"

　　为此，王导在历史上背负着巨大的恶名。但这里要略微为他开脱几句。他知道王敦要杀周颢，是可能的；他对周颢心存猜忌，没有营救他，是确实的。对周颢的死，他是有责任的。但如果说王敦曾当面征询过他，得到他的默认，甚至得到他的怂恿，那恐怕是绝不可能的。否则他的政敌事后绝不会放过他，士林的舆论和朝廷的礼法也绝不会放过他，这一切并不像现在想的那样宽容。后来，即使两度想废免他的人们，也从未给他加上这条罪名。更重要的证据是，在那个节骨眼上，他与王敦并没有私下见面的机会。他觉得有负于周颢，只是他的自责，当时没有任何人为此责难他。但这件事终究暴露了他内心的褊狭，是他一生最大的"白璧之玷"。

　　四月，王敦自任丞相，决定返回武昌，在那里遥制朝政。行前，谢鲲劝他去拜别皇上，并说肯定是安全的。王敦勃然大怒，骂道："像你们这种人有什么安全不安全的，杀几百个，于时无损！"

　　回武昌后，王敦便令谢鲲出任豫章太守去了。

二子宜置丘壑中

　　在武昌遥制朝廷，有点儿鞭长莫及。到了第二年（**323** 年）四月，王敦给朝廷上表，暗示要朝廷征召他。现在朝廷已非复往昔了，晋元帝司马睿于去年闰十一月病逝，接替他的是太子司马绍，史称晋明帝，改元太宁。司马绍根据他的意愿写了手诏，他便很快移镇离建康较近的姑孰（今安徽当涂），在其南面的于湖屯兵，并以王导为司徒，自领扬州牧。

王敦的势力如此逼近建康，司马绍感到一种巨大的威压，便任命郗鉴为兖州刺史，镇合肥，迫近姑孰。王敦知道他的用意，上表推荐郗鉴为尚书令，将他调开。八月，郗鉴回建康履职，与司马绍谋划讨伐王敦之事。由此，他成为"中兴名臣"之一。

太宁二年（324年）五月，王敦病倒了，听说病得不轻。司马绍当时二十六岁，年富力强，在一个夜间骑着骏马，带着几员精兵良将，悄悄摸到于湖，侦察王敦营垒的地形和布局。回来以后，对王导、庾亮、郗鉴、温峤、卞壸等各路兵马做了部署，犹恐没有把握，又征召临淮太守苏峻、豫州刺史祖约等还卫京师。这样，只等适当时机，一声令下，就要大张旗鼓讨伐王敦了。

这一切传到了王敦那里。六月，他拖着病体，准备先下手为强，起兵之前，他让郭璞算一下吉凶如何。郭璞想阻止他起兵，就煞有介事地卜了一卦，说："无成。"

王敦本就怀疑他，听他这样讲，阴鸷地看着他，冷冷地说："那就请你算一算，我的寿命如何？"

郭璞深知一切恐已在所难免，反正豁出去了，说："不用算了，根据刚才的卦，明公要是起事，寿命恐怕难久。要是回到武昌，必享长寿。"

王敦更加阴冷了："那么你自己的寿命呢？"

郭璞平静地说："我命当尽于今天中午。"

"好吧，我成全你。"王敦看了看天色，"成全你的神卦！"到了中午，真的下令把他杀了。

"莫道书生空议论，头颅掷处血斑斑。"这就是名士兼诗人的郭璞吗？这就是那嗜酒好色的郭璞吗？是的，这就是郭璞，这就是魏晋名士之为魏晋名士！

王敦病势加重，力不从心，于七月死去。随着他的死，他的阴谋，他的乌合之众，不久也都烟消云散了。

谢鲲死得比他们都早，他于去年十一月病死在豫章太守任上，时年四十三，比郭璞还小六岁。史书上说他"莅政清肃，百姓爱之"，这是当时名士为政的一个特点。

据说他任王敦的下属时，有一次进京办事，见到当时还是太子的司马绍。司马绍问："你认为你比我内兄庾亮如何？"

比较名士高下是当时的风气，谢鲲也不谦让，说："要论肃立庙堂之上，成为百官的榜样，我不如庾亮。可是，要论纵情于一丘一壑，一山一水，他可就不如我了！"

谢鲲这几句话，透露出时代精神和士林风气的潜移暗转。显然，他认为纵情丘壑比肃立庙堂要高。名士们从追求行为的自然逐渐转向外界的山水自然，从希心庙堂逐渐转向希心隐逸。这还不过是转变的开始，更明显的转变是在后面的江左名士。东晋后期的大画家顾恺之根据谢鲲上述语意为他画像，背景就是山岩，说是"此子宜置丘壑中"。其实郭璞也是如此，这话可改成"二子宜置丘壑中"。

除晋宋之际的陶渊明外，郭璞是东晋最重要的诗人。他的诗，描山绘水的成分多起来了。他有首《幽思》诗，只剩下两句："林无静树，川无停流。"阮孚对这两句极其欣赏，说它："泓峥萧瑟，妙不可言，令人觉得神超形越。"是的，永恒的变化，永恒的流动，生生不息的明净、新奇和光鲜，与凝滞、灰暗的朝市何可同日而语！只有郭璞才能写出这样的诗句，只有阮孚才能欣赏这样的诗境。

郭璞最著名的作品是《游仙诗》，现存十四首。他歌咏的与其说是神仙，不如说是隐士；他描绘的与其说是仙境，不如说是人间的自然山水——也许山水就是真正的仙境？如其中有一首说：翡翠戏兰苕，容色更相鲜。绿萝结高林，蒙笼盖一山。中有冥寂士，静啸抚清弦……"冥寂士"不就是隐士吗？翡翠鸟儿在兰花上嬉戏，翠绿的松萝覆盖了整个山坡，这些自然风光不就是仙境吗？轻弹慢奏、长啸高歌不就是神仙般的日子吗？这真是"宁作隐士不羡仙"！

有个"江郎才尽"的故事也与郭璞有关。齐梁时有位很有才华的诗人江淹，他的《恨赋》《别赋》你一定读过了。你得承认，他写得真好！据说有天晚上他做了个奇怪的梦，梦见有位美男子对他说："我有一支笔在你这里多年了，该还给我了！"江淹果然从口袋里掏出一支五色笔还给了他，从此就才尽了，就再也写不出好作品来了。这位美男子据说就是郭璞。

啊，也借我一支五色笔吧，在来生。

顾命之臣

晋明帝司马绍虽聪明却没有福分，在平定王敦之乱后的第二年（325年）就一病不起，只有二十七岁，而太子司马衍更只有五岁，于是又到了"顾命"的时候了。接受皇上的托孤成为顾命大臣，这意味着信任、尊荣和权力，因此有些人"重之若千钧"，非常当回事儿，比如祖约没能接受顾命，成为他后来作乱的原因之一；再比如陶侃，那么一个堂堂正正的人，却也因同样原因而吃醋，而消极。但是，也有人对此"视之若埃尘"，避之唯恐不及，那就是阮孚，"八达"之一的阮孚，混血儿阮孚。现在，该顺便为他做个了结了。

阮孚后来官做得挺大。因参与平定王敦之乱，提为侍中，后又转为吏部尚书。司马绍病危，温峤乘车匆匆赶往宫中接受顾命，顺路不由分说把他也带上了，在车上才告诉他原委，并说江左危弱，应同心协力，辅佐幼主。阮孚要下车，温峤哪里肯放？快到宫中时，他说自己内急，要上厕所，谁知下车后便一路小跑逃回家去了。

阮孚淡于荣利。他有个奇怪的癖好，喜欢收藏屐——一种木底鞋。当时他与祖约齐名，而祖约喜欢积攒钱财，人们久久分不出二者人格的高下。有一次，有人到祖约家去，见他正在收拾财物，还有两小筐没放好，见人来了，连忙藏到背后，用身子挡住，神色紧张，生怕会被抢走。后来这人又到阮孚家，看到他正吹着火往木屐底下涂蜡——那可以走得更轻便些。他神气悠闲，一边涂一边喃喃自语："唉，不知一辈子能穿坏几双屐！"人们这才判定还是阮孚高，因为他有"雅量"。其实岂止是雅量问题？想想看，那个祖约，什么不可以爱好，却偏去爱好钱财！难怪他后来会谋反。

阮孚常喝得昏天黑地，其实他清醒着呢！起先，晋明帝上台后，庾亮的妹妹庾文君立为皇后，庾亮成为国舅。现在晋明帝死了，他看出庾亮将当权，而"庾亮年少，德信未孚"，天下难免出乱子。此时恰巧广州刺史出缺，他便要求到那荒远不毛却又远离是非之地做官，朝廷满足了他的愿望，任他为镇南将军、广州刺史。他在赴任的路上去世，年四十九。不久，果然爆发了苏峻之乱，人们都说他"知几"。

这就是阮孚，这就是魏晋名士之为魏晋名士——外表放诞而内心清慎。

现在还是回到顾命之臣吧。这年闰七月，司马绍死，司马衍即位，史称晋成帝，第二年（326 年）改元咸和。根据遗嘱，辅政的有王导、庾亮、郗鉴、温峤、卞壶、陆晔。陆晔是吴姓士族，是象征与摆设，且不说他。剩下的五个，可以大致分成三派，三种不同的思想类型。他们之间权力的消长，决定了此后十多年政治的走向。

王导和庾亮都是大名士，大权贵，也是彼此对立的两方。王导是政治老手，资历深，经验多，实行清静、宽松的基本方针。

庾亮当时只有三十五六岁，他是个复杂、矛盾的人物，有时甚至令人觉得不可思议。《晋书》本传上说他"美姿容，善谈论，性好庄老，风格峻整，动由礼节"。很难想象，"性好庄老"与"动由礼节"怎么能统一起来。另外，我们记得，庾亮曾经反对太子司马绍读《韩非子》，说是"刻薄伤化"，说明他反对法家思想，但他自己执政却"任法裁物"，走的正是法家路线，也许这是有意与王导立异？他与王导的争斗有政治理念的差异，也有争权夺利的成分。由于皇帝年幼，他的妹妹庾太后临朝，实际上等于他说了算，权势压过了王导，可以说是"庾与马，共天下"的时代。

温峤比庾亮大一岁，二人从小就要好。有一次他赌博输了钱，是庾亮帮他还上，人家才放他走的。所以他处处护着庾亮，帮着庾亮，但也并不反对王导。与之相反，郗鉴是站在王导一边的。由于王导的政策过分宽松，好几次有人想把他扳倒，都因为郗鉴的反对而罢休。但他也并不反对庾亮。他们都是正派的人。

卞壶也是正派的人。他可以说是另一种类型。高座和尚曾说他是"礼法人"，但他并不是当年嫉恨阮籍的那种虚伪的"礼法之士"，而是真诚地重视礼法规矩，崇本务实。他厌恶华而不实的名士习气，名士们当然也不喜欢他。阮孚曾讥笑他说："你一天到晚忙忙碌碌，不觉得累吗？"他反唇相讥："如果我不忙忙碌碌，诸君怎能风风流流呢？"当时有些贵族子弟效法王澄、谢鲲，玩什么任诞放达，他主张把他们治罪，王导、庾亮不同意。在这方面，王、庾倒是一致的。卞壶刚正不阿，嫉恶如仇，即使对王导也毫不容情。司马衍举行登基大典那天，王导托病未到；还有一次，王导称病不上朝，却私下送郗鉴外出赴任。这两件事，都受到他的严厉指责，说是"以私废公""亏法从私"。这一切都不是出于个人恩怨，而是要维护"礼法"的尊严，维护正常的政治秩序。

这样的务实官员还有一个，就是因为没能接受顾命而不满的陶侃。他有很多嘉言懿行，甚至放到现在也可以引为楷模。比如他曾说："大禹是圣人，尚且惜寸阴；我们一般人，要惜分阴啊！"这在今天也可以成为我们的座右铭。他曾被王敦排挤为广州刺史，在那里闲居无事，每天清晨把一百口瓮搬到室外，到了晚上又搬回来。有人问他为什么，他说现在中原沦陷，要练好筋骨，一旦需要，好为国效力。他也非常厌恶清谈和任达的风习，说是"《老》《庄》浮华，不是先王的哲言，不可遵行"。陶侃出身贫寒，他是依靠战功一步步上来的，所以尤其务实。

这些都是当时国家的脊梁，支撑着东晋初期倾于东南的天空。

东床快婿

现在让我们权且离开那些明争暗斗，看一个发生在此时的与婚姻有关的故事。"桃之夭夭，灼灼其华"，婚姻总令人想到美丽与喜庆，况且主角又是个大名鼎鼎的人物：书圣王羲之。

王羲之出生在可以与皇家"共天下"的头号世家大族——琅邪王氏，王敦、王导都是他的堂伯父。他的父亲王旷曾任淮南太守，也有人说晋元帝司马睿当年移镇建邺以图中兴，最初就是他的主意。永嘉元年（307 年）王羲之随家一起南渡，那时他还是个五岁的孩子。他是在江左成名的，理当归为江左名士。在后来的江左名士中，现在他算是年龄比较大的，大约二十三四岁；比较小的，如谢安只有六七岁，写《名士传》的袁宏还没出生呢。不过不论大小，在渡江名士的后期，他们都已长大了，大多走上了仕途，也参与了清谈。

在下一章江左名士中，王羲之是主要人物之一，在各方面都很有代表性，何况又是辉耀千古的书圣，现在正好给他一个提前出场的机会。他是一位高雅之人，也理应高雅脱俗地出场，但我下面要讲的他的出场故事由于太闻名，太烂熟，反由"熟"变"俗"，俗得你已知道我要说什么了——东床快婿。

既然如此，那就从简吧。前面讲过，在顾命大臣中，王导与郗鉴关系最好。郗鉴原为车骑将军、兖州刺史，镇广陵，晋明帝死后又兼徐州刺史，镇京口（今江苏镇江）。王导那次生病不朝却去为他送行，可能就是送他去京口的。

却说他有个女儿名叫郗璇，字子房，已经到了谈婚论嫁的年龄。他想起王家有不少年龄相仿的后生，就给王导写了封信，让一位门生到京城交给他，向他求一个女婿。王导说："我把他们召集到厢房，你自己去挑选就是。"

王氏一向族盛，还是在中朝的时候，有人到他们家，看到王导的平辈兄弟如王戎、王衍、王敦、王旷、王廙等济济一堂，个个气度不凡，不禁赞叹道："啊，我简直看到满眼的琳琅珠玉！"后来就有了"琳琅满目"这个成语。现在王氏的人丁更兴旺了。王导的父亲兄弟六人，他的平辈兄弟就更多了。想想看，到了王羲之这一辈，肯定更加"琳琅满目"，美不胜收，令人眼花缭乱了。

王氏子弟虽然不是没见过世面，也不是没有自信，但年纪轻轻的，头一遭儿遇上这种事儿，还是有点儿害羞，有点儿紧张，一紧张就显得一本正经，一本正经就难免做作，做作就是不自然。他们有的暗暗整理衣冠，有的在似乎若无其事中摆出一个自以为好看的姿态和表情。这一切，那门生都看在眼里。忽然，他发现一人与众不同，正歪斜着倚在东边床上大吃胡饼，芝麻从饼上落下来，落到他露出的肚皮上，也毫不在乎。他吃得那么专注，那么津津有味，仿佛除了吃，仙女下凡也不屑一顾。

门生悄悄一打听，知道他是王羲之。回到京口后，就把这些情况向郗鉴讲了。郗鉴说："就是他了！我的女婿就是他了！"他指的就是王羲之。从此，在我们的语言里又增添了两个成语：坦腹东床，东床快婿。

这个故事，你说，谁不知道呢？

郗鉴到王家求女婿，王家乐意娶郗家的闺女做媳妇，谁都看得出来，这无疑有政治联姻的意味，以便互为奥援，互相照应，后来也确乎如此。而在众多的王氏子弟里选中了王羲之，也并不是偶然的。不错，王羲之满不在乎，坦腹东床，表现出一种"自然"的态度，这是魏晋名士十分看重的。但这不是决定性的原因。决定性的原因是：郗鉴同时大概还要做艺术上的联姻。

这里指书法艺术。书法是晋代艺术的宁馨儿，历史上有"唐诗""宋词""汉赋""晋字"之称。晋代名士与世家大族都非常重视书法，这方面有"三谢""四庾""六郗""八王"之说，王、郗两家都在其中，而且人数最多。郗鉴本人就是有名的书法家，他的女儿郗璿更有"女中仙笔"之誉。因此在择婿时，考虑到书法艺术上的门当户对，考虑到与女儿能够比翼双飞，也是顺理成章的。

这非王氏莫属，非王羲之莫属。王氏的书法艺术，当时与王氏的政治地位一样显赫。而王羲之已经崭露头角，成为王氏书法的后起之秀。在这方面，王羲之真是命运的宠儿，造化的钟爱，他的长辈不但多书法名家，而且藏有书法珍品；他们不但传授他书法艺术，还传赠他秘而不宣的书法宝藏，如伯父王导赠他钟繇的《宣示表》，叔父王廙赠他索靖的草书帖，供他揣摩临习。他母亲出身于著名的书法世家卫氏家族，即名士、名臣、名书法家卫瓘的那个家族，结婚时以蔡邕专论书法技巧的传奇性著作《笔论》作为陪嫁，父亲在他十二岁时将此书传授给他。这些藏品，在当时就已价值连城；这些书法作品和论著的作者，都是前代的书法大师。另外，他的姨母卫夫人被誉为女书法家第一人，曾经住在他家教他书法。集这一切幸运于一身，王羲之焉能不飞快长进！据说去年晋明帝司马绍死的时候，祭祀的祝文就是他写在木板上的。小皇帝司马衍登基后，祝文中有的字句须做更改，但工匠们刮不掉了，因为墨迹已经透进木板深达三分，你看他有何等的笔力！这，又造就了"入木三分"的成语。

在东床袒胸露肚吃麻饼的那位后生，果然不愧为"快婿"！

又见名士血斑斑

我们还是转回朝廷。

顾命大臣虽有五六个，但主要的只是两个：王导、庾亮。由于前面所说的原因，真正说了算数的还是庾亮，所谓"政事一决于亮"。

王导执政的方针是宽和，宁可漏掉吞舟的大鱼；庾亮却是"任法裁物"，实行法治，严苛峻急。其实在那个时世，是不能操之过急的。晋元帝实行法家路线和"刻碎之政"，引出了王敦之乱，现在庾亮则引出了苏峻之乱。

苏峻之乱是逼出来的。苏峻原是北方的流民帅，即战乱年代形成的流民首领，勇敢善战。后来率众南下，被晋元帝任为淮陵内史，后又参与平定王敦之乱，进为历阳（今安徽和县）内史，封为公爵。他现有锐卒万人，武器精良，对朝廷有点桀骜不驯。庾亮觉得他必为祸患，故采取调虎离山之计，召他到朝廷任大司农，负责农业，使他脱离根据地，也顺理成章地剥夺了他的军权。王导等朝廷大臣都觉不妥，卞壶、温峤尤其反对，说这只能加速他的叛乱。

是的，苏峻原是不想反的，他说宁可到青州治理一个荒郡，也不愿到朝廷任职，这个要求屡遭庾亮拒绝。直到最后他还在犹豫，是部下坚定了他造反的决心。他见豫州刺史祖约因为没受顾命，心怀不满，便与其联合，以讨庾亮为名，于咸和二年（**327** 年）十一月起兵，杀上京师。朝廷以庾亮为征讨都督。

十二月，苏峻的部将攻下姑孰。当时桓彝是宣城内史，准备率兵救援，他的长史裨惠认为力量太弱，不如先按兵不动，等待战机。桓彝厉声说："大丈夫看到无礼于君的，要像老鹰捉小鸡那样，迅雷不及掩耳，岂能等待！"于是在芜湖与叛军打了一仗，遭到惨败，只得退守泾县（在今安徽）。此时有些州郡向苏峻投降，裨惠也提议假意与苏峻通和，他又厉声说："我受国厚恩，唯当以死相报，怎能不顾耻辱与敌人通和？即使失败，也听天由命！"

接着，他派将军俞纵把守兰石（在泾县内），苏峻派兵攻打，有人劝俞纵退兵，他受到桓彝的精神感召，也慷慨说："这怎么可能？我受桓侯的厚恩，当以死相报。我不负桓侯，正如桓侯不负国家！"于是力战而死。

敌人又掉头攻打桓彝。桓彝苦苦抵挡了半年，到第二年（**328**年）六月弹尽粮绝，壮烈就义，年五十三。他是纵酒的"八达"之一，我们大概是记得的。他喝下去的是酒，流出的却是斑斑的鲜血。

交代了名士桓彝的结局，现在再回到几个月前。咸和三年二月，苏峻的军队攻入建康，卞壶率军在西陵抵抗，结果大败，退守青溪栅，敌军因风纵火，又大败。他当时正发背疮，疮口尚未愈合，忍痛力战，率众冲到敌军阵地，被杀，时年四十八，两个儿子也同时遇害。他的妻子抚着他们的尸体哭道："父为忠臣，子为孝子，我有何恨！"

卞壶可以说是真正忠勇仁义的"礼法人"。与他差不多同时临危受命的，还有"八达"之一的玄学名士羊曼。羊曼时为前将军，率文武官员守卫云龙门。敌军杀来，有人劝他躲避一下，他说："朝廷都破败了，我到哪里求生？"也被苏峻所杀，年五十五。在魏晋时代的内外战乱中，在你死我活的权力争夺里，羊曼又洒下名士的鲜血。值得庆幸的是，在本书所写的时间范围内，包括下章的江左名士中，他是最后死在权力祭坛下的一个。

可以看得出来，凡是有真诚信仰的人，不管是儒家还是道家的，到了关键时刻，都一样能够慷慨赴义。

庾亮只能惹事，而不能宁事。这位征讨都督还未及征讨，士卒就做鸟兽散了，他只得带着三个弟弟逃到寻阳（在今湖北黄梅），投奔温峤。温峤原为江州刺史，镇武昌，于今年正月东进，屯兵寻阳，准备随时驰援建康。他见庾亮成为光杆司令，便分了一部分兵给他，并与他商讨平叛的事情，决定推举荆州刺史陶侃为盟主。陶侃仍为不在顾命之列而耿耿于怀，猜疑当时是庾亮删掉他的名字，不肯加盟，经温峤劝说才同意了，率军向寻阳会合。

再说苏峻攻占建康后，照例纵兵胡作非为。这时在太极殿护卫小皇帝的，唯有王导、陆晔等人。由于苏峻十分尊重王导，故对皇帝也未敢非礼。后来他重新封官加爵，自为骠骑将军、录尚书事，把持朝政，但仍保留王导原来的官职，排名在他之上。

在前述六位顾命大臣中，苏峻起兵时，郗鉴正任兖州刺史，离敌军最近。太后下诏提升他为司空，他奉诏流涕，立即设立坛场，慷慨誓师，三军都乐于为他效命。陶侃为盟主后，又晋升他都督扬州八个郡的军事，命他率众渡江。

这样，在东西夹击下，苏峻、祖约之乱在咸和四年（**329** 年）二月彻底平定。这个过程不拟细说。三月，照例大封功臣。庾亮把这次动乱的责任全都揽在自己身上，准备阖家离开京都，自我放逐，投窜山海，以赎罪愆。他的妹妹庾太后虽于去年三月去世，但他毕竟还是皇帝的舅舅，最后命他出为豫州刺史，镇芜湖。

这次平定苏峻之乱，功劳最大的当属温峤，众人都要他留在朝廷辅政，他说王导辅政是先帝所定，不能改变，自己仍回武昌。他本有牙病，因为拔牙中风，回去不到十天就去世了。

温峤也是名士，才兼文武。《世说新语》有一则关于他的爱情婚姻的浪漫故事，颇为有趣，可以想见他的风流，但不一定可靠，这里就不赘述了。——浪漫的故事首先必须是真实的故事，本书的前提就是求"真"。

南楼雅兴

下面的故事就是真实的。

东晋小朝廷建立不过十年，就经历了两场轩然大波，而且都险些灭顶。以下的十年虽仍不乏勾心斗角，有时甚至还很险恶，但由于当事者的隐忍，相关者的调停，名士处事方式的温雅，总算化险为夷，风平浪静。于是，像一位现代作家说的，在平静中，"积习"又趁机抬起头来。他所说的积习是作诗，这里指的是清谈。

现在，"渡江名臣"只剩下了王导、庾亮、郗鉴。陶侃虽也是名臣，但他原是南方人，用不着"渡江"，况且他于咸和九年（334 年）六月去世。接替他的是庾亮，其官职是征西将军，都督江、荆、豫、益、梁、雍六州诸军事，兼江、荆、豫三个州的刺史，镇武昌，俨然是"西南王"。这样就形成两个权力中心，一个是他，在长江上游；另一个是王导，在建康。这同时也是两个清谈的中心。

庾亮是名士，他自然少不了名士掾属，如王羲之、王胡之、殷浩等当时都在他的幕中。他们虽然都已三十左右，但在庾亮等渡江名士面前还属于小字辈，只有到下一章，才真正是他们的天下。现在，以及下一节，我们先请他们出来亮一下相。而对于庾亮、王导来说，故人云散，能做他们谈客的，也只有这新生代了。

王胡之与王羲之是堂兄弟。他的父亲，就是那位曾经传授王羲之书法的王廙。他来武昌比较早，任庾亮的记室参军。后来殷浩也来了，起先也任参军，后升为长史。乐莫乐兮新相知。对于他的到来，王胡之非常高兴，因为久闻他的大名，现在有了互相切磋的机会。

殷浩是当时清谈的后进领袖，"为风流谈论者所宗"。他也确实会说。有人曾问他："为什么人将要做官就会梦见棺材，将要发财就会梦见粪屎？"他说："那还用问吗？官本来就是腐臭的嘛，钱本来就是污秽的嘛！"他这回答，也被称为"名对"。

他与王羲之也是好朋友，曾夸奖王是"清贵人"，大概是说他清高而持重吧。他俩都是下一章江左名士中的重要人物，过从甚密，这是后话了。

现在先讲南楼雅兴的故事。此事发生的时间，从各方面推算起来，大约是咸康二年（336 年）初秋。《世说新语》上说：庾太尉在武昌，秋夜气佳景清，使吏殷浩、王胡之之徒登南楼理咏。庾太尉就是庾亮。武昌是现在的湖北鄂州市，离现在的武昌不很远，也在长江南岸。想想看吧，在那块地方，像火炉一样炙人的炎夏终于熬过去了，金风乍起，天气初凉，月光如水，用"气佳景清"来形容，其宜人，其怡人，这四个字怎么想象也不过分。

此时，名士们出场了，除殷浩、王胡之、王羲之外，还有谁，就不得而知了。地点是南楼，不用说，因为在城南的缘故。据说此楼至今犹存，后面再说吧。"使吏"大概是"佐吏"之误，就是部下。至于"理咏"，其实就是清谈。魏晋清谈，不但讲究义理的通达，词采的华美，还讲究声调的抑扬顿挫，富有音乐美，如同歌咏似的。如古书记载，王衍的女婿裴遐清谈，"善叙名理，辞气清畅，泠然若琴瑟"，说他清谈简直像弹琴一样动听。把这几句话概括起来说，不正是"理咏"吗？

正谈得起劲，忽听楼梯上传来笃笃的木屐声，大家知道，必是庾亮来了。庾亮是个一本正经、看似严峻的人，名士们都鸦雀无声，准备散去，没想到他竟慢悠悠地说："诸君稍微留步，老夫我今天也兴致不浅哪！"说着，便随意坐在一张可移动的轻便的"胡床"上，与大家一起清谈起来，声调清亮悠扬，显得那么平易亲切。长久以来，大波迭起，总是匆匆的，难得今日算是宽裕，又月明风清，触发了他沉寂已久的清谈雅兴，也流露出他久违的名士本色。这个故事，《世说新语》放在《容止》篇中，无疑是着眼于他那过人的风采。

过了四百年后，大诗人李白与友人曾在这里饮酒，兴酣落笔，写了一首《陪宋中丞武昌夜饮怀古》，所感怀的就是这件事情，其中说：清景南楼夜，风流在武昌。庾公爱秋月，乘兴坐胡床……正是我们刚才看到的情景。那场面，那景象，那气氛，使李白何等神往啊！而太白此时那逸兴，那才情，那醉态，又使我们今天何等神往。

现在，在湖北省鄂州市鄂城区古楼街北段，在一座高大的半圆拱门上面，有一座古雅的楼阁，当地的市民指点说，此即当年庾亮与名士们月夜谈咏的地方，因此叫"庾楼"或"玩月楼"。在他们口中，在他们心中，这些千载以上的人物，包括李太白，都像他们的老乡一样亲切，亲切地活在他们中间。

相府夜谈

无独有偶，推算起来，第二年即咸康三年（337年），王导也导演了一场清谈，而且是更加典型的清谈。那时他已经六十二岁，仍为司徒，相当于丞相。清谈的时间也是晚上，故我称之为"相府夜谈"。

这里有个值得一提的思想文化背景。据史书记载，为了振兴儒学，就在这年正月，有人上书提议兴办学校。晋成帝采纳了这个意见，立即立太学，招生员，传授儒家经典。但是，"士大夫习尚老庄，儒术终不振"。是的，连堂堂丞相都带头清谈玄学，儒学怎能振作呢？

这次清谈与殷浩有关。殷浩因母亲去世（也有说是父亲），从武昌回到建康奔丧、守丧。王导的幕府也多名士，如谢尚、王濛、王述、桓温等，趁此机会，他便把他们召集一道清谈。他们的年龄，如果说与庾亮相比差别并不太大，那么比王导就小了约三十岁，王导完全是他们的父辈。——他们的父亲，差不多都是他的熟人或友人。

谢尚是谢鲲的儿子。他比殷浩虽只小三岁，成名却晚，所以对殷浩很尊崇，年轻时曾去拜访他，与他清谈。只听他洋洋洒洒，一口气讲了半个时辰，写下来该是一大篇了，旨趣既妙，辞藻又丰富生动，把个谢尚佩服得五体投地，紧张得汗流满面。殷浩却不急不慢对左右说："快拿手巾来，给谢郎擦汗！"后来没想到二人竟成为连襟，都娶了袁氏姐妹。

谢尚与王濛，可以说是一对风流种子。谢尚年轻时"妖冶"，会跳舞，善音乐，喜欢穿一种刺绣的裤子。至于王濛，呵，又是一个美男子！他简直有点像潘岳。年轻时家穷，帽子破了，跑到集市去买。卖帽的老太婆看他这么漂亮，白送他一顶，没要他的钱。——那真是一个爱美的时代！也许这也是"人的觉醒"之一端？

连他自己也被自己的漂亮所陶醉。有一次他对着镜子，忍不住自我欣赏道："王文开竟生下这样的儿子！""文开"是他父亲的字。在魏晋那"越名教而任自然"的时代，如同西晋文学家束皙《近游赋》所说，人际关系随随便便，常常"妇皆卿夫，子呼父字"。儿子直呼父亲的名字，除王濛外，我们记得还有胡毋辅之的儿子胡毋谦之。"妇皆卿夫"，妻子称丈夫为"卿"（表示亲昵、亲爱），可以举出王戎的老婆。王戎叫她不要这样叫他，这"于礼为不敬"。老婆理直气壮地说："亲卿爱卿，是以卿卿；我不卿卿，谁当卿卿？"拿现在的话来说，就是：亲你爱你，所以才叫你"卿"，我不叫你"卿"，谁该叫你"卿"？王戎没法，只得由她去了。

可巧这王、谢二人都是王导的掾属。在一次宴会上，王导请他俩各露一手。谢尚也不推辞，跳了一段《鸲鹆舞》。"鸲鹆"即八哥，这舞不用说是模拟八哥的动作。后来有人写了篇《鸲鹆舞赋》描绘跳舞时的情景，说舞者先是凝神肃立，做好飞的准备。一会儿身体一俯一仰，一会儿双臂一下一上。音乐舒缓时，低垂下衣襟好像在雌伏；音乐高亢时，动作急骤起来，又好像雄鹰飞翔。王导看着，看着，忽然伤感地说："啊，令人想起安丰。""安丰"就是竹林七贤中的王戎，他的族兄，封安丰侯，去世已多年了。王濛也翩翩起舞，人们都称赞他"任率"，犹如七贤中的向秀。

王述的父亲，就是有"中兴第一"之称的王承。他本人却因年已三十而尚未成名，被人说是痴。王导看他是名家子，聘他为中兵属。集会时，王导每一讲话，众人莫不附和赞美，他却正色道："人非尧、舜，怎能每句话都对啊？"王导觉得他说得好，称赞道："王述不痴呀！"

桓温的父亲，是"八达"之一、后来在苏峻之乱中战死的桓彝。据说桓温小时候很讨温峤的喜欢，说他将来必为英豪，所以父亲名他为"温"，取个吉利，也留个"存照"。果然他后来非常雄豪——雄豪犹如王敦。

就这样，王导把这些小儿辈都细细打量了，觉得个个神气不俗。不过这次清谈主要对手是殷浩，他是"客"嘛！其他的都是听众和评判。于是王导站起来，解下那把悬挂在帐带上的麈尾扇——那是他清谈时须臾不离的，对殷浩说："来，来，老身今晚要和你辩论个水落石出！"

于是二人便你来我往论辩开了。论辩的内容现在不得而知。只见他两你一"难"，我一"解"；你一"问"，我一"答"；"一番"又"一番"，不知不觉，已经三更，却都没有睡意。王导虽然年老，精神依然矍铄。其他人，都聚精会神，听得津津有味，却一句也插不上嘴。最后，王导总结道：向来语，乃竟未知理源所归，至于辞喻不相负。正始之音，正当尔耳！

他的意思是说，刚才我们的一番论辩，最后竟没有得出一个共同认可的结论。无论言辞上，还是逻辑上，谁也说服不了谁。不过这不打紧，结论固然重要，那探讨真理的精神和过程，有时却更加可贵。我想，正始之音，正该如此啊！

注意，我们又听到人们说起正始之音！自从何晏、王弼等人把它吹响，一百多年了，它始终像乐曲一样荡漾在历史和学术的夜空。它还将继续荡漾下去。

天快亮了。王导感到一阵疲惫，他毕竟老了。在睡眼惺忪中，他看到一张张年轻、聪慧的脸。刚才他领教了殷浩清谈的水平。说实话，他，以及他们，都绝不比自己差。他们毕竟在父辈的庇荫下，有时间、有条件看书，不像自己一代那样战乱频仍，王事鞅掌。他深知，"后生可畏，焉知来者之不如今"？他深信他们将接续正始余绪，也接续他这代开创的江东事业，承当起历史的风风雨雨。

王导是不行了，我们在下一章却将经常看到他们的身影，听到他们的声音。

元规尘污人

王导与庾亮的矛盾，咸康四年（338年）前后达到顶点。

庾亮是矛盾的主动方面。他是国舅，他比王导小十三岁，他的几个弟弟都占据要津，因此他更富有进取性。王导的思想、性格和年龄，都注定更倾向于退守。王敦之乱使他的精神受到惊吓，家族的势力受到削弱，加上身体越来越糟，就愈发心灰意懒了。但他也知道，他的资历、功劳、威望和地位，别人是很难动摇和取代的，所以也就任从风浪起，稳坐钓鱼台。

他们的矛盾由来已久。还在晋明帝司马绍的时候，王导有一次收到一封诏书，打开一读不禁大吃一惊，原来是写给庾亮的，里面还说什么不要让王导知道。王导赶紧把诏书封好，退还司马绍，还在附信里说这诏书只有"臣开臣闭，无有见者"。这真是此地无银三百两，弄得司马绍十分尴尬，很长时间不好意思见王导。要知道，王导是他的恩人呀，他父亲晋元帝曾一度想废黜他另立太子，还幸亏王导的力争才保住呢。

从这件事情看得出来，庾亮与皇室是一家子。作为国舅，维护皇室的利益，也就等于维护自家的利益。从司马绍方面说，利用外戚，可以限制王氏这样的权臣。庾亮与王导后来的有些矛盾，也可以作如是观。

为政方针的不同，是王、庾矛盾的一个重要原因。王导为政，只抓大的、重要的方面，对细节问题不很拘泥，常常睁一眼闭一眼，宽松、包容、隐忍，即所谓"务存大纲，不拘细目"。这样为政比较简练，但有时也失之过宽。庾亮则法度细密，纲目不失。

记得一个酷热的夏日，王导去看望庾亮，见他正忙得不可开交，便劝他说："天这么热，有些事可以简略点。"庾亮觉得他话中带刺，讽刺自己为政烦琐，就反唇相讥："你有些做法，人家也并不认为都对。"这看似简单的对话，反映出二人思想和作风的差异。

王导实行的宽松政策有时流为姑息、纵容，所谓"网漏吞舟"，也引起庾亮以外的务实派官员的不满。还是陶侃在世的时候，咸和四年（329 年），将军郭默擅杀江州刺史刘胤。王导觉得郭默难制，加上苏峻刚平，皇帝尚幼，就顺水推舟，干脆让郭默当了江州刺史。陶侃十分生气，写信质问王导："杀刺史的，让他当刺史，那么杀丞相的，就该让他当丞相了？""杀丞相的当丞相"一语含有杀气，咄咄逼人，王导不禁倒抽了一口冷气，须知，他就是丞相呀！果然，第二年陶侃起兵擒杀了郭默后，便想废除王导，只因司空郗鉴反对才作罢。陶侃不是野心家，他当时已经七十多岁，也没有"当丞相"的大志，他只是看不惯王导的做法。

王导我行我素，一如既往。现在他所委任的将领赵胤、贾宁等也多不奉法，王导也并不很在意，大臣都很担忧，想起了当年郭默的猖獗，但是，当年的陶侃安在？

陶侃早已死了，庾亮想承当起他的角色：罢免王导。为了获取支持，他也想争取郗鉴，郗鉴仍不同意。庾亮又专门给他写信细数王导的罪过，主要有两点，一是说秦始皇愚弄老百姓，天下犹以为不可，而王导居然愚弄皇上，皇上已经大了，却还把他当作孩子！二就是赵胤、贾宁的事情，这两个家伙有无君之心，他还一味包容。总而言之，就是要把王导废除。郗鉴还是不同意。他可以说是陶侃、庾亮眼前的一堵墙，王导头上的一把伞。

其实，对于王导晚年的一些做法，郗鉴不是没有看法的。郗鉴是书生出身，平生戎马倥偬，老来爱好清谈。每见到王导，就要与他谈论，伺机规劝他。王导看出他的用意，就拿别的话岔开。有时干脆不理他，说"愿公无复谈"。他之所以反对罢免王导，是觉得朝廷需要这样的老成人，天下也不能再乱。当然，他们还是儿女亲家。

对于这些，王导心中有数，应付裕如。庾亮有位下属名叫陶称，是陶侃的儿子，因对庾亮心怀不满，常私下向王导密报情况。有人劝王导做些准备，他说："我准备什么？我与元规休戚与共，谣言应当止乎智者。即使万一他带兵来了，我摘下这顶官帽回乌衣巷就是！""元规"是庾亮的字。他又给陶称写信，说庾亮是国舅，应当好好侍奉，不能拨弄是非。庾亮有位参军名叫孙盛，这时也对庾亮正言相劝。这样，这场危机才化解了，没有酿成什么乱子。孙盛是位名士和历史学家，前面已经提到他，下一章我们还会见到他。

王导表面上若无其事，内心对庾亮自然不会有什么好感。这年夏天他在外面乘凉，忽然刮起一阵好大的西风，一时间沙尘扑面，他赶紧用扇子遮住脸，厌恶地说："元规尘污人！"

庾亮时在武昌，武昌在建康西面。仿佛这妖风是庾亮施用魔法祭起来的，仿佛这风中的沙尘是庾亮施用妖术播撒的，仿佛这沙尘中的污秽会玷污人的一切。有位古人说王导善于自我克制，总是不露声色，流露出感情的话，平生只有这一句。

三良既没

回想起来，王导身体欠佳，恐怕不是三天两日的事情了。太宁三年（325年），晋成帝司马衍登基大典，王导托病没有参加；他还托病不朝，却为郗鉴赴任送行；这一切虽然包含着对"政事一决于（庾）亮"的不满，但也必定有病可托。那一年，他五十岁。

此后，时而有他身体欠安的透露。比如咸康元年（335年），王导因"羸疾"即病弱，没能参加朝廷的聚会，于是这年三月，司马衍亲率群臣到他府上设宴聚饮。那一年，他六十岁。

咸康四年（338年）六月，改司徒为丞相，仍由王导担任（王导死后又改为司徒）。王导对政务却更加淡漠了，文件只是大致翻翻，便签上名字，表示已阅、同意。这虽与他崇尚无为、简易有关，但体力和精力不济，恐怕也是重要原因吧。那一年，他六十三岁。

这段时间，正是庾亮策划"倒王"之时。尽管他表面不露声色，若无其事，内心肯定会很气愤，也难免紧张和忧虑，这无疑也大大损伤着他的身体，结果于第二年即咸康五年（339年）七月一病不起。这年，他六十四岁。

王导知道自己将不久于世。他回想平生，特别是"中兴"以来的所作所为，包括清静、无为、宽松的基本方针，他觉得还算得当，自己也还算满意，不禁喟然长叹：人言我愦愦，后人当思此愦愦！"愦愦"就是糊涂。他的意思是说，现在人们都嫌我糊涂，将来他们怀念的，恐怕正是这糊涂。

确实，王导去世后，本想让庾亮由武昌入朝辅政，庾亮坚辞，于是就用了他的弟弟、扬州刺史庾冰。庾冰辅政一改王导的做法，在个人作风上，他忙忙碌碌，不舍昼夜；在为政方针上，变"网漏吞舟"为"网密刑繁"。有人当面批评他："你看起来纲目不失，其实不过是小道小善罢了。王丞相会这么做吗？"这话受到青年谢安的激赏。谢安后来也做了丞相，他的为政方针是"不存小察，弘以大纲""镇以和靖，御以长算"，可以看出，完全是从王导那里继承来的，连字面都相似。

却说去年五月，晋成帝以王导为太傅，郗鉴为太尉，庾亮为司空，这是最高的三名朝廷大臣，是国家的三根栋梁。现在王导死了，三根栋梁去其一。一个月后，郗鉴，第二根栋梁，也摧折了。

郗鉴是在升任太尉后得病的，当时已年届七十，自知不治，便上疏辞去太尉，并对后事做了安排。他原本也是流民帅，统领的官兵多是北方人。小草恋山，百姓怀土，他们想念家乡也是常情。但如果他死后他们自发北渡，很容易出乱子，所以要有镇得住的人接替。他觉得他的侄儿、晋陵内史郗迈很为流民拥戴，可为兖州刺史；太常蔡谟众望所归，在流民中颇有威信，可任徐州刺史。朝廷采纳了他的建议。

郗鉴不愧为"中兴名臣"。他正直，有主见，顾全大局。他反对陶侃、庾亮的两次"倒王"，使东晋免除了再遭动乱之灾。所以清初思想家王夫之《读通鉴论》说："东晋之臣，可胜大臣之任者，其唯郗公乎！"

在王导去世前，庾亮也已经得病了。那还要追溯到年初。他看到北方自石勒死后，始终没有平稳下来，便想借这个机会收复中原。王导赞成他的想法，郗鉴却认为准备不足，不可大举。但庾亮还是加紧部署，命毛宝等戍守邾城（今湖北黄冈西北），其他诸将也各有安排，他自己拟进驻石城（今湖北钟祥）。到了五六月，邾城被陷，毛宝投水自杀。庾亮良图成空，又悔又愧，窝囊出病来。适逢王导去世，朝廷征他为丞相，他哪里还有脸面！病势却日渐沉重，于咸康六年（340年）正月去世，年五十二。

庾亮一表人才，至老不减，人称"丰年玉"。下葬之时，有位大臣流涕叹息道："玉树竟被埋到泥土中，叫人怎能甘心呀！"是的，从此永远消失了，他那天人般的风姿！

庾亮缺乏政治才能，更缺乏实际的政治经验。他能够登上那么高的位子，主要依靠两条，一是国舅的身份，二是出众的仪表。他一生做成的事情不多。在苏峻的问题上，更完全是成事不足，败事有余；在王导的问题上，也差点儿酿成大祸。总之，他也许是合格的名士，却是不合格的名臣。

但也不能把他看作反面人物，他不是大奸大恶。即使"倒王"之事，虽有争权夺利的成分，但主要还是由于政治理念的差异。他曾经有匹"的卢"名马，殷浩说这马对主人不利，会"克"主人，劝他卖掉，他说："那不就把祸害转给别人了吗？"说得殷浩很惭愧，可见他心地的善良。至于他的雅人深致，前面已经领略过了。

仅仅半年，"栋梁"就接二连三摧折了。当时朝野流传着一句话："三良既没，国家殄瘁。""三良"在这里无疑是指王导、郗鉴、庾亮。"殄瘁"就是困苦。三位贤者都离人们而去了，国家面临着困境。

但日子还得过下去。天塌了，有地接着。

渡江天马南来

南宋大词人辛弃疾词云："渡江天马南来，几人真是经纶手？长安父老，新亭风景，可怜依旧。"所谓"渡江天马南来"，指的就是"五马浮渡江，一马化为龙"所建立的东晋。他认为东晋没有一个经天纬地的人才，能够收复中原，使离乡背井的名士不再新亭对泣，使沦陷区的百姓不再翘首南望王师。

南宋人的诗词中写到东晋，往往意在借古讽今，影射本朝。南宋有没有经天纬地的人才，不得而知；东晋我以为却是有的，那就是王导。

渡江名士又称"渡江名臣""中兴名臣"，他们共同支撑起晋室的"中兴"，但王导无疑是主角。力促司马睿南渡寻求出路的是他，把司马睿捧起来直到捧成"龙"的是他，把南北两股力量扭结起来共御外侮的是他，制定清静、宽松基本方针国策的也是他。后来他虽受到庾亮挤兑，但在骨子里，真正支撑着"中兴"之局的其实还是他——以他的威望，他的精神，他的方针。他是真正的"定海神针"。不错，他未能收复中原，因为他毕竟扭不过时势。

王导是玄学名士，他的世界观基本是老庄的。老庄思想的核心是"自然"。"自然"运用到政治上，主要是"清静""无为"。王导的政治思想和为政方针，在《晋书》和其他资料中有如下这些表述："务存大纲，不拘细目""镇之以静，群情自安""政务宽恕，事从简易""网漏吞舟（之鱼）""清静""宽惠""包容""愦愦"。可以看出，这些与老庄的清静无为之旨是一致的，与他的世界观也是一致的。并且，王导执行这基本方针是一贯的，坚定不移，从渡江之初到行将离世，始终没有改变。事实证明，他的基本方针适应了时代的要求。

王导不愧为中国历史上的名相。

第五章　江左名士

主要人物

司马昱（字道万，晋简文帝，320—372 年）

殷浩（字渊源，305—356 年）

王羲之（字逸少，303—361 年）

谢安（字安石，320—385 年）

王濛（字仲祖，309—347 年）

刘惔（字真长，314—349 年）

孙绰（字兴公，314—371 年）

许询（字玄度，生卒年不详）

竺法深（286—374 年）

支遁（字道林，314—366 年）

主要活动时间

东晋成帝　司马衍　咸康六年（340 年）

东晋穆帝　司马聃　升平四年（360 年）

以玄对山水

真没想到，本章要由孙绰切入。

这并不是说孙绰不重要。相反，在本章的江左名士中，他是一个相当重要的人物。他不仅有良好的玄学素养，也有良好的佛学素养，甚至可以说，他的佛学素养在当时的名士中是数一数二的。他还是一位文学家。他与另一位名士许询，在文学史上被公认为是曾经风行一时的玄言诗的代表，合称"孙许"。他又特别善写碑诔之文。当最显赫的"中兴名臣"温峤、王导、郗鉴、庾亮相继去世时，他们的碑文都出自他的手笔，而且非他撰写家属不肯刊刻，仿佛只有他那生花的妙笔，才能为逝者的生平生色，为存者的脸上生光。

这四人中，庾亮去世最晚，是咸康六年（**340**年）正月，碑文自然是在这不久后写成的。其中说：公雅好所托，常在尘垢之外……方寸湛然，固以玄对山水。他赞美庾亮那高远的志趣，常常寄托在污浊的尘世之外，他那明净深澈的心灵，总是带着缥缈的玄思，倾情于山水林泉。

孙绰的碑诔之文常有谀墓的成分，不过说庾亮希心山水，他是有亲身体验的。那是他任庾亮的参军时，曾陪他到吴兴白石山游玩。白石山壁高四十丈，异常险峻陡峭。山下有个印渚，是众溪汇聚而成的湖泊，十分明净，看了叫人觉得日月清朗，心灵也似乎受到涤荡。他亲眼看到，面对这明山秀水，庾亮显得何等兴奋啊！

庾亮本色是名士，他从小爱好老庄，喜欢清谈玄学，那么说他"以玄对山水"——用一种清虚玄妙的老庄道家眼光观照山水，并由山水悟玄，得到某种玄妙的启迪，就是自然而然的了。

其实何止庾亮？"以玄对山水"可以说是玄学产生和流布的必然结果，而到东晋显豁出来。

魏晋玄学根底于老庄。向往山水林泉，正是推崇"自然"的老庄思想的题中应有之义。特别是庄子，他在《知北游》中大声呼喊："山林啊！原野啊！使我欣欣然而无限快乐啊！"正始清谈玄学兴起以后，山水那明媚的身影，在嵇康的竹林里，在石崇的金谷园里，在谢鲲的"一丘一壑"中，渐次清晰起来。但由于种种原因，他们总是匆匆的，匆匆的，少暇顾及。

现在好了！到了江左名士，该乱的乱过了，该稳的稳定下来了。这些在南方生长起来的人们，已经没有他们的父辈渡江名士那种举目有"山河之异"的乡愁，可以用娱悦的心观赏"新亭风景"了。而且幸运的是，他们的父辈当年渡江以后，为了避免与当地士族发生矛盾，便不在太湖流域求田问舍，而去开发"东土"，就是现在的浙东一带，以会稽郡为主，在那里建立田庄。当时的会稽郡包括山阴、上虞、余姚、诸暨、剡、永兴等县，正是南中国风景最秀丽的地方。

且看名士们是如何惊叹和描绘当时的会稽之美吧：

顾长康从会稽还，人问山川之美，顾云："千岩竞秀，万壑争流，草木蒙笼其上，若云兴霞蔚。"

会稽境特多名山水……王子敬见之曰："山水之美，使人应接不暇。"

这两条材料都见于《世说新语·言语》篇。顾长康即顾恺之，是当时的大画家；王子敬即王献之，是书圣王羲之的儿子，本身也是大书法家。他们描绘的这些美好景致，不用说也吸引了其他名士的目光。他们作为艺术家，可以说是"以美对山水"，即用审美的眼光观照山水。而一般名士作为玄学家，则是"以玄对山水"，即以沉思的、哲理的眼光观看山水。"以美对山水"得到的是美感，"以玄对山水"得到的则是老庄玄理。

不过在庾亮的时世，这一切还不很成熟，不够自觉，"以玄对山水"其实更是以孙绰为代表的江左名士的"夫子自道"。他曾写过一篇《游天台山赋》，抒写的正是这种感受，其中说：释域中之常恋，畅超然之高情……泯色空以合迹，忽即有而得玄。……浑万象以冥观，兀同体于自然。他说要抛弃尘世那凡俗的爱好，到天台山追求超越的高远的情志——其实就是老庄道家境界。得到的结果是"泯色空以合迹，忽即有而得玄"。"色空"一句属佛教思想，意思与下面"忽即有而得玄"差不多，以后还要谈到。"即有得玄"，在天台山实实在在的山水景物（有、色）中，悟出虚无缥缈的哲理（玄、空），这不就是"由山水悟玄"吗？至于"同体自然"，可以说，既是同于老庄的自然、自由境界，也是同于山水的大自然。

天台山也在会稽境内。会稽，会稽，在本章，这是一个多么重要的地方！本章几乎所有的故事，都发生在两个地方，一个是建康，一个就是会稽。建康是京城，会稽是"东土"；建康是庙堂，会稽是山林；建康是仕，会稽是隐。

渡江名士同时也多是渡江名臣，时势使然，他们不得不挑起"中兴"的重担。江左名士就不同了，他们的生存条件变了，与政治的关系不那么紧了，他们心灵的天平更多地倾斜于山水，倾斜于隐逸。可以说，"以玄对山水"是本章的基调，甚至是本章的主题，是当时的时代思潮，是名士们的精神追求。有时候，一句话可以划出一个时代。实话说吧，正是为了引出这句话，本章才以孙绰来开题的。

当初山水愿

那就还是顺着他往下说吧。

孙绰很小很小的时候，父亲带着他与哥哥孙统，还有一位堂兄孙盛，避乱渡江，来到南方。父亲也是名士，喜山乐水，谢绝了一位征北将军的征聘，来到会稽安家落户。孙绰兄弟受到他的感染，也爱好山水。孙统后来做了鄞县县令，政务之余，纵情游山玩水，当地的名山大川差不多都让他踏遍了，然后又要求改任余姚县令，那里也有好山水。这两个县都属于会稽郡。

孙绰的初愿，也是不想离开会稽山水的。《晋书》本传上说他：博学善属文，少与高阳许询俱有高尚之志。居于会稽，游放山水，十有余年，乃作《遂初赋》以致其意。这段话顺便带出了一个与他齐名的重要人物——许询。许询的父亲当年随司马睿过江，出任会稽内史，许询就出生在那里，所以他完全是个南方人，生于斯，长于斯，也卒于斯。与孙绰一样，他也喜欢游山玩水，而且有个得天独厚的游山玩水的条件——轻捷如飞的身体，人们说他"非徒有胜情，实有济胜之具"。通俗地说，就是心有余，力也有余。

他俩还有一个更重要的共同点："俱有高尚之志"——都有隐居不仕之心，于是就在会稽隐遁了十年之久。这样，在会稽，一时之间似乎出了两个淡泊荣利的清高少年，为人津津乐道。

但细细推想起来，他俩当年的隐居有个时间差，不可能完全同时。许询的生卒年已不可考。孙绰在一首赠送给他的诗里，说他"后生可畏"。按照通常的习惯，这样的称呼说明他要比孙绰小十岁左右。孙绰是在二十多岁出仕的，那时候许询应当还是个少年，有"神童"之称。所以，他们的隐居只有很短一段时间的交叉。

在这个时期，孙绰写了《遂初赋》。"遂初"，顾名思义，就是顺遂自己隐遁山水的初愿。赋的正文已经佚失，现在只留下序，其中说："余少慕老庄之道，仰其风流久矣。"为了"遂"这个愿心，奉行老庄的"风流"，他于是"经始东山"，在那里兴建了五亩大小的园宅，旁边是一道长长的缓缓的山坡，上面长满茂林修竹，在炎热的夏天和温煦的春日，这里有的是爽心的熏风和沁脾的幽香。那些什么钟鸣鼎食呀，高车驷马呀，怎能与这一切同日而语呢？

孙绰在这里明言，他隐居的地方是"东山"。我认为当时会稽有两个东山，这一个应当就是谢安所在的东山，这到后面再说。

这篇赋在当时很有名。不过他并没有把这个初愿"遂"到底，不久就起家当了著作佐郎，从此在仕途上一发不可收拾，倒是许询坚持下来了，真正遂了当初的愿心。于是一对朋友，升沉各异势；当初山水愿，有遂有未遂。

许询隐在永兴西山。永兴县也属会稽郡，唐代改为萧山县，据说现在又改为杭州市萧山区。西山在县城西南约八十里，许询在那里"凭林筑室，萧然自得"，所以又称为萧然山。但也有说这个名称是早就有了的，那还是古老的春秋时代，越王勾践在这里败给了吴王夫差，不禁"四顾萧然"，于是有了这个山名。孰是孰非，已经很茫然了。我们只知道：萧然者，清寂也。

许询果真铁了心，确实终身没有做官。于是当时喜欢品评人物的人们，对于这一对从小齐名者的高下便有了两派意见，有的推崇许的高洁，而鄙薄孙的变节；有的欣赏孙的文学才华，而觉得许相形见绌。孙绰本人也颇有自知之明。有人问他与许询的优劣，他坦然回答："若论高情远致，我自愧弗如；若论吟诗作文，他恐怕就得让我一头了。"这倒也是实情，就现存作品来看，许询确实远逊于他。他俩都是玄言诗的代表。他除玄言诗，还留下模拟当时南方民歌的爱情之作，且看《情人碧玉歌二首》之一吧：碧玉小家女，不敢攀贵德。感郎千金意，惭无倾城色。多么清新，多么多情，多么火热！表面上又有多少小家碧玉的矜持与娇羞，一如江南可采莲时节欲放未放的菡萏。而在玄学家似乎枯淡寡欲的老庄风貌后面，我们读出了一颗并不枯寂的青春的心。

东山的召唤（一）

还是顺着孙绰的话头，来说谢安东山吧。

尽管孙绰也曾隐居在同一座东山，但东山毕竟是与谢安的名字连在一起的。"东山之志""东山再起"的成语，都是来自谢安；"东山高卧时起来，欲济苍生未应晚""北阙青云不可期，东山白首还归去"，李太白的这些诗句，吟咏的也都是谢安。

他爱东山，爱那在众山间岿然特立的东山，那奇峰异岭犹如鸾飞鹤舞的东山！他要在它的山岚溪月中度过此生。所以朝廷多次征聘，年纪轻轻的他都老气横秋地托病推辞了。但这一次，如《晋书》他的本传所说：扬州刺史庾冰以安有重名，必欲致之，累下郡县敦逼，不得已赴召，月余告归。

据《资治通鉴》记载，咸康五年（339 年）七月王导去世后，以庾冰为中书监、扬州刺史，辅佐成帝，到建元元年（343 年）八月，庾冰出为江州刺史，镇武昌。这样，其间整整四年，庾冰都以扬州刺史身份在京辅政。推算起来，他征召谢安的时间，大概是在咸康六年（340 年）正月庾亮去世之后，也就是孙绰写作碑文以后，这时谢安二十一岁。庾冰法令严苛，他"必欲致之"——一定要弄到手，竟多次下令郡、县协助，敦促谢安赶紧应召进京。显然，这一次他是无法推托了。

不过他在建康也只待了一个多月，可能又是托病，就要"告归"了。这一个多月他觉得过得很慢很慢，但有时也觉得挺快。在这三十几天里，他结识了不少朋友。

首先是彼此都相见恨晚的王羲之。王羲之原是庾亮的参军，受到庾亮的赏识，去世前推荐他为宁远将军、江州刺史，现在大概正在京准备赴任。尽管他比谢安大了十七岁，却很能谈得来，不过也有谈不大拢的时候。

有一天他俩登上建康的冶城，四顾茫茫，谢安不禁有悠然出尘之想，大谈老庄的玄虚之论。王羲之不以为然，说："现在中原未复，天下未宁，而清谈妨务，恐怕不切实用吧！"谢安听出他话中有清谈误国之意，反驳说："秦朝任用法家，实用倒实用了，却二世而亡，难道也是清谈的罪过吗？"

王羲之显然更务实些。不过这并未影响二人的友谊，况且也不过是略有歧异而已，谢安也并非全不务实，王羲之也并非全不谈玄。

谢安也拜访了标致的王濛，他年长十一二岁，正任中书郎。他与谢安清谈了良久，事后对家人说："刚才这位客人虽然年轻，但娓娓而谈，咄咄逼人！"

通过王濛，他又认识了刘惔。王、刘是齐名的好友，都是当时的清谈领袖，据说凡是标榜风流的，必以他俩为宗师。刘惔娶了晋明帝的庐陵公主，谢安后来则娶了他的妹妹。

现在，谢安即将返回昼思夜想的东山了。为了给他送行，几位名士举行了一场清谈。地点是王濛家。参加的除王、谢外，还有许询、支遁。许询还只有十六七岁，他无官一身轻，会稽、建康之间，任他来去。

支遁是赫赫有名的高僧。据说他本姓关，也是世家子弟，从小博览群书。西晋灭亡后，他随家来到吴县（今江苏苏州），二十五岁（338 年）在余杭山出家为僧，师从支谦，故法名支遁，字道林。最近期间，他来建康祇园寺讲学。前头说过，这个时期的佛学，是与玄学糅合在一起的，以便借助中国固有的思想文化，因风易行。王濛听讲以后，大加赞赏，说他简直是穿着袈裟的何晏、王弼。谢安也称赞他能抓住实质，不拘字面，犹如九方皋相马，唯重神骏，忽略皮毛。

现在他们在王濛家，谢安倒反客为主了，成为主持人。他说他就要回山，佳会难再得，今日要畅谈一场，以抒怀抱。许询向王濛要来一部《庄子》，信手展开，正是《渔父》。这一篇简洁明白，又单纯，又有趣，又深邃，名士们没有不熟悉的。谢安让大家各自议论一通。支遁先讲，一口气说了七百余言，立意精当鲜明，词采奇警出众，大家莫不称好。

轮流讲过一通之后，谢安问："诸位都尽兴了吧？"回答当然是肯定的，都说准备聆听他的高论。于是谢安从新的角度，提出几个新的论题，然后一一深入阐发，洋洋洒洒讲了一万余言，众人都感到一种思想上的豁朗与满足。支遁称赞说："你一向豪迈奔放，讲得自然超拔出群！"

《庄子·渔父》篇有完整的故事和结构，有明确的主题思想，主张"法天贵真，不拘于俗"。"天"就是自然，"真"就是"精诚"，"俗"则是儒家的礼法。礼法是对自然的悖逆，对精诚的扭曲，有了它，便"不精不诚，不能动人"。谢安等人对此是怎样发挥的，不得而知，但总之是皆大欢喜。

应当承认，建康是不错的，有许多高雅的朋友。但他更思念东山，他似乎时刻都听到东山在召唤，于是不久就回去了，而且这一去就是那么久，那么久。

东山的召唤（二）

有些人也听到东山的召唤，比如阮裕，但那是在两年以后，而且那也不是谢安的东山，而是会稽郡中的另一处东山。

据说谢安的东山在会稽上虞县（在今浙江省）西南四十五里处。孙绰在《遂初赋序》说自己"经始东山"，这是他曾经隐居东山的铁证。他大概与谢安隐在一起，因为在有关另一处东山的记载中，只说他曾游过，没说他曾隐过。

曾经一度在这个东山隐居的，大概还有王羲之的堂兄弟王胡之，我们在上一章的"南楼雅兴"中已经见过他。《世说新语·方正》篇明确说他"尝在东山"。谢安曾称赏他"可与林泽游"，并互相写诗唱和，至今还保存着谢安的《与王胡之诗》六章和王胡之的《答谢安诗》八章。这些都可以作为他也是隐居在这座东山的旁证。

召唤着阮裕的，却是剡县（今浙江嵊州）的东山。

阮裕与阮籍是一个家族的，论辈分，是阮籍的族孙。他年龄较大，曾做过大将军王敦的主簿，受到王敦的赏识。但他看出王敦有不臣之心，就天天纵酒酣醉，故意贻误政事，王敦便渐渐对他疏远了，以至于免了他的官，因此王敦后来出事，他没有受到牵连。苏峻之乱以后，他看到一切都愈加乱哄哄的，便萌发了隐居之心，辞官回到剡县家中，居住在那里的东山上。

此时，恰巧谢安的大哥谢奕在剡县做县令，常把谢安带在身边。有一次有位老翁不知犯了什么法，谢奕恶作剧，逼他喝美酒作为惩罚，直至酩酊大醉还不罢休。谢安当时只有七八岁，穿条青布裤，坐在大哥腿上，说："大哥，这个老头儿很可怜！"大哥笑道："你想叫我放他吗？"谢安点点头，他就把老翁打发走了。

谢安是个聪明好学的孩子。在时代风会之下，他也对玄学感兴趣。当时有个清谈的话题——"白马论"，说什么白马不是马。他弄不明白，听说阮裕很有学问，就硬逼着大哥带他去请教。原来这是一个逻辑学的问题，是战国时期"名家"学派公孙龙提出的，说"白"是表示颜色的，"马"是表示形状的，二者不相干，所以"白马"非"马"。这挺抽象，小谢安还是弄不大懂，不停追问。阮裕赞叹道："唉！现在不但能谈的人不可多得，能问的人也不可多得呀！"

阮裕恐怕没想到，就是眼前这个好钻牛角尖的乳臭未干的小东西，日后竟与他各占一个东山山头，互相分庭抗礼呢！

此后，阮裕时仕时隐。待到隐居的钱赚得差不多了，就彻底割断尘缘，一心隐遁了。

不过咸康八年（**342**年）晋成帝司马衍去世，出于曾经的君臣之义，他还是出山参加了葬礼。他速去速回，进京以后，径赴陵墓，并不去拜会昔日的好友王濛、刘惔等人。事毕马不停蹄，立刻折回，因为他似乎听到东山在呼唤他，像母亲呼唤自己的儿子，一刻也不舍得儿子离开。

王濛、刘惔等人听说阮裕来了，很想见他，谁知他又急急忙忙跑了，这无情无义的家伙！于是他们立即套上车拼命追赶，一直追到建康南面的方山，却连个影子也没有。大家都很失望，特别是刘惔，气呼呼地说："我要是到会稽，就把船靠在谢安家的河边，决不到阮裕那里，他会拿棍子把你打出来！"

从他的话也可以想见，谢安、阮裕隐居的是两个不同的东山。谢安在历史上名气大，加上上虞和剡县那时都属于会稽郡，都可称"会稽东山"，于是谢安的东山就把另一个掩住了，淹没了。

其实，阮裕的东山更重要，也更优美。它大概因为在剡东，也就是现在浙江新昌县的东面，故笼统地称为东山，实际上可能为仰山、沃洲山，与天台山、天姥山、四明山纠结交集在一起。唐代白居易《沃洲山禅院记》说："东南山水越为首，剡为面，沃州、天姥为眉目。"所以东晋以来，名士、名僧云集于此，后来还成为道教的福地之一呢？现在有人提出什么"唐诗之路"，说这里也是重要一站，唐代诗人骚客的吟咏不少，李白不是有脍炙人口的《梦游天姥吟留别》吗？

与阮裕同时在这里隐居或游玩过的，远比在谢安东山的多。比如大画家戴逵，史书上就明言他"隐会稽剡山"。现在的嵊州市西南角有个金庭镇，人道王羲之曾住，附近还有王羲之墓。这些也在沃洲山地区，东晋时都属于剡县。

末了应当说明，阮裕其实并不是薄情的人，他只是对东山归心似箭，因而慢待了朋友。据说他在剡曾有辆好车，谁借都给。有个人葬母想用一下，又觉得这是不吉利的事，没好开口。他事后知道了，叹道："我有车而人家不敢借，还要这车干什么呢？"于是一把火把车烧了。名士自我砥砺之严，竟有如此者！

隐逸 —— 名士风流

可见，这真是一个向慕隐逸的时代。

谢安的弟弟谢万，是一位任诞的名士，曾经写过一篇《八贤论》，评论和比较了渔父、屈原、季主、贾谊、楚老、龚胜、孙登、嵇康八位古人，合称"八贤"。其中渔父、季主、楚老、孙登是隐者，屈原、贾谊、龚胜、嵇康是显者，彼此一一对应。他认为四位显者都未得善终，四位隐者却尽其天年，因此结论是：隐者为优，显者为劣。

这个结论是符合当时崇尚隐逸的时代精神的，但他以这四对为例，从政治斗争的角度得出这个结论，却与当时崇尚隐逸的角度并不相合。

隐逸现象出现得非常古老，并且总与不良政治联系在一起。孔子早就说过，"天下有道则见（现），无道则隐"。庄子也说"古之所谓隐士者"，并不是有意要标新立异，而是因为"时命大谬也"，社会政治非常不正常。本书前面曾写到两个隐士，一个是魏晋易代之际的孙登，一个是八王之乱时期的董养，都出现在政治非常险恶的时代。但江左名士所生活的时代，由于一直延续着"共天下"的格局，皇权始终无法专制；又由于一直承袭着王导的基本方针，社会政治也始终比较宽松。与王导等渡江名士的时代相比，因为没有发生过王敦、苏峻那样的动乱，所以也没有一个士人死于非命。政治上的勾心斗角固然照例难免，但并没有发展到剧烈的程度。总之，这不是一个"无道""时命大谬"的时世，不是谢万所说的"八贤"生活的时世，隐逸之风的盛行不能从这里寻找原因。

从个人际遇来说，隐士的出现，也常常因为"贤士失意而志不平"，从而对朝廷采取决绝的、不合作的态度。但上面写到的人物，如孙绰、许询、谢安、阮裕、戴逵，以及下面还要写到的一些人，哪一个是不得志的？哪一个会叹息"大道如青天，我独不得出"？他们往往才、地俱华，九品中正制保证了他们的仕进之路。不是官场向他们关上大门，而是他们在门前转身而去，避之唯恐不及。显然，隐逸之风的盛行也不能从这里寻找原因。

原因在思想领域，在老庄玄学思潮的长久流行和熏陶；说到底，在"自然"观念的合乎逻辑的发展；再说到底，在对自由的不断追求。清谈玄学，是追求思想自由（相对于儒家经学）；任诞放达，是追求行为自由（相对于儒家礼法）；走向隐逸，离却"方内"而投向"方外"，是追求整个身心的自由。于是根据这个发展逻辑，他们投身于山水"自然"，并在这个"自然"里发现了心灵的"自然"（自由），也发现了美。不是有人说过，"美是自由的象征"吗？

回到江左名士的隐逸之风。"逸"字本就有两种解释，一是

"逸，逃也"，那是对"无道"政治的逃遁；二是"逸，乐也"，所谓"隐者自怡悦"。江左名士的隐逸属于后一种。他们没有"时命大谬"的压迫，没有"贤士失意"的抑郁，生活上又不乏"三径之资"。即使匮乏，也自有人向他们提供，这样的例子并不鲜见。于是，在他们身上便显现出一种别样的潇洒，犹如闲云野鹤。《世说新语·栖逸》篇说"阮光禄（裕）在东山，萧然无事"（附带一提，这是前述阮裕在剡县的隐处也叫"东山"的铁证），就是如此。这与清谈、任诞一样，也是一种"名士风流"。《世说新语·品藻》篇记载，人们称殷浩的外甥韩康伯（此人我们以后还会遇上）"门庭萧寂，居然有名士风流"。其"萧寂"之状是"荆门昼掩，闲庭晏然"，这正是一种隐者的生活，也正是"古今隐逸诗人之宗"陶渊明所自诩的"户庭无尘杂，虚室有余闲"的境界。其风流，其情趣，其闲逸，是整天高朋满座、宝马盈门者所梦想不到，也享受不到的。

质言之，显然，在当时人们的心目中，隐逸也是一种名士风流。

深公笑买山

喜爱这剡东山的，除名士外，还有名僧——这些另类"吾徒"。首先是竺法深，人称深公。

法深我们上一章已经见过。按照他的年龄和履历，他应属于渡江名士。但他活得长，有些事迹发生在后来，所以主要放在江左名士这里来讲。两晋时期的名僧，大半是穿着袈裟的名士，他也是。

法深曾经向后生们炫耀，说他当年曾与晋元帝、晋明帝以及王导、庾亮等达官贵人周旋过，并经常穿着草鞋出入皇宫。现在，这些大人物相继去世了，他也走了，隐迹在剡县东面的仰山，简单的称呼就是"东山"。显然，他与前述谢安、阮裕等人回归东山的时间差不多，大致都在庾亮死后。据说法深是因"不耐风尘"而走的，随他高栖的还有十几个僧人，他有时给他们讲佛教《般若经》，有时讲《老子》《庄子》等"外书"。

山中岁月长。忘记过了多少时光，有一天名僧支遁忽然来拜访他，说是想买仰山一侧的沃洲小山，作为自己隐居的场所。居然有这样的事情？法深听了，不禁莞尔……

都是佛门弟子，都在江东这块不大的"江湖"上活动，而且都是有头有脸的人物，支遁他自然是熟悉的。最近一次见面是去年，地点是建康的瓦官寺，支遁与北方来的一位和尚在那里辩论《小品》（即《道行般若经》）。法深与孙绰听说以后，都特意前来旁听。

顺便说一下，这孙绰虽然是位居士，但他的佛教学养，其实并不在有些高僧之下。比如他近来写了一篇《喻道论》就颇富新见，说什么"周孔即佛，佛即周孔……周孔救世弊，佛教明其本"云云，对佛教与儒家的关系，第一次拉得如此近乎，简直就是一家子，分工不同罢了，这就给佛教在中国的流行树起堂堂正正的大旗，给佛教的信众提供了正当的口实，真是功德无量的事情。

却说那位北方和尚能言善辩，提出很多疑难的问题，而且都很刁钻。但支遁显然更高明些，应答如流，不但逻辑分明，而且语调清亮，把那位和尚辩得理屈词穷，无言以对。孙绰知道法深与支遁见解相左，倒和那北方和尚看法相近，便挑动他说："听说你最善于开顶风船，长于驳难，何不反驳他一下呢？"他想让法深与支遁过招，一比高下，自己坐山观虎斗。

法深笑而不答，谁知支遁却听到了，嘲调说："白檀香的气味香是香，却怎么能够顶风而行？你顶风闻得到吗？"话锋显然是刺向法深的。

且住，这都是过去的事情了。现在支遁别出心裁，居然要来化钱买山，正好趁机报复他一下，便也嘲调他说："真有你的！想要，来住就是。自古以来真正的高隐，像巢父、许由什么的，没听说有买山隐居的！"言外之意，支遁算不上什么真正的隐者。

玩笑归玩笑，嘲调归嘲调，支遁还是来了，在沃洲山建寺布道，并带来僧众百余人。他那买山隐居的故事，后来成为诗人津津乐道的掌故，经常吟到诗中，如盛唐诗人孟浩然诗云："支遁初求道，深公笑买山。""笑买山"是真的，"求道"，对于那时的支遁来说，读者看得出来，可不是"初"了。中唐诗人刘长卿更是翻新出奇，说什么："孤云将野鹤，岂向人间住？莫买沃洲山，时人已知处。"这是写给一位入山隐遁的朋友的，希望他隐得更深更远更缥缈，隐到了人迹罕至的地方，远离红尘滚滚的人间世，成为真正的高隐。

七分佛宗有其三

支遁和法深的互相嘲调其实并不全是有口无心的斗嘴，他俩属于不同的佛教宗派。原来当时流行的主要是大乘空宗的般若学说，它与老庄玄学相结合，形成了中国特色的般若佛教，其根本教义是"一切皆空"。由于对"空"的理解的差异，便形成六个不同派别，称为"六家"。其中第一家又分化为两个宗派，即"本无宗"和"本无异宗"。这样，六家便有了七宗，合称"六家七宗"。其中"本无异宗"和"即色宗"的创立者，就分别是我们剡东山的名僧竺法深、支遁。

本无异宗，顾名思义，是与本无宗相对而言的。认为般若学的本体是"无"，并以此阐发般若性空的理论，这是二者所以为一家的相同之处。但是，本无宗"空"得更彻底些，它说世上一切的一切，本性都是空寂的，因而也不能生出万有。法深则认为，虽然"无"在"有"前，但从"无"能够出"有"，尽管这"有"仍然是因缘合和的"假有"。这就是二者"异"的地方。也就是说，法深的"本无异宗"空得不如"本无宗"彻底，保存了"假有"。

在名僧中，支遁最富有名士气息，也最多地混迹于名士之间，所以他的"即色宗"在名士中影响最大。即色宗的宗旨，主要体现在他的《即色游玄论》的几句话中：夫色之性也，不自有色。色不自有，虽色而空。故曰色即为空，色复异空。"色"是佛教术语，指一切现象。他的意思是说，世上的一切现象，都是各种机缘凑合而成的（假有），而不是本有的，因此是空寂的，所以说"虽色而空"。但又不完全等同于空寂，因为毕竟存在着"假有"，所以又说"色复异空"。这样，他"空"得也不很彻底。他保留了这个"假有"，其实是对世俗的妥协，因为他广交世俗的名士朋友。

支遁保留了"假有"，就是为了"即色游玄"，借助于眼前的现象（色，即假有）来领略体悟般若本体。作为一个僧人，他的本体应是佛教的"空"，他的命题应是"即色游空"，他却有意使用了"玄"字，成为"即色游玄"，显然是为了与玄学相沟通，与玄学名士相呼应。前面已经说过，玄学家讲"以玄对山水"，以达到"由山水悟玄"。孙绰《游天台山赋》中也说"即有而得玄"，他的"有"在这里指的就是天台山，亦即山水。同样，支遁"即色游玄论"的"色"指一切现象，当然也可以是自然山水，通过山水风景来体悟"空""无"的佛教或玄学本体。另外，我们记得，《游天台山赋》还说"泯色空以合迹"，细细体会，泯灭了"色"（现象、假有）、"空"（本体）的界限使之融会，这不正是支遁说的"即色游玄"吗？所以这一切都是一致的，体现了江左名士的思潮和兴趣所在，是他们倾情山水的哲学根源。

《世说新语·言语》篇有一则故事，可以帮助我们更加生动、形象地理解这种"以玄对山水""由山水悟玄"的思潮：简文入华林园，顾谓左右曰：会心处不必在远，翳然林水，便自有濠、濮间想也。"简文"即会稽王司马昱，后来为晋简文帝。华林园是东晋的皇家园林。"濠、濮"，濠水和濮水，这里指的是《庄子·秋水》篇的两则小故事，"濠、濮间想"当然是道家的思想。却说司马昱有一次来到华林园，面对着掩映迷离的林水风光，忽然有所"会心"，体悟到与之相关的老庄思想。这不正是玄学家孙绰说的"即有而得玄"，佛教徒支遁说的"即色游玄"吗？

"即色游玄""即有得玄"，假如这"色""有"是山水，而且又写到诗篇里，那么"带玄言的山水诗"就产生了。这是"以玄对山水"的结果。而当人们"以美对山水"的时候，纯粹的山水诗就产生了。这在后面还会讲到。

一座小小的剡东山，一时之间，居然出了佛学的两个宗派，可谓"七分佛宗有其二"。东山有知，是可以引为骄傲的。

如果再稍微广而言之，那么在剡县这个地方，还诞生了六家七宗的又一个宗派，那就是于法开的"识含宗"。不过他不是住在剡东山，而是在剡白山的灵鹫寺，与东山离得不很远。他也是名士化了的名僧，与孙绰、谢安是好朋友，孙绰曾称赞他"才华赡逸""才辩纵横"。他与支遁既然是不同的宗派，当然就免不了要争辩。据说他因辩不过支遁，一气之下，便转而专攻医学，成为神医。但他对支遁始终耿耿于怀，总想报那一箭之仇。有一次他听说支遁在山阴讲《小品》，便派大弟子法威前去"搅局"。他先估计好法威到达时支遁会讲到第几品，告诉法威如何一层层地向他发难，直到使他无言以对。法威按照老师说的做了，果然一切都如所料，大庭广众之前，把支遁弄得下不了台，非常恼火。

于法开"识含宗"的大意，只要想想苏轼《西江月·平山堂》的名句"休言万事转头空，未转头时皆梦"，就不难理解了。法开认为人生是长夜，是梦，人们举目看到的一切事物，其实都是梦中所见，是幻相，是俗谛。等到"大梦既觉，长夜获晓"，"转头"了，才惊悟一切皆空，才算获得了真谛。

东坡通晓佛教，他大概也受到"识含宗"的启迪吧？

一个不大的剡县，一时之间，居然"七分佛宗有其三"，这真是剡县的骄傲！

逍遥吧，鹤

支遁并没真的化钱，就在沃洲山逍遥而诗意地栖居着。山上有树，树上有鸟，鸟上有瓦蓝瓦蓝的天空。树下有花，有草，花草上有明眸般的露珠，露珠里有天空的瓦蓝。人生在世，还要什么呢？还有什么更好的呢？

在这里留下他不少诗意的遗迹和故事，特别是他有关"逍遥"的著名的宏论。虽然准确地说，这宏论不是在这里发的，也不一定是在这段时间发的，但并不妨碍我为了方便而放在这里叙述。

那宏论是在建康白马寺说的，而且是分两次说的。第一次是，他听到一位名叫刘系之的正在与人谈论《逍遥游》。我们已经知道，《逍遥游》是《庄子》的首篇，是《庄子》的基调，是庄子的人生境界与理想。什么是庄子的"逍遥"？怎样才算"逍遥"？只听刘系之振振有词地说，"适性"就是逍遥，适宜自己的天性、个性，就可以做到逍遥。

他听了心中一动，这不还是向秀、郭象的"各任其性，苟当其分，逍遥一也"的说法吗？按照这种说法，不是一切小人、坏人、庸人，只要合于他们的"性分"，为所欲为，就一样是逍遥吗？于是他走上前去说："不对！如果以适性为逍遥，那么暴君夏桀、强盗柳下跖无恶不作，这正合于他们的本性，也该算逍遥了。"

　　晚上，他睡不着。他想，一种荒谬的理念控制了人心，会是多么可怕！他觉得应当正本清源，引导人们有一个正确的理解，于是便开始注释《逍遥游》。过了几天，他又来到白马寺，碰上太常冯怀等人，便把自己思索的成果对他们讲了。他这番话挺长，又有些难懂的当时的用语，这里不能全文引用，也很难逐句解释，只能略述大意。

　　支遁开宗明义第一句话就说，庄子所谓的"逍遥"，是阐明"至人之心"的。注意，是"至人"，是伟大而超越的人物，而不是庸人、凡人。而"至人"追求的是"至足"，是最大的精神满足，是最高的人生境界，是真正的自由，而不是"自足"——自我满足。他乘着天地之气，游于无穷之境，驾驭外物，而不为外物所羁绊，这才能达到逍遥。一般人追求的是"自足"，是自己的一点儿小小的欲望，就好像饿了的人吃上一顿饭，渴了的人喝上一碗水，就满足了，快乐了，忘记了高远的目标，仿佛人天生就是如此。不错，他"适性"了，但难道他真的"逍遥"了吗？

　　这就是支遁所诠释的《庄子·逍遥游》的大意。每当看到这段文字，我总不由得想起两句现代的诗："既然我们立志要长风破浪，那小小的池沼怎能满足我们的渴望？"或者想起那篇歌唱雄鹰的著名的散文诗。一只受伤的鹰跌落在山谷里，它宁可粉身碎骨，也要最后一次飞上高远的天空，因为那里有它的幸福；而一条蛇则满足于山谷里的潮湿和温暖，它怎么也不能理解那不安分的鹰，他觉得在这里就很幸福。不过我这样比拟是很危险的，是表面的相似，比拟的双方实质上往往属于不同的思想体系。要之，比拟总是蹩脚的。

支遁的"逍遥"新义得到名士们的认同和接受，用以取代了向、郭之义。这似乎经过了一个否定之否定。庄子立下一个超越的逍遥境界，向秀、郭象用世俗的诠释否定了这个境界，支遁又重新拉回超越的境界。不过这样说也很危险，因为庄子与支遁属于不同的思想体系，他们虽都讲"至人"，内涵却不同。说起来很简单：一个是道家，一个是佛教。

说支遁过着诗意的生活，比如他喜欢养马。在他居住过的沃洲小山，据说曾有养马坡、饮马池、上马石等遗迹，也不知真假。养马本是实用的事情，战士养马是为了打仗，农民养马是为了乘载，商人养马是为了卖钱，而他养马却什么也不为。有人讥笑他，说僧人养马不伦不类，他说："我喜爱马的神骏。""神骏"就是诗意，因为诗是无用之用，它只激发人的美感。

支遁还喜欢养鹤。有人送给他一对幼鹤，他很高兴，把它们养大了，长出长长的翅膀，扇动着，似乎要飞去。他很舍不得，就把它们的翅膀剪短了。他看到它们有时张开翅膀，扑棱棱想要飞，但只能蹿起几尺高，就跌落在地上，回头颓然地看看翅膀，又垂下头，似乎有无穷的恼丧与伤感。这时，他不禁自责："它们既有凌云之姿，为什么不放它们飞，而当成玩物呢？"

也许他还想到《庄子·养生主》上的那几句话：泽雉十步一

啄，百步一饮，不蕲畜乎樊中。山泽中的野鸡也许十步才能啄到一口食，百步才能喝上一口水，尽管如此艰难，它还是不希望被养在笼子里，因为那里没有自由。这两只鹤，不就像那野鸡吗？他养着它们，给它们吃，给它们喝，它们倒是像向秀、郭象所说的，"适性"了，"自足"了，但它们"逍遥"了吗？显然没有。不是说"鹤鸣于九皋，声闻于天"吗？它们也有广袤的原野，也有高远的天空，它们也需要"至足"，它们也渴望真正的逍遥啊！于是他加意呵护它们，喂养它们，不久，它们又长出更长、更强健的翅膀。在一个晴朗的日子，他带它们来到一座形状酷似马鞍的小岭，把它们向上一抛，任它们飞上瓦蓝的天空，大声喊道：逍遥吧，鹤！

后来，这座小岭就叫作放鹤岭，传说岭下还曾经有一个放鹤亭，我曾经四下寻觅，却怎么也寻觅不到。

渊源不肯起

以上，"方外"的事情讲得够多了，其实江左名士也并非不食人间烟火。现在我们的目光将从山林转向庙堂，从隐逸转向仕进，我借以实现这种切换和过渡的桥梁，就是殷浩。殷浩一生的经历，主要便是仕—隐—仕地转换着。此时他正"隐"着，但不久又将转向"仕"。

殷浩字渊源，在唐人写的《晋书》中，为了避唐高祖李渊的名讳，把他的字改为"深源"。他在上一章就与我们认识了。渡江名士后期有记载的两场清谈，我称为"南楼雅兴"和"相府夜谈"

的，他都参加了。特别是后一场，他还是王导的主要谈客。那时他从庾亮的驻地武昌奔丧回来，并在丹阳的墓园守丧，后来便索性隐居在这墓园里，再也不回去上任了。

说是隐居，其实他并没有忘情世事。丹阳与建康紧相毗邻，朝廷上的大事他知道得一清二楚。咸康五年（339 年）王导去世，庾亮的弟弟庾冰执政。庾冰虽然刑网较密，不像王导那样宽松，但主要是针对违法犯罪之事，不是针对政敌，他本人也清慎谦抑，所以政治一直比较平稳。咸康六年（340 年），庾亮也去世了，他的另一个弟弟庾翼代替他的职位，为安西将军，镇武昌。他曾聘请殷浩为军中司马，被他托病谢绝了。

差不多与此同时，庾翼还向晋成帝推荐了他的好友桓温。桓温我们在上一章的相府夜谈中也见过，鬓如刺猬皮，眉如紫石棱，有一种粗豪的英雄气概，有人说他长得像孙权、司马懿。现在他婆了成帝的南康公主，成为驸马都尉。庾翼对成帝说他有非凡的才干，不可以一般女婿视之。不久，桓温当上徐州刺史。桓温犹如王敦，既是名士，又是一个野心勃勃的家伙，后来在政治上有很大发展。殷浩从小就很了解他，他太好胜，太喜欢压人一头。

殷氏的墓所风水好，坐落在山清水秀的地方，远离尘杂，殷浩在这里平静地生活着，专心致志地研读老庄玄学。大概也是在这里，他认识了名僧康僧渊，初步接触到佛学。

康僧渊上一章我们也见过，他曾与王导相调侃。他是在晋成帝之世过江的。初来时毫不知名，又举目无亲，生活颇为拮据。他拜访的第一个名士，就是殷浩，地点大概就在墓园。对于这素不相识的目深鼻高的异国不速之客，殷浩以礼相待，略加寒暄以后，二人便谈起玄理。这和尚能说一口流利的汉语，遣词造句，文从字顺。特别是玄理方面，能够提纲挈领，深入浅出，殷浩十分佩服。作为和尚，康僧渊精熟大、小品《般若经》，引起了殷浩的兴趣，敏锐感觉到佛学与玄学可以相通，说是"玄理也应在阿堵上"。"阿堵"是当时口语，即"这个"，这里指佛学。他这句话很有名，但他真正研究佛学，大概要在十多年后政治失势之时。

在这里的很多光阴，他都消磨于和名士们的清谈，特别是和王濛、刘惔过从最多。有时候是他过去，即到建康去；有时候是他们过来，即来丹阳。

比如去年的那次，就是他过去的。他记得有个问题，刘惔回答得特别巧妙，那是他提出的："既然'自然'是自然而然，并非有意为之，可为什么世上总是善人少、恶人多呢？"刘惔话来得很快，他说："这还不明白吗？就好比一盆水泼在地上，自然而然地四处喷溅，到处流淌。你没看到吗？很难流成方方正正的呀！"对于他这机敏的回答，在场的谈客无不称好。

这个回合算是刘惔赢了。轮到他发难了，提出一个刁钻的问题，殷浩一时答不上来，支支吾吾地，用清谈的术语来说，理"屈"了。刘惔很得意，等殷浩走后，在背后挖苦道："土包子，还敢到这里清谈！"当然，这只是名士间并无恶意的玩笑和互嘲。

其实也互有胜负，刘惔也有"屈"的时候。前些日子，他和王濛一起来清谈，几"番"下来，刘惔自己也不得不认输。回去的路上，二人坐在车上，刘惔说："殷浩还真的有两下子呢！"王濛也认可："今天你可真堕入他的五里雾中了！"

这样，岁月之河，在清谈中，在墓园里，平静地流淌着，不知不觉已经流过七年，流到晋康帝建元元年（**343** 年）。这年，朝廷上又征召殷浩为侍中，庾翼也写信劝说，他还是托病固辞不起。王濛、刘惔等人常常议论到他，说是根据"邦有道则出，无道则隐"的古训，从殷浩的出、处，可以观察江左的兴衰。于是他们便一块儿来到丹阳的墓园，想要敦促他出仕，还是被他拒绝了。回去的路上，王濛等叹息道："渊源不肯起，当如苍生何啊！"

刘惔不同意他们的看法，笑道："你们真的以为他不会起吗？"他那狡黠的笑似乎暗示，他早已窥透殷浩深心的隐秘，窥透世人都说隐居好，只是功名忘不了的心理。后来殷浩果然出仕了，从隐逸又转为仕宦。

牛渚西江夜

于是我们的叙述也转向官场。因为殷浩一时还未起，就先插空讲述"小安丰"谢尚的故事，这在时间上也正合适。

我们曾经在王导的谈席上领略过谢尚的风采，那时他是王导的掾属，很得王导的喜爱，后来又做过其他几任文职官员。但此后的仕途，恐怕主要得力于他的外甥女。

谢尚有个妹妹名叫真石，嫁给也是世家子弟的褚裒，生下一个

女儿取名蒜子，后来成为琅邪王司马岳的妃子。晋成帝咸康五年
（339 年）七月，丞相王导去世。八月，丞相仍改为司徒，由蒜子的
丈夫司马岳担任。咸康八年（342 年）五月，成帝去世，司马岳被
庾冰立为皇帝，即晋康帝，由庾冰等辅政。不久，蒜子被立为皇后。
大约就在这前后，谢尚被任为建武将军、历阳太守，后又转为都督
江夏等三个郡的军事、江夏相，仍为建武将军。这样，谢尚便从一
位"妖冶"、风雅的名士，一变而为镇守一方的将军，并且终身为
将，屡经战阵，有胜有败，有得有失。

建元二年（344 年），朝廷因事下诏表彰谢尚，并擢为南中郎将，
其他官职照旧。十一月，庾冰去世，又以谢尚补缺，都督四个郡的
军事，兼江州刺史。不久，转为西中郎将、都督六个郡的军事、豫
州刺史，镇守牛渚。这时，大约已经进入永和元年（345 年）了。

牛渚在今安徽当涂，又名采石。据说此地曾有金牛出渚，又传
曾有僧人在此掘得五彩缤纷的宝石，所以有了这两个具有神奇色彩
的名字。它山峰苍翠，形如碧螺。西麓凸入长江，名牛渚矶，亦名
采石矶。矶高五十米，陡峭险峻，是历来兵家必争之地，也是古今
诗人骚客流连吟咏之所。

谢尚上任后，立即修建了一座城池，南北长十里，东西上三里、
下七里，形如半月，俗称月牙城，又称谢公城。它当然经受不了千
年逝波的淘洗，经受不了古今战火烽烟的熏烤，现在早已不见半丝
旧痕。牛渚东北的荷包山，据说是当年谢尚练兵之地，而今也已觅
不到半根残箭断戟。

连年的戎马生涯并没有消尽谢尚的名士本色，山光水色对他仍是莫大的诱惑。当军务倥偬之余，他喜欢到牛渚矶来游玩观赏。就在这年秋天，一个月白风清的夜晚，他兴之所至，换上微服，携三五随从，驶到江心泛舟玩月。只见皓魄当空，银光泻水，天水茫茫，万古如斯，触发了他玄远缥缈的幽思。忽然，从不远处的一条船中，传来抑扬清越的吟咏声。细听，是一首诗：无名困蝼蚁，有名世所疑。中庸难为体，狂狷不及时……这首诗他从未读过，也许是这位吟诵者自己的作品，写的是一种进退失据、左右支绌之情。你看：没有名声，会像一只可怜的蝼蚁为人所轻，处境困顿；有了名声，又会遭人猜疑嫉妒，说三道四。既然不能保持中行，那就如孔老夫子说的，做个进取的狂者或有所不为的狷者吧，那也恐怕难合时宜。下面还提到西汉的失意者杨恽，看起来是借着古人，浇作者自家块垒的。

诗写得不错，有沉郁的古风，而无轻浮之气。他忙派人前去打听，原来那人名叫袁宏，年方十八，是临汝县令袁勖的儿子，因为孤贫，以在江上运租为生。刚才所吟，是他新作的《咏史诗》，咏的正是杨恽，同时也暗含自己的身世之感。谢尚把他请到船上。袁宏学识渊博，谈吐不凡，二人一见倾心，一直谈到凌晨。从此这少年名声大振，步入名士的行列，并成为谢尚的掾属，后来他在仕途上、学术上，都有很大的发展。本书开头说到的《名士传》，就是他后来的著作。

这个以诗会友、礼贤下士的故事，在历史上成为美谈。李白在漫游期间曾夜泊牛渚，联想起这段往古的佳话，不胜向往，即兴吟了一首怀古诗：牛渚西江夜，青天无片云。登舟望秋月，空忆谢将军。余亦能高咏，斯人不可闻。明朝挂帆席，枫叶落纷纷。一样的秋江牛渚，一样的皓月轻舟，一样的诗才，而谢将军安在哉？他已经永远消失了，一如这滔滔远逝的江水，留下来的也不过是令人惆怅的"空忆"而已。

留下来的还有李太白这令人惆怅的清丽的诗篇。

司马昱主政

建元二年（344 年）十一月，蒜子的丈夫、仅仅当了两年皇帝的晋康帝司马岳去世，太子司马聃继位，史称晋穆帝，蒜子成为皇太后。司马聃只有两岁，皇太后只得抱着他，临朝听政。

第二年改元为永和元年（345 年）。四月，以会稽王司马昱为抚军大将军、录尚书事，与何充共同辅政。司马昱是本章也是本书最后露面的重要人物。其实他在前面曾经晃过一眼，我曾用他游华林园的感悟说明支遁的"即色游玄"和孙绰的"即有得玄"之论，只是你可能匆忙间没留心罢了。

我把司马昱当作重要人物，只是从本书的角度而言的，也就是从玄学名士的角度而言的，从便于将本章人物贯串起来而言的。虽然《世说新语·容止》篇说他"美风姿，举止端详"，又说他"轩轩如朝霞举"——啊，他的风神竟像一道明丽的风景，但名僧支遁竟说他"有远体而无远神"，有看起来清远的容止而没有深远的精神。虽然他后来曾经做过皇帝，即晋简文帝，但谢安竟说他"惠帝之流也，清谈差胜耳"，把他比作晋惠帝司马衷那样的憨皇帝，只不过清谈方面略胜一筹罢了。这个评价也未免过甚。谢安出仕后曾与他共事，并做过他的臣子，二人似乎没有什么过节，不知何以把他说得这样不堪。

他确实热衷清谈，喜欢老庄思想，与名士们过从甚密，自己也很有名士的气质与风度。以玄学名士而成为皇帝的，在整个历史上他是唯一的一位。其实，做他的名士就是，当什么皇帝！

差不多与司马昱被提升的同时，当时在军事上的重要人物、徐州刺史桓温也被提升为安西将军、都督荆州等六州军事、荆州刺史。他俩一文一武，一内一外，共同支撑着东晋的天下，彼此却并不协调，直到最后，始终保持着一种互相角力、较劲的关系。当然，即使两个司马昱，也不是桓温的对手。

光阴迅速，转眼到了永和二年（346年）。刚入正月，与司马昱共同辅政的何充去世，担子就落在他一个人肩上。二月，太后蒜子的父亲、卫将军褚裒向他推荐殷浩为建武将军、扬州刺史。

这正中他的下怀。从私来说，殷浩是他的"谈友"。在清谈玄学方面，殷浩可以说是个通才，但又特别精通"才性四本论"，在这个论题上真如铜墙铁壁，他易守，人难攻。"才性四本论"是正始清谈的一个重要话题，是关于人的才能与德性关系的四种不同看法，钟会汇总起来，写成一本《四本论》，这在前面已经说过了。前几年支遁游京师，二人曾在司马昱家相遇。司马昱对支遁说："你不妨和他清谈一番。不过'才性'是他的看家本领，你可要小心啊！"支遁何尝不知道，所以小心翼翼，免得碰上这个话题，但说来说去，还是被他绕进去了，结果大败。司马昱抚着支遁的肩膀笑道："我说这是他的拿手好戏吧，岂可和他争锋！"

从公来说，殷浩高卧不起，人们把他比成管仲、诸葛亮，还有的说他"斯人不起，叫苍生怎么办"，说明他有济世大略。现在桓温风头正健，桀骜难驯，不少人都看出他有野心。荆州和扬州的地位都极其重要，一个在长江上游，一个在下游，好比建康的两个轮子。用殷浩为扬州刺史，正可以制衡桓温。

但殷浩并不知道他的用心，仍不肯起。他一面向朝廷上疏辞让，一面给司马昱本人写信，申述他恬淡的"本怀"。司马昱在回信中多方劝喻敦请，最后说：足下去就即是时之废兴，时之废兴则家国不异……望必废本怀，率群情也。意思是说，你的起与不起关乎时世的兴衰，时世的兴衰对于你自己和国家的利益是一致的。希望你牺牲自己的"本怀"，顺从大家的愿望。说得够恳切了。

这件事从三月一直折腾到七月，最后殷浩不得已，终于"起"了，做了扬州刺史，于是从"隐"转回了"仕"。

聪明的桓温当然马上看出司马昱的用意，无非是拉殷浩来牵制自己。他了解他俩，两个空谈家而已，即使绑在一起也不在他的话下，他有这个自信。而且他深知，角力的胜负归根结底靠的是实力，是军功，是军权。他看到西蜀成汉小朝廷政治混乱，国力衰微，这年十一月就奏请朝廷，率兵伐蜀去了。

相王谈客（一）

现在司马昱的地位相当于丞相，他又是会稽王，因此人们称他为"相王"。这与王导不同，王导是只能称为"相公"的。

司马昱只有二十六七岁，富于春秋。他地位既高，为人又和气，还爱好清谈，身边早就围拢着一批谈客。现在从封地会稽来到京都建康，清谈就更方便了，谈客也更多了。《世说新语》等书记载的这个时期的几次清谈，大都在他家里。最近就又有一场有名的清谈，《晋书·刘惔传》是这样记载的：（刘）惔雅善言理，简文帝初作相，与王濛并为谈客，俱蒙上宾礼。时孙盛作《易象妙于见形论》，帝使殷浩难之，不能屈。帝曰："使真长来，故应有以制之。"乃命迎惔。盛素敬服惔，及至，便与抗答，辞甚简至，盛理遂屈。一座抚掌大笑，咸称美之。

时间是明确的：司马昱当丞相后不久。我把它具体放到永和二年（346年）三月到七月之间，即殷浩将起未起之时。地点显然是在相府。人物有刘惔、王濛、殷浩，这三位是熟习的，已经成为我们的老朋友。孙盛其实也不陌生，他是孙绰的堂兄，前面已经多次提到他，还经常引用他的著作，因为他除善于清谈外，更是一位历史学家，所作《魏氏春秋》《晋阳秋》等史书虽未流传下来，却经常被别的书引用，有"良史"之称。他先是庾亮的参军；庾亮去世后，他成为继任者庾翼的参军；庾翼去世后，又成为新的继任者桓温的参军。此时可能是奉使回京办事，故有机会参加相王的清谈。

根据《世说新语》的记载，当时在座的还有谢尚，他此时为何在京，那就无法考证了。

这次清谈的主客双方，开始是孙盛、殷浩。这可是两个老对手了。有一次孙盛专程到丹阳墓所与殷浩论辩，二人你来我往，唇枪舌剑，互不相让，片刻不停，饭也顾不上吃，热了又凉，凉了又热，反复了好几次。激动起来，彼此挥动着麈尾，毛纷纷落到饭菜上。直到晚上，都忘记了吃，却到底没决出个胜负，谁也不服谁。殷浩说：“你这头犟嘴马，我终究要穿你鼻子！”孙盛说：“你这头烂鼻子牛，我有一天要穿你脸腮！”

不过两人脸红脖子粗地争论的具体内容和话题，书上没记下来，似乎这并不重要，重要的是过程，愉悦和满足就在过程中，甚至连结论也不重要。但今天就不一样了，论题是明确的：《易》象妙于见形。”

这是孙盛的强项。说来话长。早在本书第一章就已经讲过，自来的《周易》研究，大致上可分为象数派和义理派。顾名思义，象数派重视卦象、爻象等等，用以占算吉凶祸福；义理派虽也主张“立象尽意”，由“象”领会出义理，但又要求“得意忘象”。“象”好比敲门砖，敲开哲理的大门，就可以扔掉了。王弼是玄学义理派的代表，前面说过的管辂、郭璞都是象数派的代表。孙盛大体上也属于象数派，他曾抨击王弼的《周易注》“叙浮义则丽辞溢目”，说他用满纸的华丽辞藻奢谈肤浅的义理，却把六爻等“群象”都摈弃不顾。这次聚谈，他又发表了《易象妙于见形论》，看题目就知道是重视图象的，说什么"六爻周流"，演化为八卦、六十四卦，通过这些卦象、卦画，就可以使"吉凶并彰"，预卜祸福。

殷浩的清谈玄学虽然样样通，却不能样样精，这次他可不能像与支遁辩论《四本论》那样势如破竹了，甚至也不能像上次与孙盛废寝忘食的辩论那样势均力敌了，这次他根本无法驳倒孙盛，却被孙盛攻得体无完肤，不但完不成相王的期许，还使孙盛更加得意扬扬、目无余子了。其他几人也不服，觉得他是狡辩，但又说不过他。司马昱只好说："叫真长来，真长能制服他！"

"真长"是刘惔的字。真是"一物降一物，卤水点豆腐"，孙盛本就敬佩刘惔，听说他要来，信心先就去了一半。刘惔来后，要他再把自己的"理"复述一遍。可能是事过境迁吧，他也讲不到先前那么好了。刘惔清谈素来简洁明快，三言两语，便切中他的要害，把他难住了。于是在座的都拍手称快，哈哈大笑。

人世难逢开口笑，孙盛当然也不会在乎。过了几天，他就返回荆州。到十一月，便随桓温伐蜀去了。

相王谈客（二）

相王司马昱的谈客，有名士，也有高僧。活跃在名士间的名僧支遁，不用说是他的座上常客。这次是应他之邀特意从沃洲山来的，约好与许询一起讲论佛教《维摩诘经》。许询的生年较晚，所以这件事在时间上不可能太早，大约还是在司马昱当了丞相以后，估计那时许询也不过二十上下。

佛经是支遁的专业，当然要由他来主讲，是"主"；许询负责发难、提问，是"客"。这其实也并不容易，要善于发现破绽，会提问题，把话题引向深入，或开出一个新生面，这就非对佛经精熟不可。许询虽然年青，但他聪明好学，有很深的佛学素养，不难胜任。可以说，二人正是理想的搭档，功力不相上下。每当支遁阐明一个佛理，听众顿感豁然开朗，得到很大启迪；每当许询提出一个诘难，听众面前又似乎显现出别一个洞天，敞开另一扇窗户，惊喜得手舞足蹈。

老资格的竺法深难得也来过一次，那是他顺道过访的。他已经五十多岁，从剡东山来着实不易。在这里正碰上刘惔。刘惔逗他说："你是出家人，怎么竟会出入朱门？""朱门"者，达官贵人之家也。出家人不是看破红尘了吗？不是不贪图巴结吗？

法深也不生气，只是微微一笑，不紧不慢地说："在你看来是朱门，在老僧看来，可就是茅草屋了。"是的，佛家"视诸侯之位如过客，视金玉之宝如砾石"，这哪里可与俗人道呢？

记得清代有个杂剧，讽刺晚明陈眉公号称清高的名士，其实奔走权门，巴结钻营，有如"翩然一只云间鹤，飞去飞来宰相衙"。法深造访的虽也是"宰相衙"，却不能说他也是那样的心态。且不说他的教义告诉他四大皆空，如梦似幻，即使从实际上说，他本就是世家子弟，有人甚至说他生在丞相之家，如果他愿意，拾功名富贵如拾草芥。同理，魏晋名士大率如此，他们多是贵公子孙，可谓曾经沧海，与陈眉公之流不同。所以有人说，魏晋后无真名士，宋明来有假道学。要之，由于九品中正制等原因，魏晋名士多是华宗贵胄，自然有一种贵族气息。从总体上说，后世名士没有这种幸运，故气质有异。

由刘惔，引出另外一个与司马昱也有些关系的清谈故事。当时有位叫张凭的名士，被郡里举为孝廉，进京应试，自以为凭着才气，必将跻身名流，于是就去拜访刘惔。刘惔盥洗完毕，请他坐在客厅的后座，只是略加寒暄，没多理会他。一会儿，王濛等人来了。在清谈中，遇到了一个主、客双方都感窒碍难通的地方。此时，张凭忍不住在后座插话，言少意明，几句就把问题疏通了，大家都很惊奇。刘惔连忙把他请到前头。客人走了以后，与他一直谈到晚上，并留他住宿。第二天，又与他一起乘车去见司马昱，说是"我今天为你发现了一位太常博士的绝妙人选"。司马昱便与他清谈起来，觉得果然不凡，真的补为太常博士，后来还做到别的大官。以善于清谈而得官，这在魏晋并不鲜见。

司马昱做了丞相不久，就征召谢安的弟弟谢万为从事中郎，其实也是他的谈客。谢万前面我们已经见过，曾作《八贤论》，是个落拓不羁的人物，做过不少落拓不羁的事情，最后就败在自己的落拓不羁中，那是后话。上任的时候，他头戴白纶巾，身穿鹤氅裘，脚蹬木底鞋，真如后人所说的"谢家子弟，衣冠磊落"。见了司马昱，没讲别的，先是清谈了大半天。如此丞相，怎么能治国呢？难怪谢安要说他是"惠帝之流也，清谈差胜耳"了。

就这样，相王司马昱的谈席上，差不多天天谈客满座，我们不能一一列举。

伤 逝

王濛与刘惔，既是士林所宗的风流名士，又皆是皇亲国戚，一个的女儿嫁给了琅邪王司马丕（许多年以后还当过皇后），一个婆了庐陵公主，都处于不疑的地位，所以尤为司马昱的座上常客，"俱蒙上宾礼"，"号为入室之宾"。

但王濛很长时间不来了。他病了，据医生说恐将不治。司马昱十分难受，想想看他是何等风度翩翩，想想看他去年还活蹦乱跳，请求外出当东阳太守，他没同意。他很后悔，当初为什么就不能满足他这个小小的心愿呢？现在再同意该迟了吧？王濛听说后觉得好笑，说："人家都说会稽王痴，他真的是痴呀！"

他的病情丝毫没有好转的迹象，倒是越来越沉重了。他才三十九岁。他缠绵病榻，常常在灯前眷恋地转动着麈尾，心想，难道再也不能清谈了吗？有时叫人拿来镜子照照，人已经消瘦、憔悴得不堪看了，只有眼睛还是那么明澈而秀气。他不禁深深叹了口气，喃喃自语："这样出众的人物，居然活不到四十！"

这也并不是他的顾影自怜、孤芳自赏，他的标致是公认的。有一次走在雪地上，红妆素裹衬着他高挑的身影，人们惊叹道："此不复似世中人！"那天人一般的王濛啊，难道真的就要不久于世了吗？

他不仅有貌，也有才。他的书法在当时是出类拔萃的，而绘画尤其精美。他常应邀到一家驴店，去画一种驴拉的丧车。有人讥笑他，他说："这有什么！我嗜酒、好肉、善画，只要有好菜、好酒、好绢，我为什么不去画？"是的，丹青换美酒，何乐而不为呢？

作为名士，他当然首先善于清谈。据说他"特善清言，为时所重"。他的清谈语言简洁，有独到的见解。

这样的人才，难道真的要不久于世了吗？

在王濛缠绵病榻的日子，许多名士都来看望他，也包括名僧支遁。但看望得最勤的，经常陪伴在他身边的，要数他最好的朋友刘惔了。忘记了是在什么时候，什么地方，什么样的机缘，他俩结识并订交的。反正自那以后，他俩齐名，他俩总是形影不离。在《世说新语》中，凡是看到"王、刘"二字连用，那一准就是他俩了，而不会是别的姓王的与姓刘的。

他俩真是心心相印。刘惔常说王濛性情通达，行为自然而又有节制。王濛对此非常认可，说是"刘君知我，胜我自知"。像一切好朋友一样，他俩也经常开个玩笑，甚至彼此挖苦几句，作为友谊的润滑剂。有一次二人分别了较长时间，见面以后，王濛开玩笑说："真是士别三日刮目相看，你大大长进了。"刘惔说："你要仰视吗？"王问这是什么意思，刘说："要不，怎么测量天的高度呀？"二人相视，哈哈大笑。

但是，友情的纽带也同样拴不住生命，王濛到底先他而去了，那是永和三年（347 年）的事情。他是江左名士中第一个去世的。

入殓的时候，刘惔默默看着这位永远不会再见的老友，向他做最后的告别，然后将一把犀角柄的贵重麈尾恭恭敬敬放在他的身边，这才号啕大哭。但对于王濛来说，这珍贵的麈尾还有什么用场？大夜无刘惔，何人可与清言呢？

此举不禁令人产生联想。西晋时，名士孙楚（孙绰的祖父）的好友王济去世，将要下葬时，他哭得非常悲伤，说："你生前喜欢听我学驴叫，让我最后为你叫一次吧。"于是就不顾别人的嘲笑，咴儿咴儿地大声叫起来。两晋之际，顾荣去世。我们记得，他的友人张翰坐上灵床，用他身边的琴，弹奏了他生前最爱听的歌曲。

这些，包括刘惔那把郑重放下的麈尾，都是对逝者最好的送别，都是魏晋名士所特有的令人肃然的生死之交。

这些故事，都记在《世说新语》的《伤逝》篇中。

清风朗月思玄度

就在王濛去世的这年底，刘惔被任为丹阳尹，即丹阳郡的行政长官。丹阳尹是京都尹，治所就在建康，所以一切还是老样子，只是昔日形影不离的王濛不在了，他感到无比的寂寞与空虚。

正在这时，许询进入他的生活。

许询一直隐在会稽。去年，与司马昱一起辅政的司徒蔡谟曾征他为掾属，他坚辞不就，并终身未仕，从此便被称为许掾、征君、征士、处士，等等。这次进京，是要接他姐姐回会稽的。

他是主动上门拜访刘惔的。他们彼此虽早已久闻大名，但这还是头一次见面。他长着一副聪俊、灵秀的样子，给人眼前一亮的感觉。因为他在京城没有住所，刘惔便在郡府辟出一处景色秀美、环境幽雅的房屋供他暂住，并派专人服侍，床帷新丽，饮食丰美。

有一天他与刘惔在客厅谈天，对盛情款待表示感谢，随后笑道："这位子要是能够保住，可比东山舒适多了。"

他的话里包含着这样的意思：看来做官比隐居好。

刘惔也笑道："吉凶无门，唯人自召。我怎能不趋吉避凶，努力保住这位子呢？"

不用说，二人的话都境界不高。此时恰巧王羲之也在座。王羲之经庾亮去世前推荐，做了江州刺史，后来大概闲居过几年。再后来朝廷曾召他为侍中、吏部尚书等要职，皆不就。去年，又召为护军将军，他还想推辞。这时，那位也是屡召方起，刚当上扬州刺史没几天的殷浩给他写信了，用了别人动员他的语言来动员王羲之，说什么"悠悠者以足下出处足观政之隆替，如吾等亦谓为然"，意思是说，人们都以你的出和不出观察朝廷政治的盛衰得失，我们认为也是这样，那么你何不出仕，以顺应大家的心情呢？于是就在当年初冬，王羲之出任了护军将军，来到建康。

听了许、刘二人有失清高的对话，王羲之笑着挖苦道："要是巢、许遇上稷、契，恐怕不会说出这样的话吧？"

巢父、许由传说是上古高尚的隐者，稷、契是商周著名的贤臣，他们无论隐也好，显也好，都不是追求个人生活的舒适。王羲之的话抖露出他们并不那么"清高"的马脚，使他们有点难堪。

真正的隐居是艰苦的事情。江左名士虽然并不热衷权势，但也决不拒绝舒适。他们向慕的隐逸正是一种别样的身心舒泰，是风流，是闲适，是超脱，是自由，是大自然的可以怡情悦性的美，而决不会甘于荒江野岭，焦首垢面，苦心劳形。就拿许询自己来说吧，他名义上在会稽永兴的幽穴隐居，实际上经常接受各地官员的馈赠，有人讥笑他说许由在箕山隐居可不是如此，他解嘲道："尧都要把天下让给许由，这个馈赠难道比我的小吗？"他一生都不缺少风光，所以虽一生未仕，《晋书·隐逸传》也并未收他，这是不难理解的。

刘惔就这样与许询认识了。有人问他，耳闻为虚，眼见为实，许询比耳闻的如何？他毫不迟疑地回答："才情过于所闻。"

许询也常与司马昱清谈。最近一次是在相府的一处幽室，周遭还弥散着若有若无的清香。时间是夜晚。据记载，那是一个"风恬月朗"的夜晚。在这样一个诗一样的环境，两个诗一样聪俊的年轻人会面了（司马昱大不了几岁）。许询一向善于表述自己的情怀，无论是老庄式的玄妙旷远的表述，还是诗骚式的芬芳悱恻的表述，他都行，而且这次发挥得还超过平日。司马昱虽然对他素有了解，但这次尤为赞叹，两人不知不觉谈到拂晓，从月色迷离谈到晨光熹微。他事后对人说："玄度才情，真是不可多得！""玄度"是许询的字。与刘惔一样，他也用了"才情"这个词称赞许询，这个词在当时并不常见。

许询在京待了一个月，就要回会稽了。这一个月，刘惔真是无日不来看他，有时一天竟来好几次。所以许询的离去他最闪得慌，但口头上却说："你再不走，我就成为轻薄京尹了！"意思是说，也许人们会讥他"轻薄"，像一个缠着情人的男子，或者说像一个好

"男风"之徒。许询走了以后，他还一直想念他，常常来到他昔日居住的地方，睹物思人，说："每当清风朗月，就叫人思念玄度！"也难免人们也许会讥他"轻薄"，他对许询的缠绵之情，确实像一位初恋的少年。顺便交代一下，再过不到两年，刘惔也去世了，只活了三十六岁，比他的好友王濛还少了三岁，是江左名士中的第二位逝者，以后不再会写到他，让我们也向他告别。

许询在当时名气非常大。据说他进京那天，观者倾城而出，令人想起当年的卫玠。卫玠是因为标致，许询却不知为什么。司马昱曾夸奖他的五言诗"妙绝时人"，但他的五言诗只存下三首残篇，也并不高妙。另外他也没有别的著述传世，各方面都远逊与他齐名的孙绰。但尽管如此，他在当时的名望却高于孙绰。他肯定有过人的风华和魅力。这也许靠他的人格与才情？才情是一种巨大的磁场，它异常富有吸引力，但也很容易成为不结果实的空花。

桓、殷勃豀

"桓"指桓温，"殷"指殷浩。对于他俩的关系，我用了一个生僻的词语：勃豀。这个词语出自《庄子·外物》篇："室无空虚，则妇姑勃豀。"古人的注释是："勃豀，争斗也。"房子太小，窄窄巴巴，婆媳之间就难免发生摩擦，说"争斗"则显略重一点儿。桓、殷之间，大致就是如此。

前面说过，永和二年（346年）十一月，桓温伐蜀，第二年（347年）三月便攻克成都，成汉国君李势投降。永和四年（**348**

年）八月，朝廷论功行赏，桓温晋位征西大将军，封临贺郡公。现在他的声威、地位、实力，当朝无人可比。晋穆帝只有六岁，还不知什么叫"功高震主"，执政的司马昱却坐不住了，便将素有高名的扬州刺史殷浩引为心腹，拉他参与朝政，以与桓温抗衡。桓、殷之间本没什么过节，这样一来，就难免产生芥蒂和猜忌，即"勃谿"。

说实话，桓温并没把殷浩放在眼里。从小就熟悉，他能吃几碗米饭还不知道吗？小时一起游戏，桓温把骑过的竹马扔掉，他却又捡回来，由此可知他的胸襟和格局不大。有一次桓温故意问他："你和我相比，谁更厉害？"只见他眼神游移，有点答非所问："我与我自己周旋久，我宁作我。"这个回答很有名，"宁作我"三字也常为今人所称引，不过他虽然强调了他的"自我"，他的个性，却没敢直面桓温的双目。

王羲之看出二人的芥蒂，曾写信劝说殷浩，现在只保存下一句话："下官劝令画廉、蔺于屏风。"可以想见，这大概是劝喻他俩要像廉颇、蔺相如那样"将相和"的。殷浩对他的劝告未置可否。

不管如何，不和的阵势拉开了，两边都在暗自较劲。永和五年（349 年），后赵国君石虎死去，北方政局不稳。桓温派军队驻扎今湖北北部的安陆，随时准备北伐。与此相应，第二年（350 年）正月，司马昱以殷浩为中军将军、都督扬州等五个州的军事，也为北伐做着准备。谁把北伐的主动权抓在手里，谁也就等于把扩大自己的实力和资本的机会抓在手里。

永和七年（**351**年）八月，桓温又上书请求北伐，几个月过去了，朝廷没有回音。他非常恼火，于十二月再次上书，这次也不等答复，立即同时发兵，率四五万人从驻地荆州出发，沿长江顺流而下，名为北伐，却在武昌按兵不动，造成威压首都建康的态势。殷浩觉得是指向自己的，便提请辞职，以避他的锋芒。这时司马昱的一位文书替司马昱写信给桓温，情理俱备，软硬兼有，桓温读后，也不想撕破脸面，便率兵退回荆州。

真正的北伐是从殷浩开始的。那是桓温退兵不久，永和八年（**352**年）正月，他打算先收复许昌、洛阳，然后再图进取，并以安西将军谢尚等为都统。此时，王羲之已从中央到了地方（详后），他审时度势，认为此举必定无功，曾给殷浩写信劝阻，信未流传下来，据说"言甚切至"。果然晋军在许昌遇到阻挡，死伤一万五千多人，殷浩退还寿春。

殷浩不甘心，后来策划再次北伐，王羲之又写信反对，同时也给司马昱写信，二人皆未采纳。这两封信现在都还保存着。永和九年（**353**年）十月，殷浩率七万大军，从寿春出发，打算进据洛阳，修复先帝的陵园，结果又是大败，车马辎重丢弃一空，士卒一万多人被杀。

这样的结果，一点儿也不出桓温意外。永和十年（**354**年）新年伊始，他上书历数殷浩屡战屡败、损失惨重的罪状，提请罢免他。朝廷无奈，只得将他废为庶人，贬居东阳郡信安县（在今浙江衢州市）。于是桓、殷"勃谿"，便以殷浩的失败告终。从此朝廷内外大权一归于桓温，连司马昱也要受他的摆布，开启了"桓与马，共天下"之局。

啊，会稽

　　让我们先把殷浩搁在一边，补足前几年发生的事情。却说王羲之虽做了护军将军，却并不很愿在朝廷任职。他看中了宣城，长江边上的一个好地方，希望在那里做个太守什么的，未成，却意外成为右军将军、会稽内史。

　　这真是大喜过望！会稽他太熟悉了，那里有他们王氏家族和别的南渡家族开垦的田庄。至于那里的山水之美，更是有口皆碑的。"东南山水越为首"，"越"就是会稽。每当他来此，一渡过浙江，眼前便有一种别样的美感，心想，这该是可以终老甚至埋骨的所在了，后来他果然老在这里，也死在这里。他厌倦京师杂沓的环境和人事，希望有一个可以养心的地方。宣城不过是不得已而求其次，会稽本是连想也不敢想的，王述正在那里当内史，为政清肃，口碑甚好。不意他母亲去世，服丧去职，于是王羲之就顶了这个缺。那是永和七年（351年），殷浩兴师北伐的前一年。

　　这里还有那么多高雅之士。在上虞有谢安、王胡之，在永兴有许询，在剡有阮裕、竺法深、支遁，等等。有的他认识，有的不认识，但都久闻大名。这些地方都属于会稽，说句大言不惭的话吧，都在他的治下。

　　值得特别一提的是，他还聘任了孙绰来做伴。孙绰原为殷浩的建威长史，王羲之做了右军将军、会稽内史后，便把他拉了过来，聘他为右军长史，一道来到会稽。他有才华，有学问，结交人多。名僧支遁，就是通过他认识的。

孙绰精通佛典，与支遁等高僧都过从甚密。刚来会稽不久，有一天孙绰对他说，支遁要到京师讲学，从剡县沃洲山出来，路过山阴，现正住在他家。这个人佛学、老庄都精通，见解也很不俗，常能标新领异，恐怕名士中也少有其比，要不要见他一面？王羲之为人虽然平易，但骨子里也有一股傲气，听他把支遁夸得那么高，反而心生不服，说："不过偶有一得罢了，何足与语！"加以新来乍到事务烦杂，故没有见他。

此间，王羲之与谢安、许询、阮裕诸人常有聚谈，都称赞支遁确有学识，雅善清言，特别是他那"逍遥"新义，见解高于向、郭，令人悠然远想。后来支遁从建康回剡，又经山阴，王羲之便主动请孙绰带他拜访，并请他讲《庄子·逍遥游》。支遁一口气讲了数千言，标揭新理，辞藻生动，把王羲之简直听呆了，事后请他在灵嘉寺住了一阵子，以便随时领教。

王羲之是大书法家。他在会稽留下很多故事传闻，大都与书法相关。比如说他非常喜欢鹅，因为鹅的姿态、形体、神气和动作，使他对书艺得到启迪与灵感。附近山间有位道士最善养鹅，听说他的池塘中有一群好鹅，王羲之特地前去观看，果如所闻，提出要买他的。这道士也是位风雅之人，他不喜欢钱，喜欢的是王羲之的字，要求给他写一通《道德经》，用来交换。以字换鹅，一文不花，一笔挺划算的生意！于是王羲之欣然命笔。老子《道德经》五千余言，写了将近一天，到了傍晚，一手交字，一手赶着一群雪白的嘎嘎叫的鹅，大摇大摆地，沐浴着一身金色的夕阳，浩浩荡荡凯旋而归了。

还有一个与书法相关的故事。那是夏天的一个早上，他与几位名士到山上游玩。走到山脚下一个小集市，看到一位老妪正卖一种六角的竹扇。可能为时尚早，天气还不太热，她的生意不好，几乎没有人买。王羲之令人拿出笔墨，在几把扇子上各题五个字，对老人说："你就说是王右军写的，每把卖一百钱。"老人看到在她的扇上乱涂，本有点儿生气，后来按他说的一吆喝，扇子果然被一抢而光。

在会稽，王羲之常与名士高僧游山玩水，饮酒谈玄。但是，从十年前他与谢安登临冶城的一场谈话可以看出，他虽然也风流，也超脱，却更务实些。他是天下事、朝廷事、民间事，事事关心。前面说过，他离开朝廷的第二年、第三年，殷浩两次北伐，他都曾写信劝阻，结果也都如他所料：一败涂地。

王羲之非常关心民生疾苦，这在整个魏晋名士中是少见的。当时会稽发生饥荒，他立刻下令开仓救济。朝廷上赋役繁重，百姓不堪重负，他常上书力争，其意见多被采纳。此间，谢尚曾一度在朝任尚书仆射，他曾给他写信反映民生疾苦。信很长，这里只引第一段：顷所陈论，每蒙允纳，所以令下小得苏息，各安其业。若不耳，此一郡久以蹈东海矣。意思是说，我最近所陈述的事情，常常承蒙你见允采纳，所以使老百姓略微得到休养生息，各自安居乐业。否则，这一郡人恐怕早就生命难保了。

窥一斑而见全豹，即使从这短短几句，也不难看出伟大的书圣那仁厚的内心，这是你从他那空灵萧散的书法很难联想得到的。在那样的时代，说实话，王羲之真是难得!

啊，会稽! 在这里，他过得自由而充实。

兰亭雅集

在会稽，王羲之有个得意之笔，那就是曾经在兰亭组织过一场诗酒之会，事后并为其诗集挥笔写了篇《兰亭集序》。听说人们把这篇序与石崇的《金谷诗序》相媲美，把他与石崇相比肩，他"甚有欣色"，扬扬得意。

中朝名士石崇组织的金谷送别以及他为之写的《金谷诗序》，在本书第三章已经讲过了，这里无意把两篇序的艺术做比较，也无意把两位作者的人格做评判。这里只是想说：兰亭雅集及其所产生的诗、字在历史上的地位，都是金谷送别无法比拟的，这才是王羲之若地下有知，真正应当引为自豪的。

那是一年一度的上巳节"修禊"活动。时间、地点、人物、过程及感想，《兰亭集序》都写得一清二楚。时间是永和九年（353 年），不用说是暮春三月三日，那是一个"天朗气清，惠风和畅"的美好日子。地点是"会稽山阴之兰亭"——据说在今浙江绍兴市西南二十七里的兰渚山麓。当时这里的风景，序里说"有崇山峻岭，茂林修竹，又有清流激湍，映带左右”，总之是一个美好的所在。人物是“群贤毕至，少长咸集”——其实主要是王羲之的部下和亲友。部下有孙统、孙绰兄弟，朋友有谢安、谢万兄弟，亲属有王羲之的几个儿子，等等，总共四十二人。王羲之可能年龄最大，五十一岁；他的小儿子王献之可能最小，只有十岁。

过程简单说来是这样的：大家在一段回环流淌的小溪周边分散坐下，观景，谈天，唱歌，遐想。溪水舒缓、平静地流着，一清见底。不知谁出的主意，拿几只漆制的酒杯，斟上酒，让它们顺着水流随意漂荡，漂到谁跟前谁就得作诗一首，否则就要罚酒，这叫作“曲水流觞”。结果有二十六人作出来了，有的还作了两首；其余十六人没作出来，真的被罚了酒，就连小小的王献之也没幸免。

即使罚了酒，想想看，在大自然的怀抱里，在亲情、友情的抚慰中，这是多么快乐的日子，但愿人生长得如此！但是……但是……但是良辰易过，好景不长，转眼之间，这一切都将成为陈迹，人们将无可奈何地冉冉老去，而宿命的时刻也必有一天会到来，“岂不痛哉”！这样，《兰亭集序》的后半部分便从欢快转向悲凉，最后的结论是：“固知一死生为虚诞，齐彭殇为妄作。”庄子把人的生死、寿夭看作是一样的，应当从这些分别中超越出来，现在王羲之觉得这是虚妄的，因为人实在无法超越啊！但这也并不一定就是对庄子的怀疑和否定，全文的基调还是老庄的。它所表达的，是一种永恒的、普遍的生命悲剧意识。

兰亭雅集是一场朴实、清纯的集会，它没有金谷送别那样豪纵的场面，华丽的组合。出场的人物大多不很显赫，很多都默默无闻，谢安自从辞官回来后，一直还没再出仕呢！它所体现的是一种"雅人深致"，是"走向自然"的一个新的发展阶段，即不再仅仅以纵酒放诞的方式实现人的"自然"（自由），而更在山水这个"大自然"中实现。这里没有社会的礼法，人们称意地生活，诗意地栖居。

兰亭诗差不多都保存下来了，它可以说是中国古代诗歌在魏晋这个特定时期，由玄言诗向山水诗演化的一块小小的实验田，或者说是山水诗产生过程中的一块小小的里程碑。"玄言诗"，顾名思义是以诗的形式阐发玄理。因为这违背了诗歌创作和欣赏的艺术规律，受到后人一致的诟病和抛弃，即使其代表人物孙绰、许询，也没有几首保存下来；即使保存下来的，也没有几个人要读。兰亭诗的作者是"以玄对山水"，也在山水中感悟玄理。既然如此，它里面必有山水的描写，也必有玄理的表达，我称之为"带玄言的山水诗"或"带山水的玄言诗"，它比纯粹议论玄理无疑有了长足的进步。试举王羲之本人写的一首：仰望碧天际，俯瞰绿水滨。寥朗无涯观，寓目理自陈。大矣造化功，万殊莫不均。群籁虽参差，适我无非新。

那种典型的玄言诗，被钟嵘《诗品》批评为"理过其辞，淡乎寡味"，没有鲜明的词采，没有生动的形象，缺乏动人的感情，只是一味地、平淡地议论玄理。王羲之的这一首其实也是旨在阐发玄理的。"寓目理自陈"，他说在举目所见的外物上玄理自然会陈示

出来，下面"大矣造化功"两句便是。这不就是孙绰所说的"即有
（山水）得玄"吗？这不就是支遁所说的"即色（山水）游玄"吗？

但这种玄理既然是通过"寓目"外物而得到的，那么现在即目
所见的一切，比如"碧天"，比如"绿水"，比如寥廓无际的宇宙，
比如千差万别的"群籁"，写到诗里，不就是生动形象的山水景观
吗？而"适我无非新"一句，面对新春里复苏的簇新的一切，流露
出作者何等喜悦的感情呀！显然，这已不同于一般的玄言诗。后来
在这种诗里，山水的成分越来越多，玄言成分越来越少，到了晋末
宋初的谢灵运，真正的山水诗也就诞生了。

原始的《兰亭集序》当然是王羲之手书的，据说它共二十八
行，三百二十四字。王羲之既然很看重这次诗会，很措意这篇诗序，
因此也会很用心书写，成为王羲之书法的典范，一直到初唐都神
秘而完好地珍藏着。唐太宗李世民极为喜爱王羲之的书迹，凡传
世的真本几乎搜罗殆尽，唯独缺了这篇，成为他的一个心病。后
来他终于千方百计弄到手，到死都不舍得割爱，当作殉葬品带进
坟墓，使这稀世的明珠投入无尽的黑暗。后来人们所见的虽是摹
本，但晋人和王右军那特有的风流、萧散之气，多少人心慕手追，
终不能至。

我卒当以乐死

王羲之当上会稽内史与王述有关，王羲之辞去会稽内史也与王
述有关，真是"成也萧何，败也萧何"。其实也没有什么大不了的

事情，无非是名士的矜持、自尊和意气用事。

王述与王羲之齐名。王羲之觉得不平，他怎么能与我齐名？人们不是都说他痴吗？这样不就说明我也痴吗？他的这种不平与对王述的轻视难免形于辞色，形于辞色就难免被王述知道，被王述知道就难免也要生气，这样二人便难免"情好不协"。再加上王述因母丧离职以后，仍居住在会稽境内服丧，而接替他为会稽内史的王羲之只到他家慰勉过一次，从此再未登门，全不顾士人的情面与两家世代的交往，于是他的积怨就更深了。服丧期满以后，正好殷浩被免为庶人——我们记得那是永和十年（354 年），于是王述就补了他的缺，成为扬州刺史，也成为王羲之的顶头上司（会稽郡隶属扬州）。上任之前，他在郡内转了一圈，唯独不到王羲之那里去，只是在走马上任时蜻蜓点水般道了一个别，走了一个过场。

这是王羲之意想不到的。不久以前，他还对人说"王述想再当会稽内史，恐怕是很渺茫的"，人家却当得更大了！王羲之当然耻于在他属下，便派人到朝廷要求把会稽划归越州。这不但不可能，还传为笑柄。不久，王述有意到会稽检察政事，找郡里有关人员谈话，追问得十分苛刻，王羲之更觉耻辱了。现在只剩下一条路：称病辞职。

永和十一年（355 年）三月九日，正是兰亭雅集两年以后，王羲之在父母墓前郑重起誓，说自己在官场碌碌无为，辱没先人，决心从今以后止足却步，永不仕进，如有食言，那就简直不像个儿子，"子而不子，天地所不覆载，名教所不得容。信誓之诚，有如皎日"！接着就向朝廷提交了辞呈。朝廷知道他发下毒誓，没挽留他，以后也没再征聘他。那年，他五十三岁。

真是无官一身轻，现在他完全自由了！现在只剩下一个字：乐。

他并没有离开会稽，他舍不得这里的明山秀水，他要实现当年终老于此的夙愿。人家都说，会稽的山水，剡最美；剡的山水，金庭洞最美。他就在那最美最美的地方，建起了他的住宅，还有书楼、墨池什么的。这里离支遁的沃洲小岭也不远。现在这里叫金庭镇，还有王羲之墓呢！以这里为中心，他与谢安等人士，游遍了浙东的山山水水。每到一处，还常常捕鸟、钓鱼。这是他的一大乐。

谢安的弟弟谢万正在朝廷任吏部郎，王羲之与他也是忘年之交，经常通信。其中有封信说：古之辞世者或披发佯狂，或污身秽迹，可谓艰矣。今仆坐而获逸，遂其宿心，其为庆幸，岂非天赐！

前面说过，我觉得"隐逸"的"逸"似乎可以有两种解释，一种是"逃"，一种是"乐"，王羲之这信又为我提供了一个证据。假如像他那样，把他现在的生活看成是隐逸，那么他的"获逸"，所获的正是"乐"。他用不着像古代隐者那样披头散发，装疯卖傻，邋里邋遢，他舒舒服服就当了隐士，获得了高隐的美名。他没有衣食之忧。他有田地出租，可以"行田视地利，颐养闲暇"。这是他的二大乐。

天伦之乐，应是王羲之辞官之后的第三样乐事，因为他有了更多的闲暇和心神来享受这种乐趣。作为一位勤勉的书法家，他保存下很多书信，有的还保留着原始的笔迹，成为后人临摹的书帖。他的日常、琐屑然而又是亲切的生活小事，往往就记载于这些书信、书帖中。如有一封说：吾有七儿一女，皆同生，婚娶已毕，惟一小者尚未婚耳……今内外孙有十六人，足慰目前。真是儿孙满堂！中国古人追求的人生最大福分不就如此吗？王羲之的妻子，我们还记得，就是郗鉴的女儿郗璇，当年他坦腹东床，想起来是多么荒唐，又是多么幸运，贤惠的郗夫人与他白头偕老，为他生下八个孩子。没结婚的是小儿子王献之，后来与表姐郗道茂成了亲。说起自己的一大群后代，王羲之真是如数家珍！

　　在前引的那封给谢万的信中，他还说自家种了很多果树，开花结果的时候，抱着小的，领着大的，在果林里游玩观赏，呼吸那甜甜的香气。有时摘个果子，与孩子们分着吃。千载之下，我们读了，还似乎能分享到他那喜悦和满足的心情，也分享他家花的芬芳，果实的甘鲜。

　　王羲之还认识了一位奇人——道士许迈，估计二人的年龄差不多。他也是士族子弟，却不想仕进，听了预言家郭璞的话，一心想学成仙飞升之术。父母去世后，就将妻子打发回娘家，自己到深山修炼。后来干脆给妻子写了封信，并附上十二首诗，向她最后告别。——唉，这是怎样的人生啊！也许真是"一人一种活法"，像向秀、郭象说的，只要"适性"，就是"逍遥"？……反正不管如何，王羲之很信服他，经常去造访他，结成世外之交，并跟随他到处寻采药石，从而又遍游了浙中一带的名山大川，观赏了更多奇山异水，他真恨不得对着它们大叫：我王羲之，终当快乐而死！

咄咄怪事

再说殷浩被贬到东阳信安，转眼一年多了。与王羲之分手，更是快四年了。前些日子听说他辞了官，住在剡县。剡与此地相距不很远，他很想过去看看，或请他过来，一叙别情。他至今还保存着他当年写的好几封信。现在看来，他劝阻自己北伐是对的，这些信也就觉得弥足珍贵。

从堂堂的扬州刺史、参政大臣，成为穷乡僻壤的一介平民，殷浩有一种莫名其妙的失落感。是的，是失落感，但又莫名其妙，他自己也说不清，道不明。是因为失落了权势吗？扪心自问，他并不是贪恋权势的人。以前他辞官屏居墓园将近十年，屡征不起，就没有这种感觉。大概那时还年轻，觉得来日方长，现在却到了知命之年，来日无多了吧？

在家人看来，废居信安以后，他虽沉默寡言，却也心平气和，一副夷神委命的样子，看不到有什么流放之戚。只是他总喜欢一个人，默默地，伸出一只手指，在空中比比划划地好像写什么。后来按照他的笔顺反复观察，原来他写的始终是四个字：咄咄怪事。

什么咄咄怪事？是战场上的失败吗？是被免为庶人吗？问他，他自己也不知道。他觉得一切都莫名其妙，说不清道不明。

他有个外甥名叫韩伯，字康伯，以前我们提到过他。他聪明好学，殷浩很喜欢他，说他将来必成大器。果然，他注释的《周易》，属于王弼那一路数的，发挥义理，很为人所看重，后世的儒者把它与王弼的注释一道，收入最权威的官方《周易》注本中，一直流传到现在。康伯也很敬重舅舅，为了使他不觉伤感和落寞，便陪伴他一起住在信安。最近，殷浩觉得不能再耽误外甥的前程，不断催他回京，他同意了。这一天，他看到舅舅面带笑容，一直把他送到河边。他上了船，回头向舅舅道别，忽听舅舅大声吟咏起"中朝"曹颜远《感旧诗》中的名句：富贵他人合，贫贱亲戚离。人情冷暖，世态炎凉。富贵了，发达了，谁都来攀龙附凤；贫贱了，失势了，却都一哄而散，离得唯恐不远。康伯看到，舅舅眼里饱含着泪水。

外甥走了以后，陪伴殷浩最多的，是佛经。前面曾经说过，早在屏居墓园之时，名僧康僧渊曾拜访他，向他讲起佛经。在学问方面他是个颖悟的人，立刻敏感到佛理可以与玄理相通，说出"玄理也应在阿堵上"这句名言。但当时他的兴趣还在别的方面，所以真正大读佛书，探究佛理，是在被贬东阳之后。

当时佛书所流行的，大都是《般若经》类，殷浩所读的也是这些。以他现在的心境，与般若性空的说法，真是一拍即合。过去种种，可不都是因缘凑合的吗？不都是如梦、似幻、像烟吗？不过对一些具体、烦琐、生疏的东西，如什么"五阴""十二入""四谛"之类，他弄不懂，就把它们在书上标注出来，后来遇到一位和尚，虚心向人家讨教，很快也就释然了。

他也曾攒了一大堆疑问，准备请教支遁。那是他读《小品》的时候，遇上一些深微问题，众说纷纭，莫衷一是，共有二百多处，他都一一注明。现在他的佛学修养已经大有长进，对这些问题都能谈出自己的看法，只是还没有很大把握，想向支遁请教或讨论一下，便派人去请他。

当时王羲之正在支遁那里，他把支遁拦住了，对他说："殷浩这个人，别看打仗不行，搞学问可灵着呢！知识又渊博，考虑问题深透，他弄不清的，你也未必弄得清，岂不有损你令名？你即使讲得再好，人们会觉得本应如此，也不会给你增添什么。"

支遁听着在理，就借故推辞了。想起来真可惜，王羲之真多事，就为了一个名声，失去多少有益的学术探讨和真知灼见！

在佛理的研读中，时间过得很快，来到永和十二年（356 年）。有一次桓温与人谈起殷浩，对他颇表同情，说他有德有言，在朝廷做个令、仆之类，可以成为百官的表率。只是朝廷"用违其才"，用了他的所短，竟让他去领兵打仗！

他俩本就没有多大矛盾，从小又是朋友，就向朝廷推荐他为尚书令，并给他写了一封信告知。殷浩读到信后，喜出望外，非常激动，立即给桓温回信。信放入信封以后，他怕有错误，又拿出来检查。这样，竟反反复复了十多次，最后才总算放心了。但他想不到的是，他发出去的，竟是一个空空如也的信封！桓温开启以后，大怒，觉得是有意嘲弄自己，于是前议取消！

殷浩知道这一切后，真觉莫名其妙，莫名其妙！就在当年，他在窝囊中死去，成为江左名士中的第三位逝者。现在有人认为，殷浩放逐后可能得了精神疾病，我觉得是有道理的。

在魏晋名士中，有好几位既是清谈领袖，又有极高的政治地位，但缺乏经世大略，最后沦为悲剧人物。这在正始，是何晏；在西晋，是王衍；在"中兴"，是庾亮；在江左，就是殷浩。既能清谈又能经世的，唯王导、谢安而已。看起来事关才分，不关清谈是否误国。

曲终人不见

第四位去世的江左名士，是能歌善舞、精通音乐的谢尚，比殷浩晚了一年。

真是断送英雄唯岁月，谢尚这样风流倜傥的人物竟也在岁月中老去。记得为王导跳《鸲鹆舞》的时候，他还多么年青啊！也是在那阵子，一个春光明媚的日子，他坐在一片芳草地上弹琵琶，累了，就枕着琵琶仰面躺着，一条腿跷起来，望着蓝得透明的天空。正好被王导看到了，对人说："你看谢尚跷着腿，枕着琵琶，真可以说有天际之想。"

无独有偶，许多年以后，有一次人们议论谢尚，把他与不三不四的人相提并论，桓温听到后，说："诸位不可轻议谢尚，他在北窗下跷着脚弹琵琶，真可以说有天际真人之想！"

两个人说的差不多。"真人"，他不敢当；仰望天边悠悠远去的白云，却是有的。想的也没有什么高超，只是冥思着白云下面的远方，已经模糊在童年记忆中的江北家乡，现在该是怎样的景象？

除琵琶外，他还喜欢筝，喜欢它那清亮刚健的声音，真是筝声铮铮。有一次桓温请他弹筝，他理好弦，调好音，望着窗外高远的天空。时为初秋，寒雁南归，黄叶摇落。他触景生情，弹了一曲《秋风》，同时唱道：秋风意殊迫！……

只留下来这么一句歌词，不知他都唱了些什么。可能他深知，迫人的并不是秋风，而是岁月。岁月的秋风无情地扫荡一片片日子的落叶，一刻也不停息……

真没想到，他这样一个风度翩翩、文质彬彬的人物，竟与军旅结下不解之缘，屡为将军，久经战阵。殷浩北伐时，他为都统，许昌一战遭受惨败，损兵折将，被司法部门逮捕。幸而此间他还有一桩功劳。原来晋王朝的传国玉玺，在永嘉之乱中落入胡人之手，四十多年来皇上始终没有这颗大印，被胡人讥为"白板天子"。现在，谢尚与部下把它弄到了，奉送朝廷，君臣皆大欢喜。凭着这个功劳，再加上外甥女蒜子的关系，没治他的罪，只把他的军衔由安西将军降为建威将军。后来他的职务又屡迁，还一度在朝廷当过尚书仆射。就是在那个时候，王羲之曾给他写信反映民生疾苦。永和十一年（355 年），他进号镇西将军，出为豫州刺史，镇守军事重镇寿阳。

寿阳是座有名的古城，一度曾为战国时楚国首都，又曾为西汉淮南国的都城，留下不少名胜古迹，如城东有春申君黄歇墓，城北有淮南王刘安墓。离刘安墓不远有个珍珠泉，泉水清澈甘凉，在旁边大声喧哗，会有无数水泡从泉底冒升，犹如一串串珍珠，传说刘安曾在这里炼丹。淝水从城西北蜿蜒流过，对岸是起伏的八公山脉。面对这些山水古迹，谢尚心情沉静下来，加上前线也相安无事，他想完成自己的一个夙愿：修复雅乐。

雅乐是朝廷在各种典礼仪式上使用的音乐。永嘉之乱时，乐工、乐器被胡人掳掠一空。后来虽经重置，但也很不完备，故有些仪式只得从略。当年庾亮为荆州刺史时，曾与谢尚一起修复过，后来他一死，此事就搁置了。现在，寿阳地处前线，有些乐工、乐器藏匿民间，他便刻意搜求，并研制了石磬等。据说江南有钟鼓金石之乐，就是从他开始的。

谢尚很兴奋，因为这毕竟是一件大事，不虚此行，也不负此生。虽说他已年近五十，但人逢喜事精神爽，有时也不免聊发少年狂。在一个温煦的春日，他换上便装，带上几个人来到闹市的佛国楼上，面对大街，令人取来琵琶，按好胡床，坐在上面信手续续弹奏起来。他看到，大街两旁的垂柳已由黄转绿，人家庭院中的桃树也已盛开，绯红的花朵探出头来，犹如千万少女的笑脸。街上行人熙攘，车马喧噪，扬起阵阵轻尘，轻尘裹挟着落花飘旋。啊，好一派盎然的春意！于是他即兴唱出一首《大道曲》：青阳二三月，柳青桃复红。车马不相识，音落黄埃中。

曲调学的是民歌旋律，歌词也清新通俗犹如民谣。当时流行的江南民歌被称为"委巷歌谣"，即街头小调，很得文人名士的喜爱，竞相起而仿作，后来以至于改变了诗坛面貌，流为宫体诗，流为侧艳之体。谢尚此作，颇开风气之先，后世收入《乐府诗集》。评论家说它虽为四句短章，写喧杂之状却历历如睹。

这歌声的余音在时空中袅袅摇曳着，摇曳着……摇曳到升平元年（357年）五月断绝了，谢尚病逝，终年五十。

第五位去世的江左名士是许询，但不知具体时间。王羲之曾提到他的死。王羲之死于谢安出山的第二年（361 年），那么许询必死在本章的时间范围内。另外，王羲之的书帖经常提到他生病，兰亭雅集他应参加而未参加，我很怀疑他死得更早，甚至是第三个，可能不超过三十岁，因为史书上说他"早逝"。

东山的盘桓

古人说："士有解佩出朝，一去忘返。"谢安正是如此。自从他辞掉官职，解下官服，离开朝廷，回到东山，已经过去许多许多年了。那时他才二十一岁，那时本章才刚刚开头；现在他都快四十了，现在本章甚至本书都快结束了，我们都快要把他忘了，现在才想起他来，请他来为本章和本书煞个尾。——我们还记得，本书就是由他和袁宏开的头，恰巧首尾呼应。

当年，他是决心在东山隐居不出，在光风霁月里终此一生了。在山顶上，他建了一条调马路，常常在那里遛马、驯马；还造了"白云""明月"两座厅堂，在窗前极目远眺，可以望到远方水天相接处的几叶扁舟。沿着翠微的小径来到山下，有一座"国庆寺"，据说原是谢安的故宅。现在，在浙江省绍兴市上虞区西南上浦镇那边，有东山和谢安故居，恍惚中似乎还闪动着他逍遥而风雅的身影。

朝廷上可没有忘记谢安。在他回来后不久，又召他为尚书郎和琅邪王友，都被他推辞了。大约在他二十七八岁时，有人推荐他为吏部郎，他也婉拒了。朝廷见他如此不识抬举，只得敬酒不吃请他吃罚酒，宣布对他"禁锢终身"，即终生不得录用。与他同时被禁锢终身的，还有隐在另一个东山的也是屡征不起的阮裕。

当然，"禁锢终身"，也不过说说而已，谁能保得住谁"终身"是什么样子？

这倒正中了谢安的下怀，免得三天两头来找麻烦。于是他更加铁了心，有时独自来到深山，坐在一块草木掩映流水环绕的山岩上，远离喧嚣的尘俗，听溪水淙淙，鸟鸣嘤嘤，树叶喁喁，不禁悠然遐思，想起古昔那位轻辞王位的高尚隐者伯夷，自言自语道："此情此景，与伯夷何远之有！"

况且这里有那么多有学识、有情趣的志同道合的友人，如王胡之、王羲之、孙绰、许询、支遁等等，他们一道出则游山玩水，入则谈玄论道，真是其乐融融。王羲之辞官以后，彼此过从就更密了。有一次他与王羲之、孙绰等人泛舟大海，忽然风起云涌，波涛大作，诸公皆很惊惶，顿失平昔的优雅，唯有他从容镇定，吟啸自若。于是人们都称他有雅量，能够矫情镇物，将来必可大用。——也许，这件事情昭示了他日后必会出山？

在东山的朝暾夕岚中，谢安的青春岁月在悄悄流逝。他的二十多个子侄，就是这流逝的明证。他刚回来的时候，他们有的还没出生，现在已是葱俊的少年；有的还在襁褓之中，现在已长成弱冠的青年。他喜欢与他们在一起，一起在山光水色中陶醉。看到这新生代，他就看到家族的未来和希望。他明知这种想法不大合于老庄之道，但还是忍不住考问子侄："人生如梦，转眼消散，子侄们将来好坏与我何干，可我为什么总是要盼望他们好呢？"

这个问题不很好回答。说得太实，会流为庸俗；说得太虚，又会不着边际。子侄们都默不作声，互相观望着。还是谢玄先发言了："我看，这好比芝兰玉树，谁都希望它们生长在自家门楣两边。"

谢安很满意这个回答，它令人引发出一种高华的联想。从子侄的方面说，芝兰玉树，有芳香，有光华，不平庸，不暗淡，是不可多得的人才；从家族的方面说，有声色，有气派，是华贵荣耀的门户。但这两方面的意思都含而不露，没有说破，只是用形象来暗示，构成一种华美的意境。

这件事也许也预示了谢安必会出山，以光耀门楣？

谢玄是大哥谢奕的儿子，他既有名士的风流，又有谋士的沉毅，是谢安喜欢的那种性格类型。他后来成为淝水大战的前方指挥者，与叔父们一起立下大功，可惜本书写不到那个时候。

谢玄有个姐姐名叫谢道韫，也是谢安非常喜爱的。她是才女，能诗善文，本有文集二卷，后来都散失了，只留下几篇诗文。特别难得的是，她还善于清谈。女子而有文才的，在她之前，有班固的祖姑班婕妤、妹妹班昭，以及蔡邕的女儿蔡文姬、左思的妹妹左芬等，而女子善清谈的，除她之外，一个记载也没有。

秋去冬来，天气冷了，孩子们喜欢聚集在谢安这边。有一天下起纷纷扬扬的大雪，这在江南是少见的，大家都很兴奋。谢安想观察一下他们的文学才能，就乘机问："你们看这雪花用什么比拟好呢？"

这回是二哥的儿子谢朗先开口，说是用"撒盐空中"比拟就挺好。道韫不大同意，说："不，我看'柳絮因风起'更贴切些，它们都轻飘飘的，好像在风中跳舞。"

谢安一想，倒也是的。沉甸甸的盐粒与轻飘飘的雪花除颜色相似外，再没什么意趣；"柳絮因风起"则描出轻柔飞旋之状，传出空灵迷离之神，并不着痕迹地于冬天见春日，化寒冷为温煦。于是他向道韫笑笑，鼓励道："好个柳絮因风起！"

你看，这里有亲情，有友情，有山水之情，他怎能舍得离开呢？

别了，东山

谢尚去世的时候，谢安已经三十八岁，接近不惑了。对于这位风流标举的堂兄的永逝，他伤心了好长一阵子。

谢尚有德政，有声望，去世以后，为当地士民所怀念，于是朝廷便派了同为谢家子弟的谢奕去接替他，出任西中郎将、豫州刺史。谢奕上任之前，先回会稽省亲，昨天刚刚离去。谢安与这位大哥的年龄差别大，感情深，小时候他有外任，常把自己带在身边。现在彼此都年纪大了，分手时很是依依不舍。他把这种心情对王羲之讲了，说："人到中年，常常伤于哀乐，每与亲友离别，数日心情都很不好。"王羲之也有同感，说："年纪大了，自然不免如此，正该用丝竹管弦加以排解。"

是啊，在各种爱好中，谢安觉得最爱好的还是音乐，它最具有慰心的力量。真怪，即使那种悲哀的乐曲，听了以后，也会使人忘掉悲哀，而代之以温恬的幽思。所以近来每次出去游玩，他总要带上歌女和管弦。这真是有声有色的华美之旅！相王司马昱知道后，笑道："谁说'谢安不肯出，将如苍生何'？我看谢安必出。他既然与人同乐，就不得不与人同忧。"也许会被他不幸而言中？

妻子刘夫人有自己的想法。她看到大伯飞黄腾达，三个小叔俱已出仕，未免眼红，对谢安说："大丈夫不当如此吗？"谢安笑笑："也许不免会如此吧。"

刘夫人惊讶地看他一眼，看他是不是在开玩笑。他今天回答得和往常不大一样。

谢奕只干了一年，到第二年也就是升平二年（358 年）八月也病逝了。司马昱为了牵制在长江上游握有重兵的荆州刺史桓温，就以他的弟弟、吴兴太守谢万为西中郎将、豫州刺史，兼淮南太守。

对此事反应最快而且最激烈的，竟是王羲之。王羲之虽然辞掉了官职，无官一身轻了，但他的心并没有轻松，他始终不忘忧国。他是谢万的好朋友，最了解谢万的为人。以他的落拓和疏狂，怎堪任军国重镇？他先是给桓温写信，说谢万做个从容讽议的朝廷官员也许适宜，让他去统率大军肯定是用非其才。桓温处在见疑的地位，不便讲话。他又直接给谢万写信，规劝他在军中不可任性放达，要与将士同甘共苦。这些苦口婆心之言，谢万都当成了耳旁风。

王羲之所担心的这一切，谢安也都想到了。他深知哥哥谢奕虽然也任诞，也疏狂，但大事不糊涂。弟弟谢万则不管大事小事，都毫不在乎。他能怎么办呢？他只能做点"拾遗补缺"的事情。还在弟弟任吴兴太守时，他便随之来到郡中。谢万性喜晚起，他就一大早来到他的居室，敲击屏风，把他从梦乡唤醒。

谢万任豫州刺史的翌年，即升平三年（**359**年）十月，诏令他与北中郎将郗昙兵分两路，北伐前燕。谢安听说后，来到他的驻地，看到他依然不改名士习气，饮酒啸歌，不理军务，更不安抚慰勉官兵，便语重心长地把他说了一顿。他倒听话，第二天便把诸将召集起来，将手中的铁如意轻轻一挥说："诸位都是强兵劲卒，必定善战！"军中将领最忌称他们为兵卒之类，愈加不满。

两路兵马分头向北进发，都还算顺利。正在此时，郗昙突然病倒，退还彭城。谢万以为前面敌军强大，便也下令撤退。官兵对他本就怨恨，趁机脱逃，全军溃散。谢万成为"光杆司令"，单骑而归，不久被废为庶人。

谢安共有兄弟六人。大哥谢奕去年去世，二哥谢据早卒，他排老三，四弟谢万现在被免，以下谢石、谢铁虽然都已出仕，但地位不显。以他们的才能，恐怕也很难有大的作为。堂兄弟方面，谢尚已在前年去世。谢氏家族兴起较晚，曾被讥为"新出门户"，难道马上又要衰落了吗？他心中不免暗暗忧虑。

征西大将军桓温大概猜透了他的心思，第二年，即升平四年（**360**年）八月，聘任他为军中司马。这一回，他出人意料地应允了，时年四十一岁，已逾不惑，真是苦不早了。

也没有什么好准备的，只是又把东山游了一遍。他真恨不得把东山装进口袋，一起带走。这天一早，他乘车出发了。车跑出好远，他仍然回望着朝雾迷离的东山，暗暗说："别了，东山，我会回来的。"

此去没过多少年，他便成为朝廷高官，经历了与桓温近十年的"勃谿"、周旋。桓温病逝后，他成为执政大臣，使谢氏与司马氏"共天下"。淝水一战，他与弟弟、子侄以少胜多，为晋保住了半壁江山，也把他本人和家族推向辉煌的顶点。

但他始终没有忘情东山。在离京城十多里处，他依照东山的样子建了一座假山作为别业。但画饼怎能充饥呢？后来他为了躲避皇权的反扑和倾轧，要求出镇广陵的步丘，并携带了家眷和财物，准备经营粗定后，就从那里直接乘船回会稽和东山。但雅志未遂，便去世了。假如谢安能够未卜先知，假如当初他能够梦见这个未了愿，那么在这离别的早晨，他应当这样说（用一位外国诗人的句式）：别了，东山，如果是永远地，那就永远地，别了。

在这里，也请允许我借谢安的光，一并向读者道一声："别了，亲爱的读者，别了。"

可怜东晋最风流

但我还不能道别。像其他各章一样，本章也要有个结尾。

晚唐诗人杜牧诗云："大抵南朝皆旷达，可怜东晋最风流。"南朝且不说了。"可怜"即可爱。是的，东晋最风流，最可爱，但不能说是整个。前章渡江名士生活的那一段，有争斗，有杀戮，有血腥，并且中兴事烦，王事鞅掌，就不是顶风流。谢安去世后三十五六年的东晋末叶，又上演了改朝换代前夕的厮杀和混乱，也风流不大起来。本章江左名士的时代，有和平的环境，宽松的政治，自由的思想，优异的山水，审美的生活态度，得天时、地利、人和，成就了他们的"最风流"，甚至可以延伸到他们的子侄，直到谢安去世（385 年）。

与前四代相比，他们拥有一个独特的标志，即两座蓊郁的东山。不错，七贤时有苏门山，但那是个异己的存在。他们只拥有竹林。

东山是一个代表，它代表山水，代表大自然。魏晋名士自正始起，便锚定了老庄的"自然"之旨，在治国上企图用以取代礼治、法治，实行清静无为；在为人上用以对抗名教，追求个性自由，以至流为任诞放纵。单说为人方面，我们看到，到了江左名士，那种露骨、粗鄙的放荡没有了，代之以文雅而自由的"称情而行"（谢安语）。他们从骨子里漠视礼，决不刻意遵行礼，但也并不去刻意践踏礼。他们只是我行我素，适情悦性，不在乎是不是合"礼"。可以说，他们把任诞深化了、雅化了。他们生活在江南佳丽地，逐渐发觉山水之为用也真是"大矣哉"，用他们自己的话说，可以"散怀"，可以"畅神""畅情""取欢""澄怀"，总之可以"借山水以化其郁结"（孙绰语），也可以借山水"怡情味重渊"（王蕴之《兰亭诗》）——体味那玄之又玄的缥缈玄理。并且，山水既在"方外"，那么"自然"、自由正在这"大自然"中。"一片芳心千万绪，人间没个安排处"，于是便把目光和脚步投向了山水，特别是东山。据宋人写的《剡录》考证，江左名士大多与两个东山有关，或隐过，或游过，或向慕过。谢安最是在东山流连忘返。但人终究是社会性的，谁也不能真的不食人间烟火，故他也终究要向东山道别，"挥手自兹去"。

那么，现在，读者，我们也可以挥手道别了。

2013 年 12 月完稿于上海

2021 年 7 月改定

图书在版编目（CIP）数据

人生如逆旅：魏晋名士的风度与精神 / 萧华荣著
. -- 北京：民主与建设出版社，2023.12（2024.3重印）
ISBN 978-7-5139-4426-7

Ⅰ.①人… Ⅱ.①萧… Ⅲ.①名人—生平事迹—中国
—魏晋南北朝时代 Ⅳ.①K820.35

中国国家版本馆CIP数据核字（2023）第220973号

人生如逆旅：魏晋名士的风度与精神
RENSHENG RU NILÜ WEIJIN MINGSHI DE FENGDU YU JINGSHEN

著　　者	萧华荣	
责任编辑	王　颂	
封面设计	昆　词	
出版发行	民主与建设出版社有限责任公司	
电　　话	（010）59417747　59419778	
社　　址	北京市海淀区西三环中路 10 号望海楼 E 座 7 层	
邮　　编	100142	
印　　刷	天津联城印刷有限公司	
版　　次	2023 年 12 月第 1 版	
印　　次	2024 年 3 月第 2 次印刷	
开　　本	889 毫米 ×1194 毫米　1/32	
印　　张	11.75	
字　　数	220 千字	
书　　号	ISBN 978-7-5139-4426-7	
定　　价	88.00 元	

注：如有印、装质量问题，请与出版社联系。

后浪微信｜hinabook

选题策划｜林立扬　丛　铭

出版统筹｜吴兴元　编辑统筹｜林立扬
责任编辑｜王　颂　特约编辑｜林立扬　丛　铭
装帧制造｜墨白空间｜mobai@hinabook.com
封面设计｜昆　词
后浪微博｜@后浪图书
读者服务｜reader@hinabook.com 188-1142-1266
投稿服务｜onebook@hinabook.com 133-6631-2326
直销服务｜buy@hinabook.com 133-6657-3072

后浪出版咨询（北京）有限责任公司
POST WAVE PUBLISHING CONSULTING (BEIJING) CO.,LTD